MODELS

建築模型の博物都市

松本文夫［編］

東京大学出版会

A MUSEUM CITY OF ARCHITECTURAL MODELS

MODELS

A Museum City of Architectural Models

Fumio Matsumoto, editor

University of Tokyo Press, 2010
ISBN 978-4-13-063809-8

はじめに

本書は、『UMUT オープンラボ――建築模型の博物都市』展（東京大学総合研究博物館、2008 年 7 月 26 日～ 2009 年 2 月 13 日）で制作された建築模型の写真、および同展の期間中に実施されたレクチャ・シリーズ『思考の模型』の記録を中心として、模型（＝モデル）に関する図像と論考をまとめた書籍である。

モデルには大きく 2 つの役割がある。それは未だ存在しない事物の祖形・雛形をうち立てることであり、いま 1 つは、実在した事物を記録・再現することである。したがって、モデルは「創造と保存」、「未来と過去」をつなぐ重要な媒介物である。

一方でモデルは、それが事物の何らかの抽象化・単純化を伴うという点で、多分野を流動する横断的思考を生み出す契機となる。本書に含まれるレクチャには、建築・都市デザインのみならず、自然科学や情報科学の分野も含まれる。デザイナー、建築家、研究者らの視点の中から、様々な思考実験を介してモデルを構築する意図を読み取ることができる。

オープンラボ展では、東京大学の学生が中心となって制作された 130 点以上の建築模型が展示された。ここで模型制作は、建築の記録・再現であると同時に建築を理解する能動的過程となる。制作過程を公開しながら蓄積された模型は、実在しない「建築模型の博物都市」を現出させせることになった。

本書は、その中からミュージアム建築 36 点、一般建築等 54 点の模型写真を選び出し、各分野の講師によるレクチャ記録 15 本を挟み込む構成をとる。また、学生らによる提案建築の模型写真 90 点も収録する。建築物の多様な存在形式を、時空を越えて俯瞰することを目指した。本書によって、建築、建築模型、そしてモデルそのものに興味をもっていただけるなら、編者としては大きな喜びである。

目次

大学博物館と新たな実験展示・オープンラボ

林良博

東京大学総合研究博物館は1996年に開設されたわが国最初の大学博物館です。1877年の創学以来、東京大学には600万点を超える学術標本が蓄積されており、そのうち300万点以上が総合研究博物館に保管されています。これらの学術標本を基盤として、世界水準の学術研究を推進し、先駆的かつ独創的な実験展示を実践することがこの博物館の目標です。私が初代館長に就任してから現在に至るまでに、大学創立120周年記念事業の実施、小石川分館の開館、寄附研究部門の創設（ミュージアムテクノロジーとインターメディアテク）、マクロ先端研究発信グループの創設、海外学術標本ネットワークの展開など、博物館の組織的・事業的な発展は目覚ましいものがありました。この流れの中において、先ほど述べた学術研究と実験展示という2つの柱は一貫して揺らぐことはありません。大学の学術研究の成果を伝えるために、これまでに80以上の公開展示を行ってきました。東京大学コレクション、デジタルミュージアム、モバイルミュージアム、ミドルヤード、驚異の部屋といったさまざまな展示コンセプトが実践に移されてきました。そのような実験試行の中に、オープンラボという新たなアプローチが加わりました。

本書は、東京大学総合研究博物館で2008年7月から2009年2月にかけて開催された「UMUTオープンラボ――建築模型の博物都市」展の記録書籍です。展示関連の書籍は公開当初に刊行されるのが通例ですが、この展示では会期中にも建築模型が制作され、レクチャやイベントが実施されました。本書は当博物館で展開された「オープンラボ」という実験展示のドキュメントです。オープンラボとは、大学の研究教育をそのまま公開する展示形式であり、時間とともに展示内容が進化する「動態展示」という特性をもっています。展示室の一角で学生が模型制作を行い、完成した模型は展示コレクションに加わります。当初は90点であった模型の数が、終了時には140点近くになりました。学生が主体となって展示物が制作され、人々が交流する現場がつくられたことは、大学博物館ならではの取り組みといってよいでしょう。本館の膨大な学術標本のリストに、学生自身の手で制作されたコレクションが加わったのは喜ばしいことです。博物館は過去の遺産を保存するだけでなく、現在に関わる知的創造の拠点でもあるべきだと考えています。本書により東京大学総合研究博物館の活動の一端をお伝えすることができれば幸いです。

（東京大学総合研究博物館館長）

「幻想美術館《ミュゼ・イマジネール》」建築編の試み

西野嘉章

「建築マケット」、すなわち小型に縮体された建築の雛形を制作することには、教育や研究の面でさまざまな効果が期待できる。そのように考える私は、それをもっと積極的に活用すべきなのではないかという趣旨の発言を、これまでにも機会あるたびに繰り返してきた。もちろん、ことは建築マケットのみに限らないのであるが。

マケット制作の効用は山ほどある。たとえば、建物の場合、建築力学的な構造の理解を促すには、マケットを作ってみるに如くはない。今日では、建築図面を起こすにあたってコンピュータ・ソフトを使うのが当たり前になっているが、若い人たちにはそうした方法を薦めたくない。たしかに、便利な道具であるから、形状を自由自在に操ることはできる。しかし、全体のフォルム、プロポーション、バランスにおいて、人間の体の生理感に適う造形を生み出しがたいと、経験的に感じるからである。それに反して、マケットは、サイズこそ縮体されていても、現実の建物と同じ物象である。そのため、ヴァーチャルな造形や、数理科学的なアプローチでは見えにくい構造的な側面が、制作過程から浮かび上がってくる。マケットを作ると、構造的な欠陥はすぐに眼に見えるものとなる。事実、出来上がったマケットが脆弱なものに映るときは、建物として実現したあかつきにも、やはり構造的な問題を抱えたものになりかねない。マケットの段階で、支えや補強が必要と感じられる箇所は、実際の建築においても、部材による補強が必要である。建築雛形を制作する過程で、そうしたことを学べるのである。

また、マケット制作は、その複製の対象がなんであれ、造形の第一歩を踏み出す方策としても有力である。小さなサイズで多種多様な造形を試み、そのなかで有力と思われるものを、段階的に拡大して行く。そうしたプロセスを繰り返すことで、最終的な形体にたどり着く。こうした制作のプロセスは、装飾的な要素をはびこらせないための歯止めとなる。思えば、革命後のロシアに創設された美術工芸学校「ブフテマス」の建築教育プログラムでは、初期の段階から、粘土を用いた雛形の造形が盛んに試みられていた。眼目は、材料が粘土であるということ。そのため、材料の性質上、装飾的な細部は省略せざるを得なくなる。代わりに、形体の大づかみな把握が可能になり、それと同時に、重力が万物を下方に引き寄せるという、厳然たる現実も顕わになる。機能主義的なモダニズム建築の誕生の背景には、マケットを用いての試行錯誤があったのではないかとさえ考えたくなる。マケットによって、実際の建物の、その然るべきありようを、より的確に把握できるというわけである。

制作のプロセスでの効用ばかりでなく、出来上がったマケットそれ自体のもつ有用性についても触れておかねばならない。まず第一は、形態の「保存」という側面である。これについては、戦災や災害で失われてしまった建物について、そのマケットが残されている、といった事例を思い浮かべてほしい。第二は形態の「研究」における効用である。建築物のような大型の物象についても、小型のマケットがあれば、側面からの形態観察だけでなく、空からの眺めもまた観察の視点に加えることができる。そればかりでなく、ランプなどの光源を用いて、光の変化が建物にどのような視覚効果や陰影効果をもたらすか、具体的に検証することもできる。当然のことながら、建物が側面や地面に投じる陰影も、また重要な建築的ファクターとして、建築設計のプロセスのなかに読み込んで行かねばならないからである。こうした、ひとことで言うなら「シミュレーション機能」は、マケットの存在意義そのものでもある。

そして、博物館的な視点に立って、マケットの効用を論うなら、それはなによりもまず、「建築」というマクロスケールで、しかも動かしがたい物象を、ミュージアム・コレクション化するのに、最良の方策であるということ。ただし、そこでは収集の対象となるマケットに、分明な二つの範疇のあることを認めねばならない。一つは、建築家自身が建築の設計途上でスタディ用に制作したもの、すなわち「オリジナル・マケット」とでも称すべきもの。もう一つは、建設と直接関わりのない第三者が、小型の複製物として制作した、あるいは制作させたものである。

前者のスタディ用マケットは、油彩画のような場合、最終的な逢着点を「本画」とするなら、その制作段階で描かれた素描やスケッチなどの「予備習作」に相当する。芸術におけるオリジナル信仰が建築の分野にもあり、またそればかりか「予備習作(スタディ)」のマケットから、建築的思考の進化を推し量れるという意味でも、重要なミュージアム・ピースと考えねばならない。そうした認識は、すでに一般化している。事実、世界の有力な近代美術館は、優れた建築家のオリジナル・マケットの収集に対し、近年特段の力を注ぐようになっている。

しかし、問題は第二のカテゴリーに属する複製マケットである。なかでも後代に制作されたマケットについては、教育や研究や鑑賞や保存のためという以外、これまで特段の価値を認められてこなかった。それらは、あくまで模造であり、「原作」ではないという、視野も狭隘なオリジナル信仰が厳として生きているからである。しかし、世界各地に残されている有名建築を、仮に同一縮尺で百台制作するなら、その存在意義はすぐにでも見えてくる。なぜか、その理由ははっきりしている。仮に百の建築について、同一縮尺のマケットを揃えたとしよう。それらを一ヶ所に集めるなら、百の建築を一望のもとに眺めることができる。当然のことながら、建物のサイズは大小様々であろうし、形態も変化に富んでいるに違いない。そうした事実を目の当たりにさせることができるなら、建築の変遷や形体の多様性を即座に認識させることができる。それが、複製マケットを百台、二百台と集めることの意味なのである。もちろん、そうした場合にも、同一縮尺主義が貫徹されねばならないわけであるが。

1960年代にフランスの文人政治家アンドレ・マルローは、芸術作品を撮った写真の複製プリントを一堂に集め、それらを一望させるプロジェクトとして「幻想美術館（ミュゼ・イマジネール）」なるコンセプトを掲げ、それを世に問うた。マルローの考えは、たとえば、ピカソの立体派肖像画と鎌倉時代の似絵肖像画を並べてみせることができたなら、美術作品の見え方が変容するのではないかということ。芸術表現の根本は、洋の東西も、時代の差異も問わないことを立証してみせることができるのではないか、というのである。建築の複製マケットを集めることにも、それと同様の狙いがある。マルローは絵画と彫刻についてその方策を世に問うたのだが、建築の分野においてそれがいまだ実現されていないとするなら、「幻想美術館（ミュゼ・イマジネール）」建築編を試みることもまた、意義なしと言えないのではなかろうか。

（東京大学総合研究博物館教授）

つくるモデル、考えるモデル

松本文夫

世の中にはさまざまな「モデル」が存在する。マケット、プロトタイプ、スケールモデル、モックアップ、レプリカといった具体的な制作物としてのモデルがある。一方で、理論モデル、概念モデル、データモデル、ダイアグラムなどの抽象的な思考成果もモデルと呼ばれる。モデルとは対象を再現・縮約した表現であり、定型的な形式には収斂しない。用途別に多様なモデルが存在するという事実は、私たちの思考実践に「モデル」という手段が深く介在してきたことを示唆している。

モデルをつくることには二つの目的が考えられる。一つは未だに存在しない事物のイメージを示すことであり、いま一つは既に存在する事物を記録することである。したがってモデルは、事物の予示と再現あるいは創造と保存に関わる。モデルという概念は広がりをもつが、「対象そのものではなく、それを真似たもの」という共通項がある。この対位関係の根底にあるのは「模倣」(ミメーシス)である。ミメーシスは古代ギリシアの概念で、模写と再現を含意する。モデルは対象を何らかの方法で模倣した成果物である。模写を繰り返す過程で可能的な再現が形成され、模倣は発見の論理へと展開する。当初は自然の記述として始まったモデルが、徐々にそれ自体が自立したモデルとして構築されるようになる。先験的なモデルの形成によって自然を記述することを、磯崎新は「模型的思考」と呼んだ (1)。以下にモデルの広がりを概観するために、モデルの主体、対象、手法、媒体という 4 つの視点から考えてみたい。

第一に「モデルの主体」とは、模倣の主体であり、モデルをつくる当事者である。古くから芸術家は自然の模倣を行う者(似像作者)と考えられてきた。プラトンは現実世界を造物主によるイデアの模倣ととらえ、芸術はそのさらなる模倣とみなした。彼は芸術家を「本性(実在)から遠ざかること第三番目の作品を生み出す者」と考えていた (2)。対して、アリストテレスは「起こりうること」の再現につながる模倣の普遍性を評価した。詩人や画家は過去や現在のことのみならず、「そうあるべきこと」も描くこともできると述べ、模倣・再現を芸術の中心的な課題とした (3)。人間は他者の動作や言語を模倣しながら成長する。心理学においては、模倣(イミテーション)は遺伝的に伝わらない情報の伝達手段として、また他者理解やコミュニケーションの手段として考えられている。模倣の過程で実行されるパターンの抽出再現は、言語に匹敵する人間の高度な能力である。世阿弥は『風姿花伝』において徹底した「物学」（ものまね）を通して「似せんと思ふ心なし」という境地に至ることを説いた (4)。模倣によるモデル化のはてに脱我を介した創造が達成される。このように、技芸の原点には個人による模倣という行為が想定された。

一方、近代になると模倣をめぐる状況はより社会化する。ヴァルター・ベンヤミンは「類似」と交感する人間の「模倣能力」に着目し (5)、自然の一回的な模倣によるアウラの獲得、ならびに複製技術によるアウラの喪失を論じた (6)。アウラ消滅の背景には、事物を身近に引き寄せようとする大衆の願望と、複製の受容による事物の一回性の克服があるという。ジャン・ボードリヤールにおいては、真実と模倣という照合関係そのものが否定され、原本なき複製である「シミュラークル」の増大が指摘された。実在と観念の距離は消え去り、モデルそれ自体が実在の先取りになる (7)。生産技術の進歩により、複製の大量生産が可能になり、モデルは製品として広く流通するようになる。生産技術をもつ集団が主体として台頭し、新しいモデルが続々と投入される。現在では使用者の意向に沿った多種少量生産が可能となり、使用者によるモデルへの参入、すなわち仕様や部品のカスタマイズによるモデルの個別完成という事態も生じている。また、趣味的分野における自己制作や、情報分野における共同開発など、モデルに取り組む個人も数多く見受けられる。

モデルは単独制作物から大量生産品へと変化し、それと並行して模倣の主体は、限られた制作者から生産組織へ、さらには使用者へと広がっている。一方で、「主体による模倣」という個別関係がもはや成立せず、現状をモデルの連鎖的な派生と見ることもできる。すなわち主体なきモデルの増殖である。進化生物学のリチャード・ドーキンスのように、生物個体 (個人) と自己複製子（遺伝子）を区別し、文化的な模倣の主体として「ミーム」(摸倣子) を想定する考え方もある (8)。模倣を情報伝達ととらえれば、生物だけでなく文化にも遺伝があるという考え方である。

第二に「モデルの対象」とは、モデルが写し取る事物やテーマである。古代以来、モデルの対象であり続けたのは、イデア・神・自然・宇宙であった。プラトンは造物主がイデアを模倣して現実世界を創造したと考え、アリストテレスは「技術は自然（ピュシス）を模倣する」と説いた。これまでに、世界を読み解くさまざまなモデルが提唱されてきた。宇宙、天体、地球、生態系、生物、物質、細胞、遺伝子、原子、素粒子など自然科学系の対象に加えて、社会、制度、組織、都市、建築、理念など人文科学系や社会科学系の対象についても理論モデルがつくられた。モデルは、対象そのものではなく、数理モデル、図式図表、規則体系、立体構造などによって対象を再現したものである。これらの対象分野がはじめから存在したのではなく、モデルを介して対象への認識が形成されてきた。すなわち、モデルはそれが示す範囲で世界を切り分ける手段になった。当然ながら、モデル自体も模倣と改変の対象となる。新たな発見や観測によってモデルは更新され、分離統合が起きる。モデルは永遠不滅のものではなく、対象を顕在化し自身を変化させる中間的な介在物である。

身近な対象から直観を超えた対象まで、モデルの対象は時空間的に広がっている。対象と主体の空間的な関係によってモデルの性質は変化する。対象の中に主体が明示的に反映されているとき、エゴセントリックなモデルとなる。一方で、主体の中心的な位置付けを排除し、より客観的なモデルをつくる動きもある。たとえば、宇宙の構成については、古代からの地球中心仮説がプトレマイオスの天動説に統合され、これがコペルニクスの地動説に転換された。世界の構成については、古代バビロニアの地図のように自己を中心とした限定的な世界観が示されたが、大航海時代に入って世界の概念が拡張しベハイムにより地球儀が制作される。一方で、対象の時間的な拡張もみられるようになる。モデルへの時間概念の導入によって、対象の変化要因を探り、始原と終末を視野に入れたモデルが形成される。生物学においては、チャールズ・ダーウィン以降の研究による系統的な進化メカニズムの解明、分子生物学による遺伝や発生メカニズムの解明によって普遍的な生命現象の探求が続けられている。20 世紀以降のビッグバン理論と膨張宇宙論では、時間とともに拡張する相対的な空間概念が示される。

モデルの対象は、部分から全体へ、共時から通時へと広がっている。対象の時空間スケールの拡張にともなって、対象の根本原理を探る試みが先鋭化する。世界を包括的に説明するモデルの希求である。一方で、還元主義的なモデル化を行わずに、複雑な対象を複雑なまま理解する試みも発生する。単一モデルによる再現や予測が不可能であるならば、特定の原理に縮約する手法に限界がある。複雑な対象に対して、無数のモデルを駆使したシステム論的なアプローチが開かれる。計算機科学を基盤とした新たなミメーシスのあり方ともいえるだろう。

第三に「モデルの手法」とは、対象をモデルに転換するときの技術的な方法である。モデル化の過程では、対象の特性が何らかの形で「継承」され、その継承のしかたに手法のエッセンスが集約される。では、対象から継承されるものは何か。ここでは、モデル、スタイル、タイプという3つの視点から考えてみたい。「モデル」という言葉は、もともと両義的な意味をもっている。モデルは模倣の結果（模像）であるとともに、模倣の対象（規範）でもある。規範としてのモデルは、形態・構造・仕様などを写し取る手本である。複製技術が興隆する前の古典的な伝承形態は、規範の模写、すなわち徹底的に本物に似せてつくることであった。「写し」は先人の技術を学ぶ基礎的な手法である。伊勢神宮の式年造替は、20年毎に同一モデルが正確に再現される希少な例である。伊勢の場合は形態的な特質だけでなく、造替を可能にする技術と、それを保障する制度も継承されている。先行するものの「写し」は、前後の価値判断を提起する。西野嘉章による『真贋のはざま』展では、「複製」の位相を美術作品や社会制度から生命現象に至るまで観察し、遍在する複製と揺れ動く真贋の実態を明らかにした(9)。

スタイル（様式）とは、類似した形態的傾向である。それは形態的な継承の繰り返しによって醸成される一定の特質である。ロマネスクやゴシックなどの美術様式は、後代に与えられた歴史的な枠組みであるが、これらの様式は時代や民族の精神的発露であるとする考え方も生まれた。また、ジョルジョ・ヴァザーリは芸術家が独自のマニエラ（手法・様式）をもつことを称揚し、芸術家の個性に光をあてた。マニエラの獲得はアカデミーの教育上の方針でもあった。しかし、スタイルを表面的に真似ることもできるため、追従者に対しては対象の観察をかえって遠ざける可能性もある (10)。

タイプ（類型）とは、類似した内在的特性である。それは形態的な類似には還元できない特性であり、外見的に似ている必要もない。タイプはそれ自体がモデルに対してルールとして働くような要素を指す概念である (11)。スタイルが通時的に形成される特性とすれば、タイプは時間を超えて存在しうる特性である。建築のビルディング・タイプとは、住宅や学校や教会や劇場といった建築類型のことであり、歴史様式とは別の枠組として見出された。たとえば、ジャン・ニコラ・ルイ・デュランは、古代から近代に至る著名な建築物を類型別に分類し、同一縮尺の図面にして一覧に供した (12)。タイプはそれを基に別々の成果が生み出される共通の資質であり、機能主義的なモデル概念にもつながっていく。

モデルの手法は、対象から継承するものによって変化する。モデル（規範）は徹底的な再現性に、スタイル（様式）は形態的な類似性に、タイプ（類型）は潜在的な共通性や機能性に結びつく。規範の模写は教育の基礎過程であり、類型の習得はその発展的応用である。タイプの継承は対象の再解釈をとおして再現の選択肢を広げる手法となる。これは独創的な思考を許容する過程であり、新たなタイプの発見につながることもある。モデルが創造の手段になるとは、まさにこのような展開である。芸術作品や科学的成果の多くは、それまでに無いタイプを世に示したのである。

第四に「モデルの媒体」とは、モデルを表現する素材である。表現形式という視点からみれば、実体的なモデルと観念的なモデルがある。実体的なモデルとは具象的な実在物として触知可能なモデルであり、観念的なモデルとは実在物ではないが言語・記号・図式等によって伝達可能なモデルである。媒体の性質から、前者をリアル（R）、後者をバーチャル（V）なモデルと言い換えてみる。ちなみに、バーチャルは仮想的ではなく「実在ではないが本質を示すもの」の意である。模倣されるもの（対象）と模倣したもの（媒体）の両方にリアルとバーチャルがあるので、対象と媒体の関係には、V → V、V → R、R → V、R → R の 4 つの種類が存在する。V → V 型は思想や世界観などを説明する概念モデルであり、たとえば陰陽五行説や四元素説などが該当する。V → R 型は見えないものの視覚化に関わる具象的なモデルであり、宗教における偶像化、科学や情報学の視覚化模型、デザイン検討のスタディ・モデルなどが該当する。R → V 型は実在事象の解釈から得られる抽象的なモデルであり、自然科学の理論モデルや詩が該当する。R → R 型は実在事象の模倣から得られる具象的なモデルであり、一般的なミニチュア模型やレプリカが該当する。

20 世紀末以降の急速な情報化は、バーチャル・モデルとリアル・モデルの拮抗として理解できる。情報化の初期の段階では、あらゆる実在物を情報化する R → V 型モデルが頻出する。距離の制約から自由になった社会的諸制度を、情報空間内に新たなモデルとして構築する。ショッピングやミュージアムや教育など、現実世界の仕組を情報空間で真似てつくることが重視される。クラウド・コンピューティングは、情報空間におけるモデル化を集約する方向に突き進んでいる。一方で、現実世界の場所を再評価する動きからは、V → R 型モデルも登場する。すなわち、情報を実空間の場所に関連付け、身体的モデルを補完すべく情報技術が援用される。ユビキタス・コンピューティングは、実空間へのモデルの再配置に効力を発揮している。R→V型とV→R型の拮抗は、使用者の立場からすれば、統合されたユーザ・インターフェイスとして認識されることになるかもしれない。情報技術の介在によって、異なる媒体を横断してモデルが機能できるようになった。

リアルとバーチャルにおける対象と媒体の多様な相互関係は、モデルの概念を拡散させ、モデルの総体を把握し難いものにしている。はっきりしているのは、モデルは「対象そのものではなく、それを真似たもの」という対位関係である。この関係は今に始まったものではなく、人間の対象把握として古くから存在していた。建築の例を見てみよう。ウィトルウィウスは『建築書』の冒頭で、「すべてのものには、特に建築には・・意味が与えられるものと意味を与えるものが含まれている」と述べている (13)。前者は対象そのものを指し、後者は対象を成立させる法則や原理を指す。これは今日でいえば「シニフィアン(記号表現)」と「シニフィエ(記号内容)」に相当する関係的な概念把握である。この対位関係は、まさにモデル的思考といってよい。建築(アーキテクチャ)とはアイディアをカタチにすることであり、バーチャルとリアルを架橋する営みである。

以上のように、主体、対象、手法、媒体のすべてにおいて、モデルの領域は拡張している。モデルの主体は、制作者から生産者へ、さらには使用者へと展開している。モデルの対象は、部分から全体へ、共時から通時へと拡大している。モデルの手法は、規範の再現から様式や類型の継承へと多様化している。モデルの媒体は、リアルなものとバーチャルなものが共存している。すなわち、モデルという方法が多分野に普及し、あらゆる対象を扱い、さまざまな継承を生み出し、多様な媒体で表現されている状況である。モデルという介在物を通して、自然への理解が深まり、人間の文明が進歩してきた。その結果として、世界には無数のモデルが存在している。多くの縮約原理が離散的に分立することで、世界の複雑さはむしろ増大し、世界の細分化が進んだともいえる。主体と対象との介在物というモデルの位置付けはもはや不安定であり、現実の多くの事物がモデルの派生物である。

このような状況において、モデルはいまだに存在意義をもちうるのか。その答えを出すことは容易ではない。ここでは筆者が考えるふたつの可能性を示唆するにとどめたい。第一に「時間のモデル」の興隆である。先端的な自然科学を除いて、多くのモデルは対象の静的なスクリーンショットを基盤としてつくられる。モデルに時間概念を取り込むことによって、モデルの別の可能性が開かれるのではないか。時間概念といっても、系統進化におけるような長期的な時間変化だけではなく、共時の範疇に含まれるような微細で流動的な時間変動も意味している。非静的モデルと言い換えてもよいかもしれない。なぜ時間を導入するかといえば、それが変化を許容し、離散的に分立したモデルを相互に接続する契機になるからである。建築・都市設計のようなデザインの分野においては、生活環境の時間モデルの構築は検討課題になるだろう。第二の可能性は「モデルの共有」ということである。モデルをスタンドアロンの成果物とせずに、文化的な資源として蓄積するオープン・プラットフォームを構築する。モデルとモデルの関係を結ぶメディエータになるのは人間であり、人間の協働が新たなモデルを生み出すことが期待される。学術研究の分野では、理論モデルは公開されて検証・比較・改善される。モデルをため込まずにプラットフォームに提供することで、モデルの本来の機能である「予示」のポテンシャルは高まると考えられる。「全体は部分の総和以上のものである」というシステム理論的な理解は、まさにモデルにおいてあてはまる。

大量のモデルを蓄積することには少なからぬ意義があると考えたい。それは現実にはありえない特別な隣接関係を発生させる。ヴィクトリア&アルバート美術館のキャスト・コートには、世界の名作彫刻をモデルとしたレプリカが所せましと並んでいる。建築家のジョン・ソーンは自作建築のモデルを堆積した模型室の絵画を描かせた (14)。京都市では平安時代400年間を圧縮した時間を取り込んだ都市模型を制作した (15)。美術史家のアビ・ヴァールブルクは大量の図像が緻密にマッピングされた図像アトラス「ムネモシュネ」を制作した (16)。このような「モデル蓄積」の現場には、一見疎遠であるものたちが織りなす生成の前触れを感じざるを得ない。

最後に、モデルの蓄積に関連して、ミュージアムとモデルの関係を考察したい (17)。ミュージアムに収蔵される資料の大半は「本物」であるが、「モデル」も少なからず存在している。逸失損壊に伴う再現、現物保護のための複製、尺度変換による再提示といった目的で制作されるモデルは、何らかの実在物を前提としている。これらのモデルでは形態・質感・色彩の近似が追求され、正確な再現性が志向される。一方で逆に、V→R型のように実在物を前提としないモデルもある。概念や現象の視覚化、実在せざるモノの祖型として現前するモデルである。アートやデザインの分野では、モデル制作そのものが創造過程の中核を形成する。

先述したように、ベンヤミンは芸術作品の「アウラ」について論じている。崇高な一回きりのオリジナル作品にはアウラがやどり、複製技術による生産物からはアウラが喪失すると。本物がもつ礼拝的価値のかわりに複製物の展示的価値が増大することを指摘している。実際に複製技術は進歩し、3次元プリンタによって立体複製が容易にできる時代になった。しかし、ミュージアムにおけるモデルの存在意義は、単に「複製再現」だけにあるわけではない。むしろモデルは「創造再生」に使われるべきである。あえて言えば、制作過程を重視しアウラを逆注入するプロセスである。

忠実な複製再現を達成することは、本物の劣化に直面するミュージアムにとって現実的な要請である。しかし機械的に模写をするだけでは、資料がもつポテンシャルを感受することは難しい。そこに学習プロセスを介在させ、人間を通して構造解明的に再生し、その知見を次世代の創造に生かすことが望ましい。すなわち、過去の再現と未来の予示が共存するような現場をつくることがミュージアムの本来の役割ではないか。万物が集積するミュージアムは、保存だけでなく創造の拠点にもなるはずである。モデルは、そのための重要なメディアである。

このように考えるに至ったのは、東京大学総合研究博物館で開催された『UMUT オープンラボ ——建築模型の博物都市』展で、学生たちと多数の建築モデルを制作してきたからである。モデル制作を通して建築を理解するという能動的プロセスは、展示の企画構想の中心をなしている。制作されたモデルは単なる複製ではなく、学生たちの建築探求の成果である。モデルを介して「つくる」ことと「考える」ことがつながり、モデルの集積によってミュージアムは創造的コミュニケーション空間に転化すると考えたい。

（東京大学総合研究博物館特任准教授）

参考文献

(1) 磯崎新、模型的思考、「手法が」所収、美術出版社、1984 年、82-85 頁
(2) プラトン、国家 (下)、藤沢令夫訳、岩波文庫、1979 年、343-347 頁
(3) アリストテレス、詩学、松本仁助・岡道男訳、岩波文庫、1997 年、43・96 頁
(4) 世阿弥、風姿花伝、野上豊一郎・西尾実校訂、1958 年、岩波文庫、97 頁
(5) ヴァルター・ベンヤミン、模倣の能力について、「ベンヤミン・コレクション 2」所収、浅井健二郎編訳、ちくま学芸文庫、1996 年、77 頁
(6) ヴァルター・ベンヤミン、複製技術の時代における芸術作品、「ヴァルター・ベンヤミン著作集 2」所収、高木久雄・高原宏平訳、晶文社、1990 年、14-16 頁
(7) ジャン・ボードリヤール、シミュラークルとシミュレーション、竹原あき子訳、法政大学出版局、1984 年、155-157 頁
(8) リチャード・ドーキンス、利己的な遺伝子、日高敏隆・岸由二・羽田節子・垂水雄二訳、紀伊國屋書店、2006 年、iv・364 頁
(9) 西野嘉章編、真贋のはざま——デュシャンから遺伝子まで、東京大学総合研究博物館、2001 年
(10) ジョルジョ・ヴァザーリ、ルネサンス彫刻家建築家列伝、森田義之監訳、白水社、2008 年、223 頁
(11) A. Ch. Quatremère de Quincy, Dictionnaire historique d'architecture, 2 vols., Paris, 1832, pp.629-630.
(12) ジャン・ニコラ・ルイ・デュラン、長尾重武、デュラン比較建築図集、玲風書房、1996 年
(13) ウィトルーウィウス、ウィトルーウィウス建築書、森田慶一訳、東海大学出版会、1979 年、3 頁
(14) M. Richardson and M. Stevens, John Soane Architect, Royal Academy of Arts, 1999, pp.278-279.
(15) 京都市、甦る平安京、京都市、1994 年、16-17 頁
(16) 田中純、アビ・ヴァールブルク記憶の迷宮、青土社、2001 年、297-302・314-315 頁
(17) 松本文夫、模型による創造再生、東京大学総合研究博物館案内 139、「文部科学教育通信 No.200」所収、ジアース教育新社、2008 年

建築の模型 1

ミュージアム建築の模型

本書に掲載される建築模型は大きく３つのカテゴリに分けられる。「建築の模型１」はミュージアム建築の模型である。アルテス・ムゼウムのような近代初期の原型的なミュージアムから現代の個性的ミュージアムまでを縮尺 1/300 で制作した。「建築の模型２」は、ミュージアム以外の各種建築の模型である。住宅建築をはじめ公共建築やオフィスなどを縮尺 1/50、1/100、1/300 で制作した。「建築の模型３」は、提案型の建築の模型である。学生の課題作品やワークショップの作品などが該当する。

近代ミュージアムは、収集家や王族のコレクションを一般公開することで始まった。アシュモレアン博物館 (1683)、大英博物館 (1759)、ルーヴル美術館 (1793) の初期段階では、母体となるコレクションを邸館や宮殿などの既存施設に収容することが多かった。しかし、一般公開が進む 19 世紀になると、専用のミュージアム建築が建設されるようになる。それは、収集保存から展示公開への機能的拡大、モノ主体から人間主体への空間的転換を意味していた。展示物を見ながら移動するという特性から、ミュージアムにはいくつかの動線タイプが存在する。「直進型」（アルテ・ピナコテーク、パリ自然史博物館古生物館）、「回遊型」（アルテス・ムゼウム (p.22,23)、国立西洋美術館 (p.25)、ルイジアナ近代美術館 (p.24))、「自由型」（ニュー・ナショナル・ギャラリー (p.30,31)、ポンピドゥ・センター)、「連層型」（グッゲンハイム美術館 (p.26,27)、ブレゲンツ美術館 (p.51)）などである。アートの世界における市場拡大と作品流動に呼応して、空間と展示物が切り離され、ホワイトキューブと呼ばれるニュートラルな展示空間が普及した。一方では特定の作品や場所に合わせた独自の展示空間も誕生する（奈義町現代美術館、地中美術館)。ミュージアム建築は多様な展開をもっているが、1980/90 年代以降のプロジェクトにいくつかの傾向を見出せる。１) 歴史的建造物のミュージアムへの転生（オルセー美術館、テート・モダン)、２）建築フォルムの独自化・個性化（グッゲンハイム・ビルバオ (p.48,49)、ユダヤ博物館 (p.52,53)、ヘルシンキ現代美術館 (p.50))、３）小空間の連鎖構成（富弘美術館 (p.59)、金沢 21 世紀美術館 (p.60.61)、パリッシュ美術館計画案)、４）場所・地形との応答（近つ飛鳥博物館 (p.42)、青森県立美術館)、５）収蔵機能の強化と空間化（ショーラガー)、さらには、６）離散空間のネットワーク化（シャンブル・ダミ展などの領域型展示）の展開も見込まれる。

これらは近代以降に成立した建築類型としてのミュージアムが、社会との関係から徐々に変化している状態とみることもできる。ミュージアムとは、人間・空間・モノ・情報の関係を生み出すプラットフォームであり、ひとつのモデルにはおさまらない。ミュージアムを「システム」と考えれば、幅広い観点からのデザイン・アプローチが可能になるだろう。

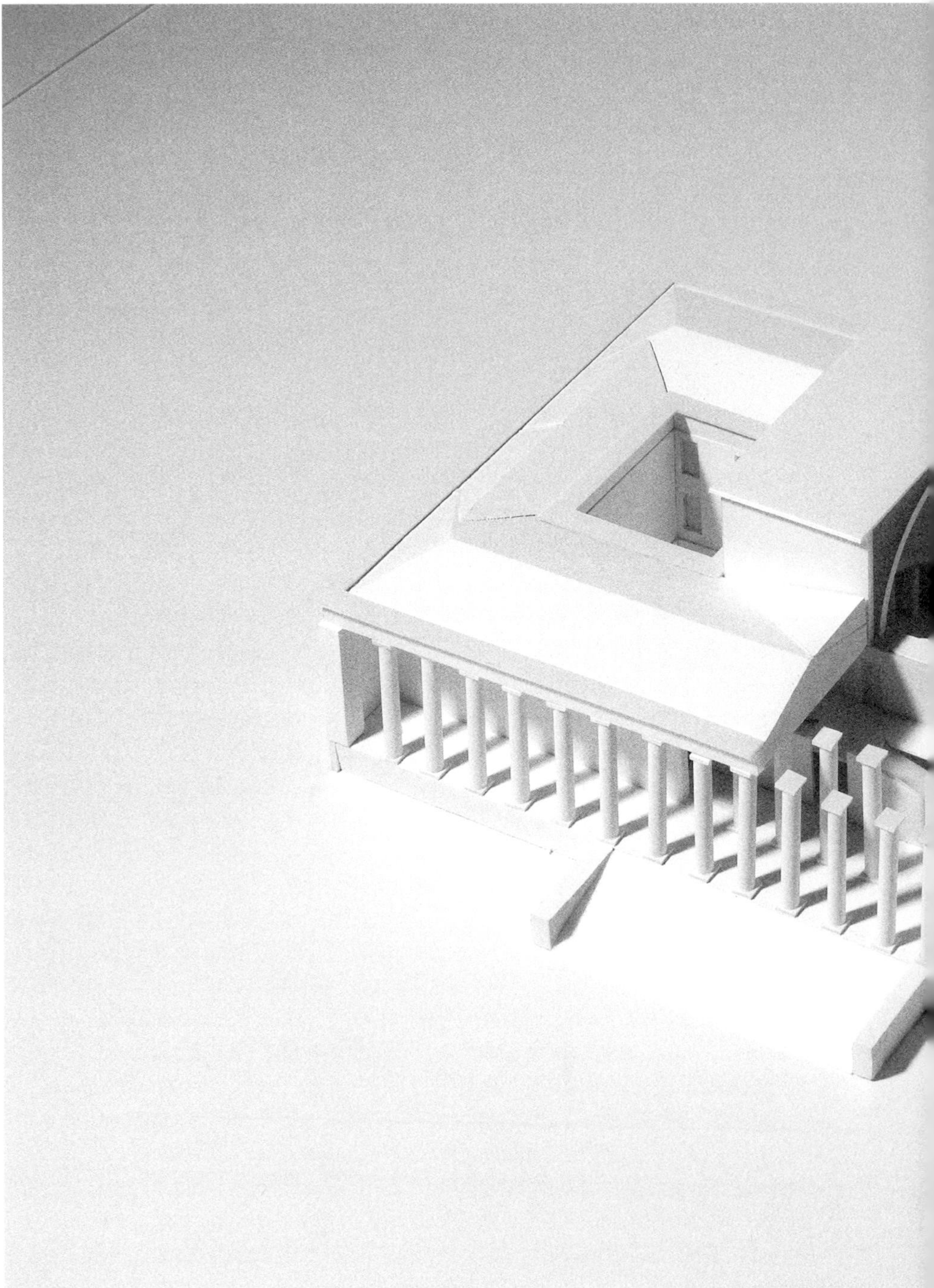

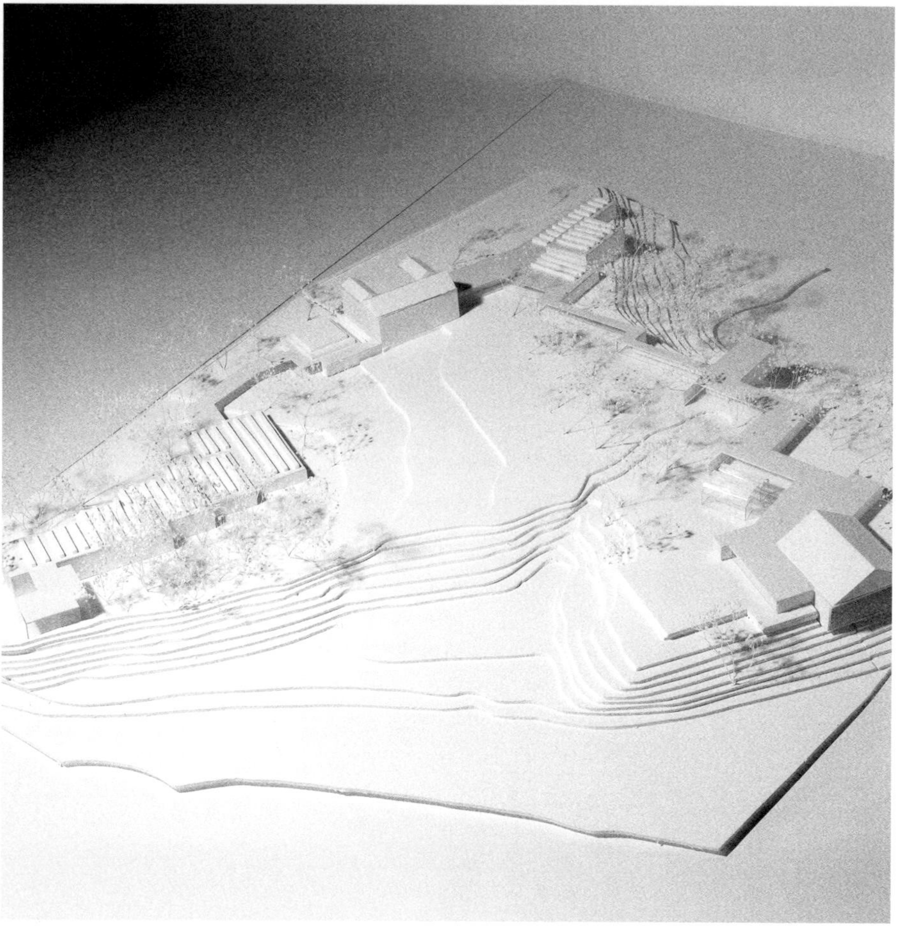

ルイジアナ近代美術館　ハムルベック（デンマーク）　ヨーエン・ボー＋ヴィルヘルム・ヴォリャート　1958-1991　1/300
前ページ：　アルテス・ムゼウム　　ベルリン　　カール・フリードリッヒ・シンケル　　1824-1828　　1/300

国立西洋美術館　東京　ル・コルビュジエ　1959　1/300
後ページ：　グッゲンハイム美術館　ニューヨーク　フランク・ロイド・ライト　1943-1959　1/300

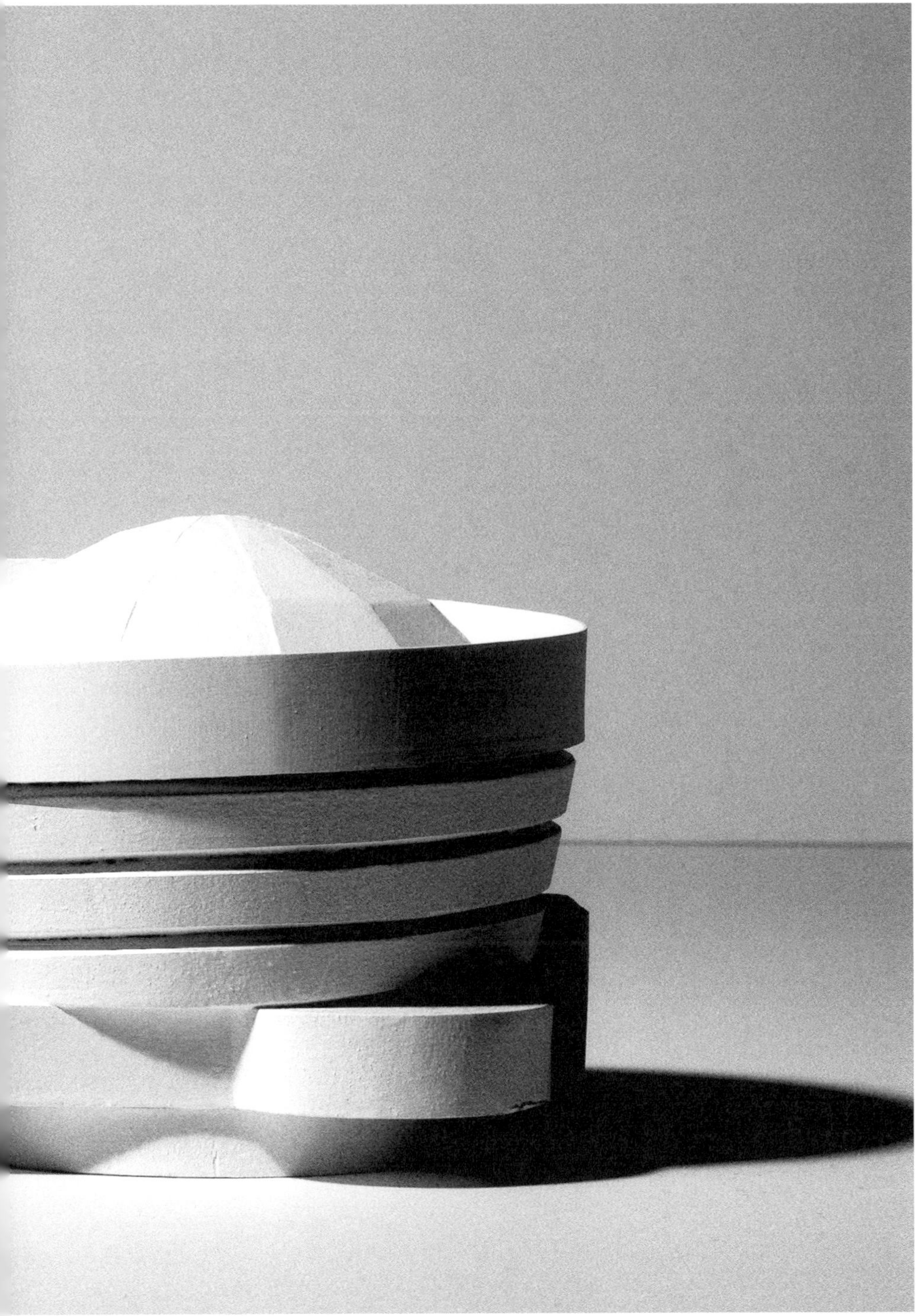

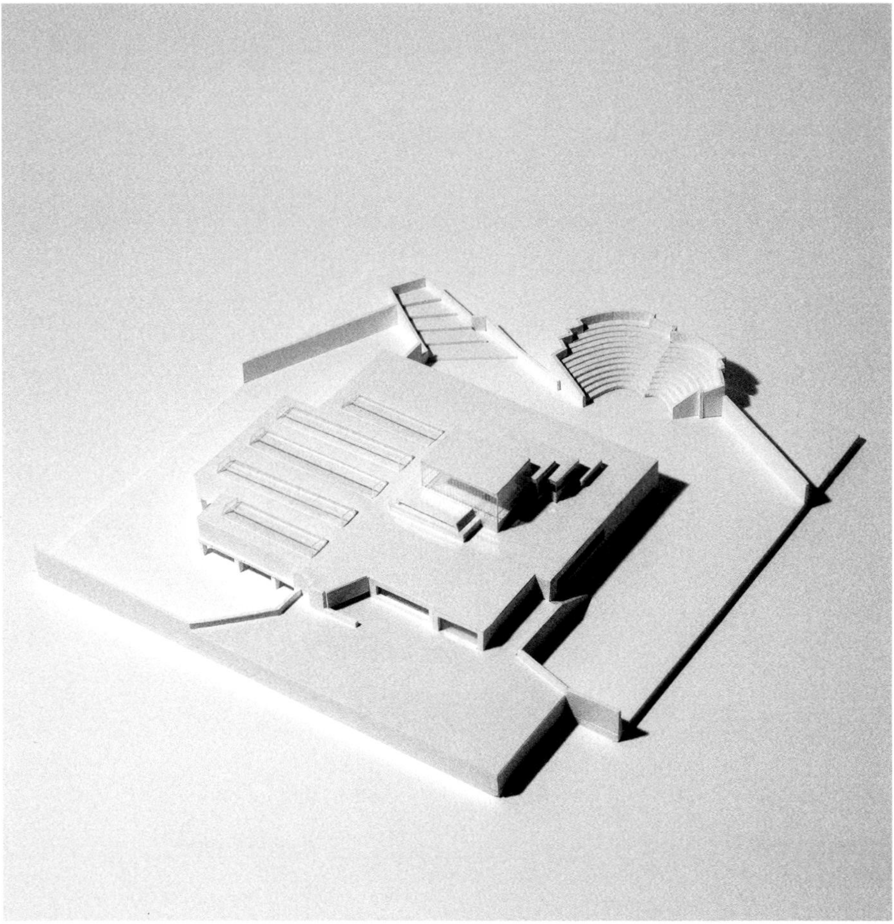

オルボーの美術館　オルボー(デンマーク)　アルヴァー・アアルト　1958-1973　1/300

神奈川県立近代美術館　神奈川　坂倉準三　1950-1951　1/300
後ページ：　ニュー・ナショナル・ギャラリー　ベルリン　ミース・ファン・デル・ローエ　1962-1968　1/300

キンベル美術館　フォートワース　ルイス・カーン　1966-1972　1/300

イェール大学イギリス美術研究センター　ニューヘヴン　ルイス・カーン　1969-1974　1/300

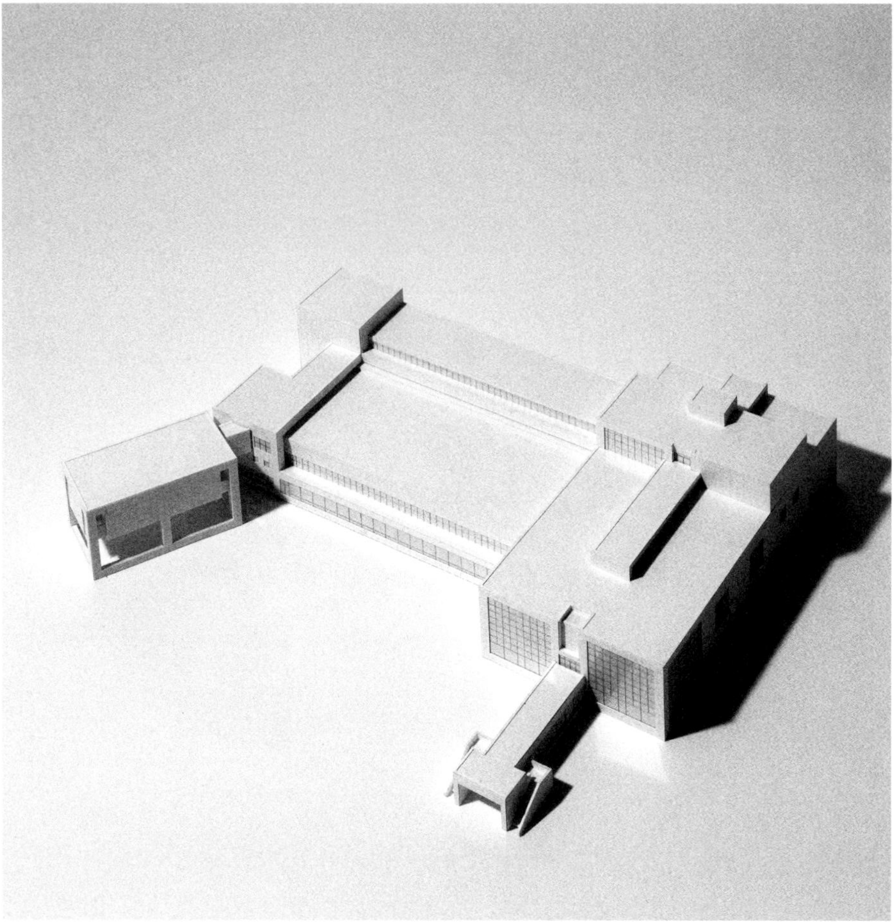

群馬県立近代美術館　群馬　磯崎新　1971-1974　1/300

岩崎美術館　鹿児島　槙文彦　1979　1/300
後ページ：　ロサンゼルス現代美術館　ロサンゼルス　磯崎新　1981-1986　1/300

土門拳記念館　山形　谷口吉生　1981-1983　1/300

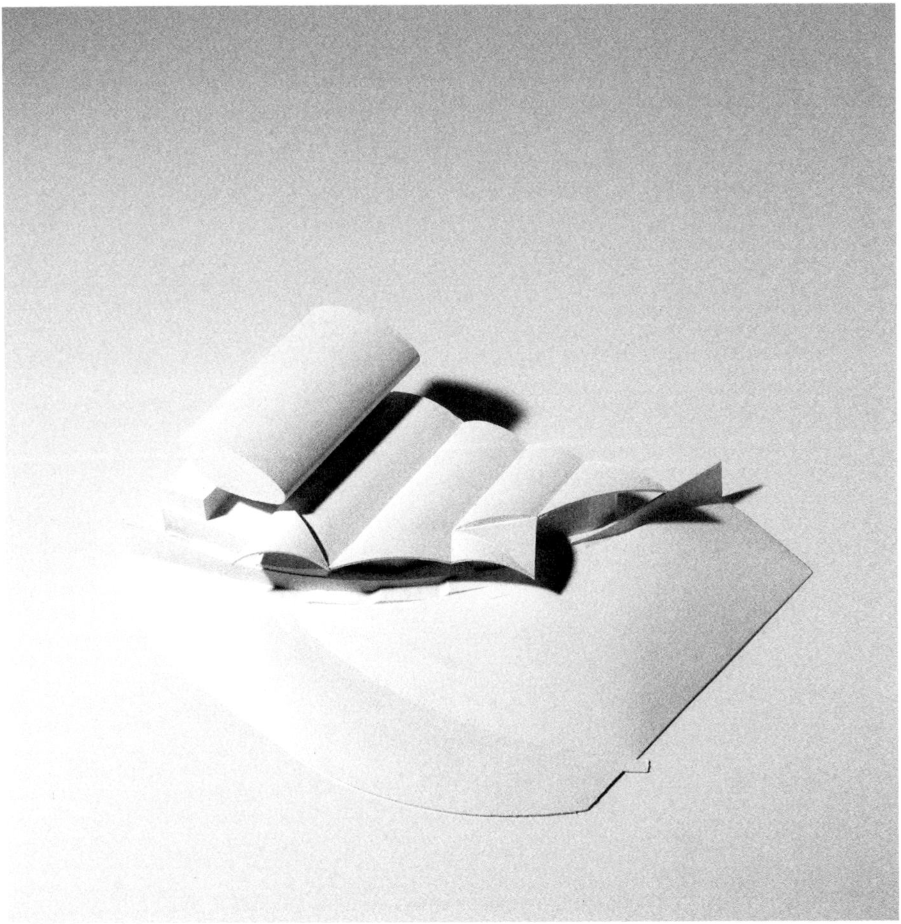

八代市立博物館　未来の森ミュージアム　熊本　伊東豊雄　1988-1991　1/300

ゲーツ・ギャラリー　ミュンヘン　ジャック・ヘルツォーク&ピエール・ド・ムーロン　1989-1992　1/300

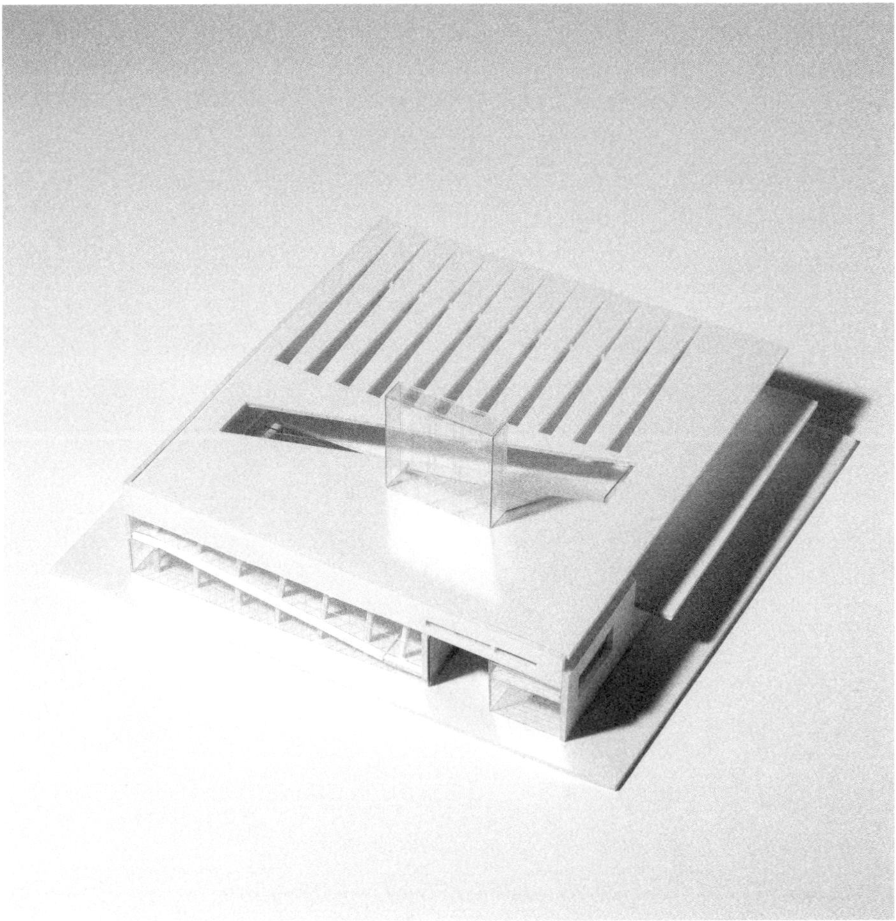

クンストハル　ロッテルダム　レム・コールハース　1992　1/300

近つ飛鳥博物館　大阪　安藤忠雄　1994　1/300

カルティエ財団現代美術館　パリ　ジャン・ヌーヴェル　1991-1994　1/300

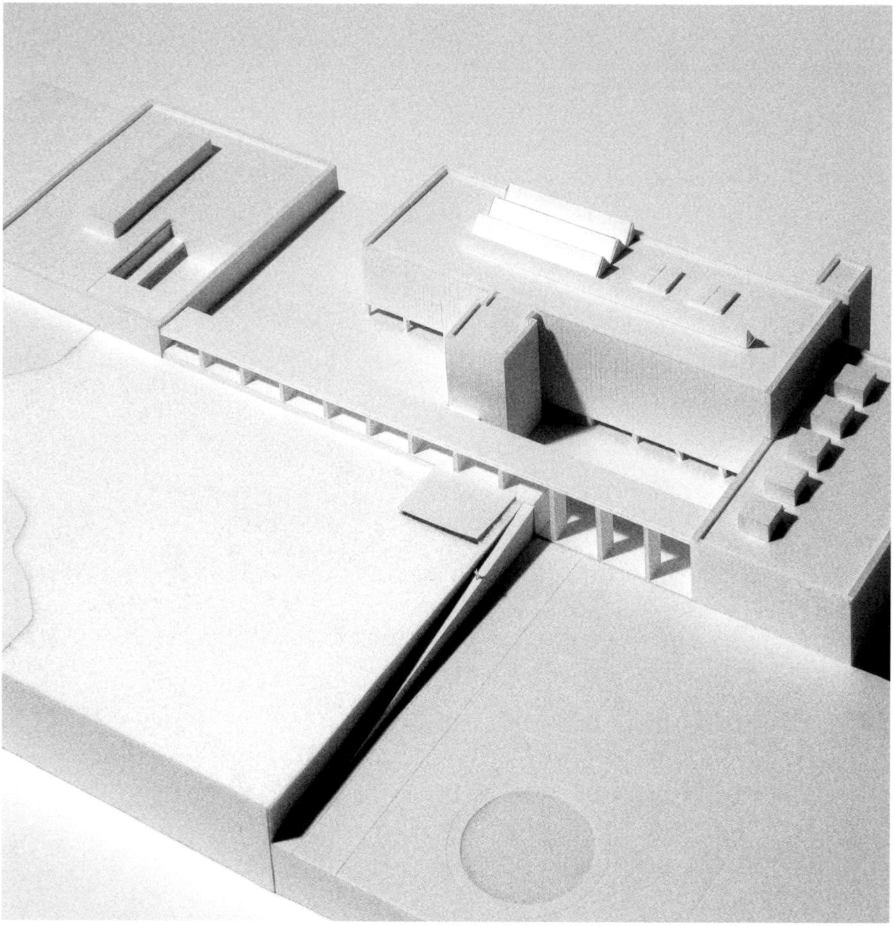

豊田市美術館　愛知　谷口吉生　1991-1995　1/300

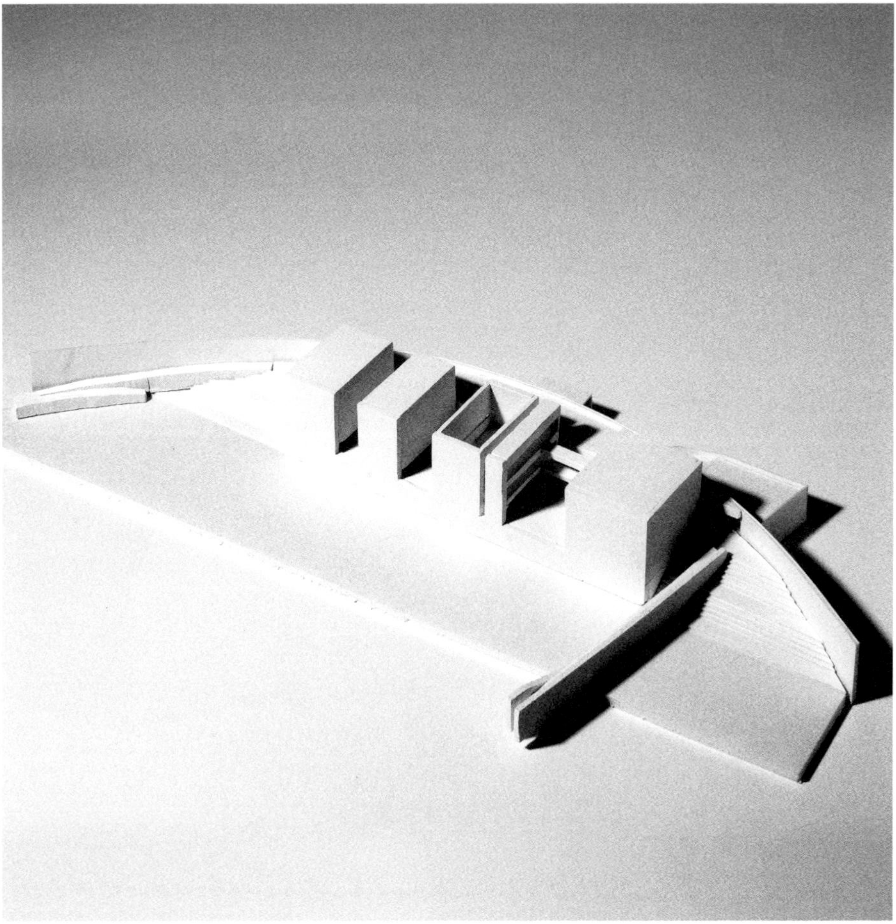

植田正治写真美術館　鳥取　高松伸　1995　1/300

ラ・コルーニャ人間科学館　ラ・コルーニャ　磯崎新　1995　1/300

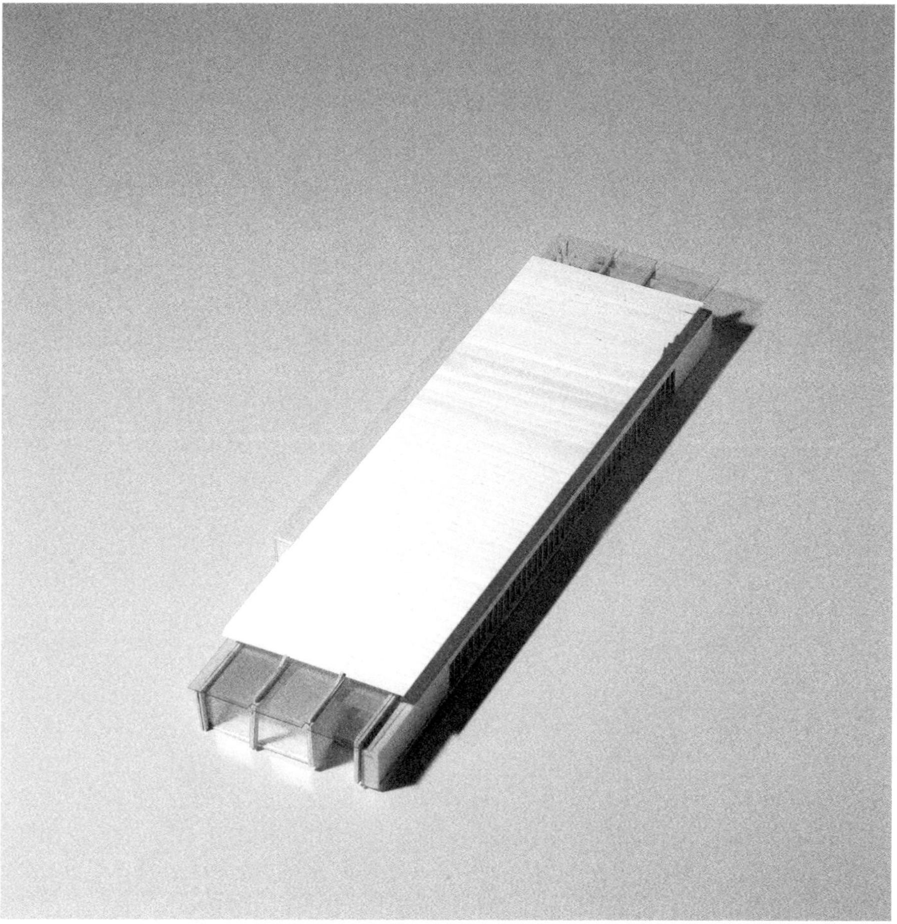

バイエラー・ファンデーション　バーゼル　レンツォ・ピアノ　1997　1/300
後ページ：グッゲンハイム美術館　ビルバオ　フランク・ゲーリー　1991-1997　1/300

ヘルシンキ現代美術館　ヘルシンキ　スティーヴン・ホール　1992-1997　1/300

ブレゲンツ美術館　　ブレゲンツ　　ピーター・ズントー　　1989-1997　　1/300
後ページ：　ユダヤ博物館　　ベルリン　　ダニエル・リベスキンド　　1989-1998　　1/300

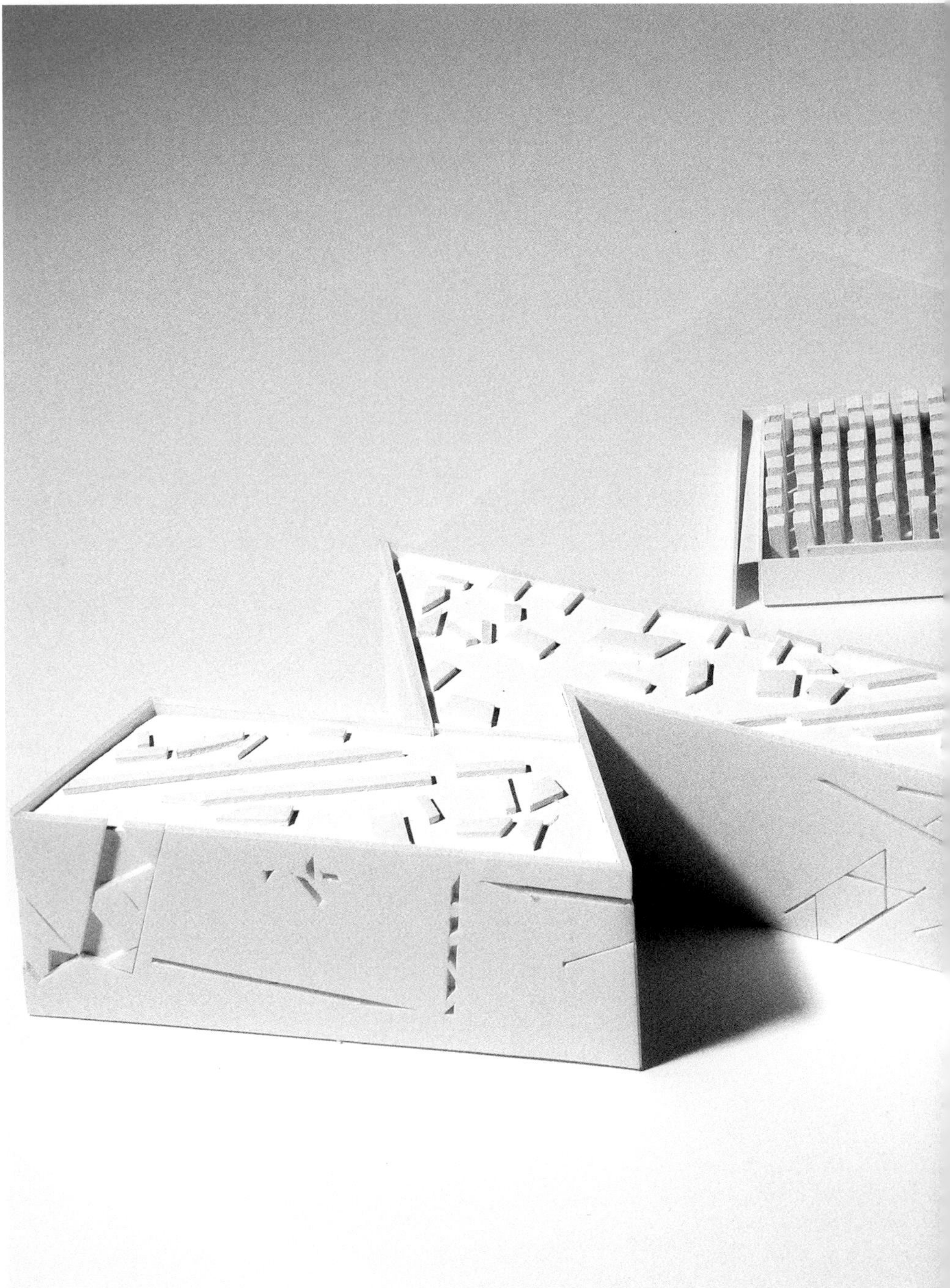

潟博物館　新潟　青木淳　1997　1/300

飯田町小笠原資料館　長野　妹島和世＋西沢立衛　1995-1999　1/300

東京国立博物館法隆寺宝物館　東京　谷口吉生　1999　1/300

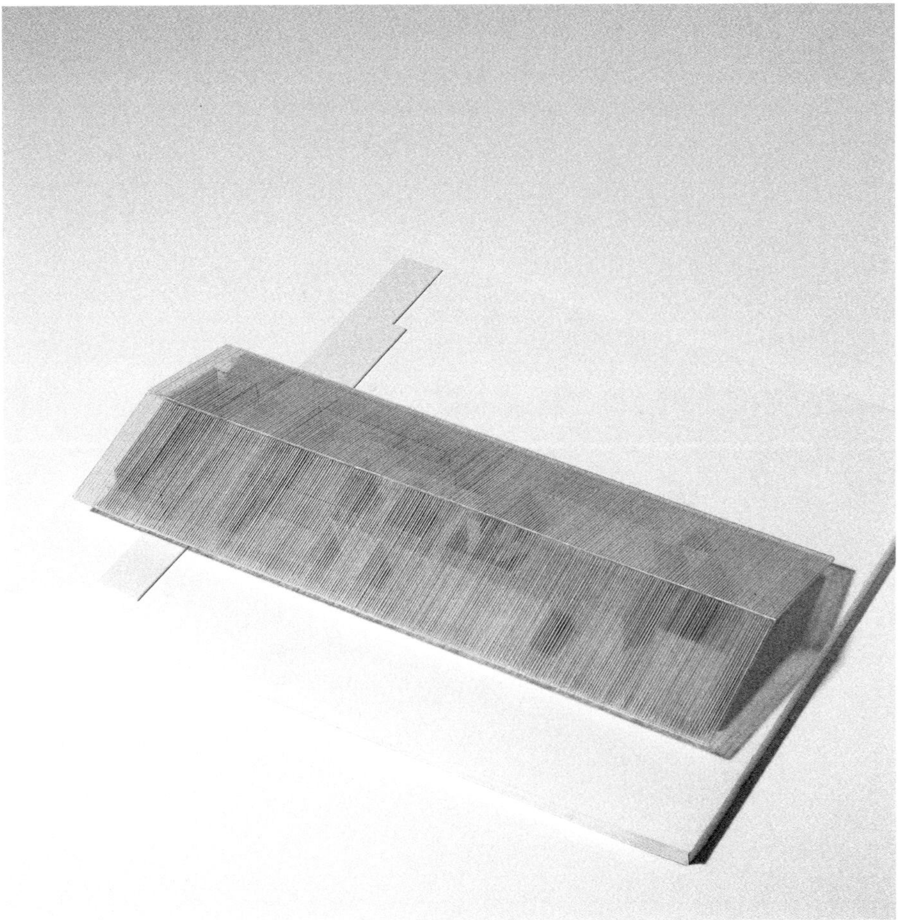

馬頭町広重美術館　栃木　隈研吾　1998-2000　1/300

サーペンタイン・ギャラリー・パビリオン 2002　ロンドン　伊東豊雄＋セシル・バルモンド　2002　1/100

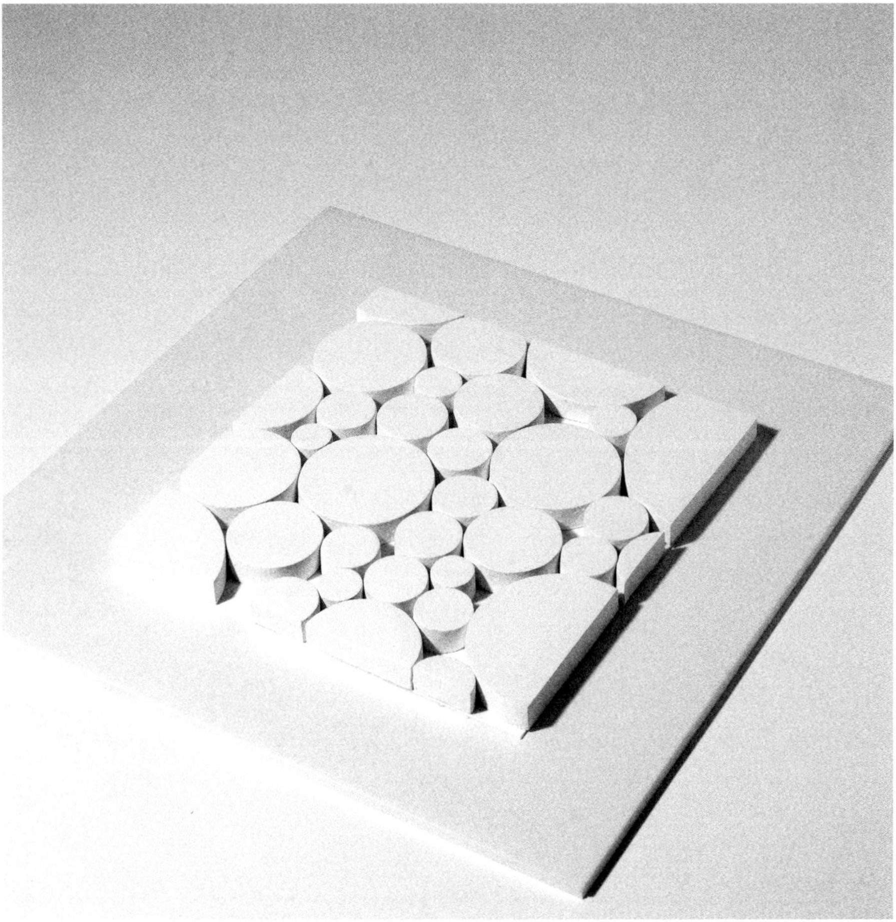

富弘美術館　群馬　ヨコミゾマコト　2005　1/300

後ページ：　金沢 21 世紀美術館　金沢　妹島和世＋西沢立衛　2004　1/300

国立新美術館　東京　黒川紀章　2007　1/300

21-21 DESIGN SITE　東京　安藤忠雄　2007　1/300
後ページ：　横須賀美術館　神奈川　山本理顕　2007　1/300

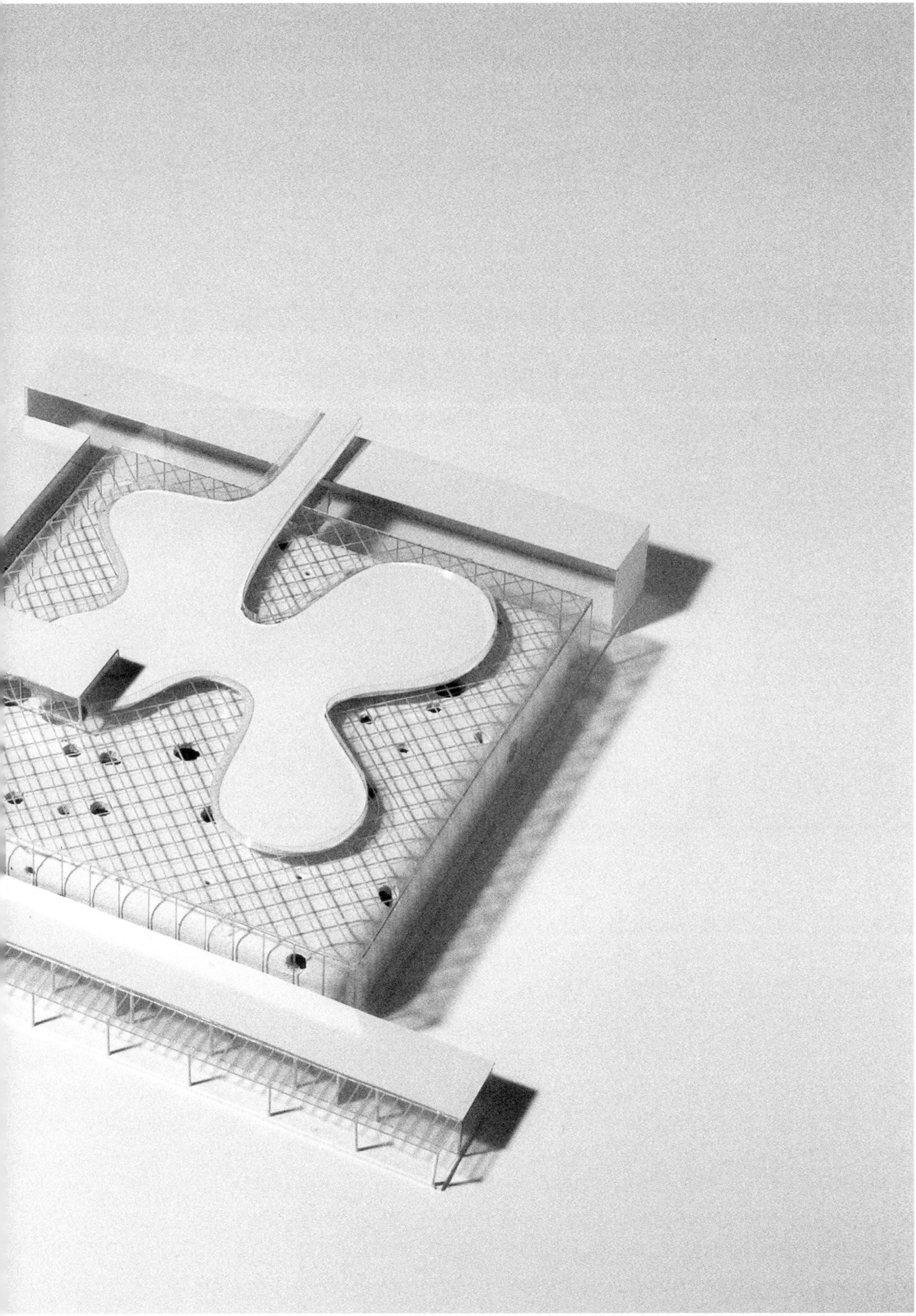

思考の模型
オープンラボ展レクチャ

『UMUT オープンラボ——建築模型の博物都市』展では、建築模型の制作・展示と並行して、展示室内でさまざまなイベントを実施した。その中核となったのが、レクチャ・シリーズ「思考の模型」である。建築・デザイン、自然科学、情報科学などの分野から 15 名の先生方に来ていただき、来館者と学生に向けてお話しをいただいた。レクチャの内容は必ずしも展示内容に直結していない。諸分野の研究実践から知的な刺激を得るとともに、そのアイディアや理論の中に分野を超えた「思考の模型」を発見できればと考えた。以下に、各先生方のレクチャ内容を簡単に紹介させていただく（敬語省略。掲載はレクチャ実施順）。

セルジオ・カラトローニ先生は、自然観察から啓示を得て「イデア」を創出することをデザインと認め、そのイデアを保存することがミュージアムの役割であると指摘した。手塚貴晴先生は、自身の設計体験から「人間をつくる」という建築の基本的役割を明らかにし、多数のアイディアを一つの方向に束ねていくデザイン手法を紹介した。大野秀敏先生は、地域性の捏造が起こりうる現状に危惧を示し、場所の要求に耳を傾けることによって「現在に未来を接続する」デザインが可能になることを指摘した。洪恒夫先生は、展示と建築を架橋する装置として、展示コンテンツを積層保存する「スペース・アーカイブ」という概念を提示し、そのコンセプトを試作模型で説明した。遠藤秀紀先生は、動物と鉄道を「動くもののデザイン」という共通の視点から解読し、哺乳類と鉄道車両における機能と系統の展開にパラレルな関係を見出した。ヨコミゾマコト先生は、「モデル」における抽象や減算がデザイン思考を推進させることを指摘し、水草や泡のモデルから出発した富弘美術館の設計過程等を説明した。佐々木猛智先生は、「貝」を建築との共通性からとらえ直し、貝の形体の多様性、貝殻の機能・成長・結晶・模様について、さまざまな実例写真とともに紹介した。大松俊紀先生は、建築家・篠原一男が自作に与えた 4 つの様式を再確認し、篠原の設計の原点である「柱」の存在が、象徴的な扱いから零度化・凶暴化する流れを説明した。千葉学先生は、建築設計において場所とプログラムから導かれる普遍性を「そこにしかない形式」と定義し、自作における「窓」の展開に着眼しながら設計過程を紹介した。橋本純先生は、博物館と専門メディアを器と枠組みの関係から比較し、双方において戦略的かつ問題提起的な枠組みの提示が求められることを示唆した。難波和彦先生は、サスティナブル・デザインの基礎となる「建築の 4 層構造」を提起し、「箱の家」がさまざまな試行を経て「エコハウス」へと進化する展開を説明した。宮本英昭先生は、「太陽系の博物学」という視点から、天体の形態と表面構造について、地球の熱史、太陽系の惑星、イトカワや月を通して解説した。岸田省吾先生は、「建築と時間」というテーマから既存事例を検討し、東京大学本郷キャンパスの再生計画について、オープンスペースのネットワークという視点から説明した。脇田玲先生は、建築をコンピュータ・アーキテクチャを含む「人工物の仕組」ととらえ、光る布や動く布などのスマートマテリアルを紹介し、その建築への展開を示唆した。伊藤香織先生は、自身が実践する「ピクニック」の活動を通して都市の公共空間の創造性について考察し、英国で実施されたピクノポリスのプロジェクトを紹介した。

以上のように、レクチャの内容はさまざまな分野 / テーマに及んでいる。そこで紹介された作品・現象・事物を知ることに加え、その背景にあるアイディア・理論・解釈の一端を理解することは大きな刺激になった。展示室に整然と陳列された建築模型の一つ一つにとって、それが形象として結実する前段に、このような「思考の模型」による試行錯誤があったことを想起させる。なお、レクチャの最後には講師と受講者の質疑応答も行われ、その内容も収録している。

セルジオ・カラトローニ
イデアのミュージアム

UMUT OPENLAB Lecture 01　Aug.01, 2008

01

02

建築のイデア

今日は多くの建築模型に囲まれて幸せな気持ちです。この光景は「夢」の集積といってよいでしょう。建築とは誰かの夢の結果であり、その夢は終わることのないものです。ギリシャ、ローマから現代に至るまで、ヨーロッパ、アラブから日本に至るまで、建築をうみだす無数の夢が存在してきたのです。ル・コルビュジエがインドで、ルイス・カーンがバングラデッシュで行ったように、建築の完成に至るまでには多大な時間と労力が費やされます。夢の実現とは多くの場合、そのような時間をかけた困難なプロセスです。

夢を思い描くときには、何かからエモーションを得ることが大事だと思っています。したがって、私はデザインをするときは、自分のスタイルにこだわらないことにしています。自然との応答からデザインは生まれてきます。日本の建築を見て感心するのは、自然と人工の関係のとり方が巧みであること、そして、技術を最小限にかつ力強く使っていることです。建築の夢とは「イデア」(本質、真実)の創出であり、それは時間を超えて存在するものです。このレクチャでは、さまざまな自然物や人工物の実例を通してイデアを考えてみたいと思います。

観察と啓示

今日、私はいくつかの標本や模型をもって来ました。建築にエモーションを与えてくれるモノたちです。まず、これはアボカドの皮、半分に切断して皮だけを乾燥させたものです(図01)。実と種を覆う外皮の形態と構造は極めて興味深いものです。こちらは石ころです(図02)。石は不変の形態に見えますが、実際には長年にわたる水流や摩擦の影響によって徐々に変化しています。(標本を観客に渡して見せる)

「建築とはボディ(身体)である」と考えています。建築には固有の形態、組織、色彩、感情がありますが、何よりも建築の内側には「生」があります。建築家はそのことを忘れてはいけません。石ころの場合、そのボディは石ころ固有の組織で構成されます。鉱物であれば結晶構造が内在します。物質に内在する「生」を感じ取ることができれば、デザインはそこから立ち上げられます。

このテープのオブジェを見てください。黒いガムテープをちぎって重ねてみたものです(図03)。素材の弾力性や伸縮性といった性質が、このオブジェの形態をつくっています。見方によっては、フランク・ゲーリーのグッゲンハイム美術館のように見えるでしょう。次に、この縞状のオブジェを見てください。白と黒の素材を螺旋形のタワーに組み立てたものです(図

03

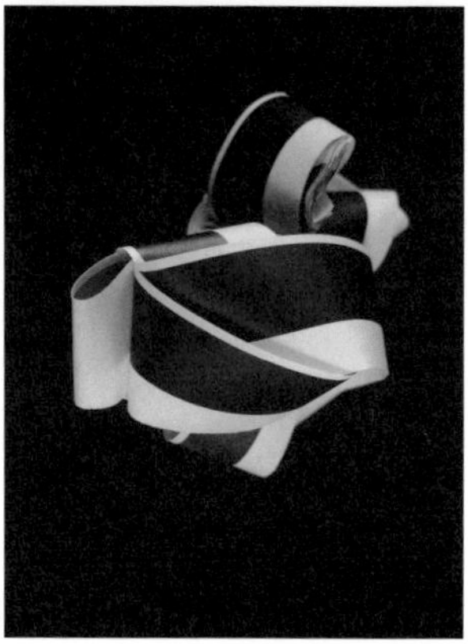

04

04)。ここでは、ギリシャ的な対称性ではなく、非対称性を追求しました。螺旋という構造には動きや変化が内在しています。「空間の動き」は、建築の変化の可能性を感じさせてくれます。

たとえば次の黒いオブジェ、これは薄い金属板をラバーで被覆したものですが、これは手で握れば容易に変形します（図 05）。コンピュータのシミュレーションよりも簡単かつ直感的にイマジネーションの具現化が可能になるのです。別の小さな標本、アボカドのヘタの部分にも「建築」を発見することができます。ここには空間、構造、機能、色彩、時間が見出せます。この小さな標本を見て、そこから社会性や私性のイメージを膨らませることすら可能なのです。

もう一つのプロジェクトは、「鉱物的」形態の可能性を追求したものです（図 06）。ブロックの組合せは自由に変えることができます。遊んでいるように見えるかもしれませんが、この過程から最終的な構成が決まるのです。

このように、私はデザインをするときはまず「小さな模型」をつくって検討します。いま紹介したような標本や模型は、私にさまざまなエモーションを与えくれます。「好奇心は建築の母であり、科学の母である」といえるでしょう。自然界の存在物を丁寧に観察することが大事です。それがデザインの啓示を与えてくれるでしょう。私は特に「原点」に注目しています。存在物には原点といえる場所があります。それはエネルギーが発生するポイントであり、形態が成長展開する要となる場所です。そのような場所を見つければ、モノへの理解は深まります。自然界に対する深い観察は、やがて人工物の創造へと展開します。何かをつくるときに、自然界は重要なリソースとなるのです。

デザインの進行

ここで私のデザインのやり方の一部をお見せしたいと思います。MONOMUSEUM というプロジェクトの模型写真がたくさんあります（模型写真は p.273）。先ほど述べたように、デザインをするときに私は手のひらに乗るような小さな模型をつくります（図 07）。この模型をいろいろな角度から眺め、光にかざすことによって建築の基本構成を理解します。次にそれを写真に撮ります。写真の段階で建築のプロポーションや見え方を確認します。このプロセスをさまざまなケースで繰り返しながらデザインを固めていきます。ここまでくれば、もうゴールは近いといえます。最後にコンピュータによるレンダリングを制作します（図 08・09）。

今お話した方法は、私流のやり方に過ぎません。ル・コルビュジエや安藤忠雄氏は別の方法や着眼点を持っているでしょう。デザインのやり方は人それぞれなのです。私はデザインをす

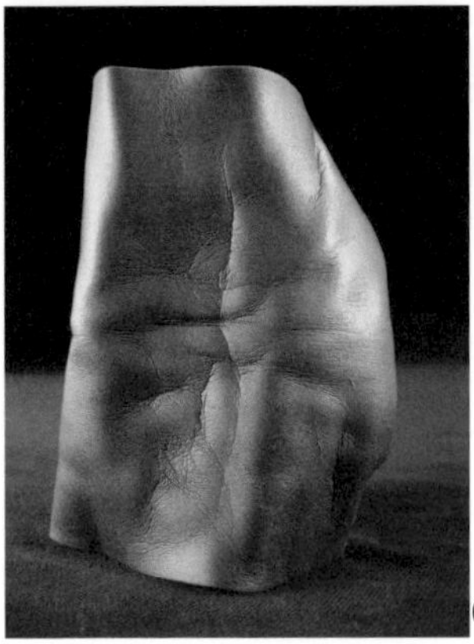

05

06

るときに、強い「単純性」を意識します。時間がたっても変わらない基本的な性質を見出すことを目指します。そのときに形態だけを操作しているわけではなく、空間と身体の関係を常に重視しています。建築の内部には「生」があります。生を尊重しなければ建築のデザインはできません。

さて、ここまで私からお話をしてきましたが、ここからは皆さんのコメントや質問に応答しながら話を展開していきたいと思います。

機能と形態

Q：コンサートホールや劇場のように、そこで行われるアクティビティや音響条件などによって決まる建築についてはどのようにお考えですか。

A：古代ギリシャの劇場を考えてみると、そこには二つの重要なポイントがあります。一つは建築の形態であり、もう一つは建築の機能性です。形態に関していえば、劇場に適した「すり鉢」状の地形を探して、そこに半円形の美しい劇場を構築しています。機能性に関しては、演劇や演奏に適した音響条件や、観客のための視認性の確保といった要素が重要になります。これは「サウンド・アーキテクチャ」と呼べるような建築です。建築はこのように、用途や立地に応じた複合的な豊かさをもっています。建築の利用者、この場合はミュージシャンや俳優について考えますが、彼らはその空間でパフォーマンスを行うときに、「空間を翻訳する」すなわち空間からインスピレーションを受けて空間の性質に対応しながら演じることになります。ギリシャ劇場では、地形を利用して山肌の岩石から建築がつくられますが、そこでは「自然との一体化」と「新しい形態の創造」という興味深い二重性が存在します。空間の翻訳とはこの二重性にまたがる行動です。

立地と素材

Q：MONOMUSEUM はどのような立地条件を考えていますか。自然環境の中か、都市の中でしょうか。また、場所によって素材や形態は変わるのでしょうか。

A：このミュージアムはモロッコにつくる予定です。やや郊外の敷地につくることを考えていますが、都市部に建設することも可能です。記念碑的な建造物のすぐ隣りに建てるには適していませんが、仮に東京のようなカオスであれば、比較的どこにでも置くことが可能でしょう。素材としては、モロッコの現地でとれる石を使うことを想定しています。もし東京につくるならば、コールテン鋼のような存在感のある素材を使うでしょう。モロッコで地場素材でつくる場合の建設費は 50 ユーロ /m^2 程度、これをヨーロッパでつくれば 6000 ユーロ /m^2 くらいかか

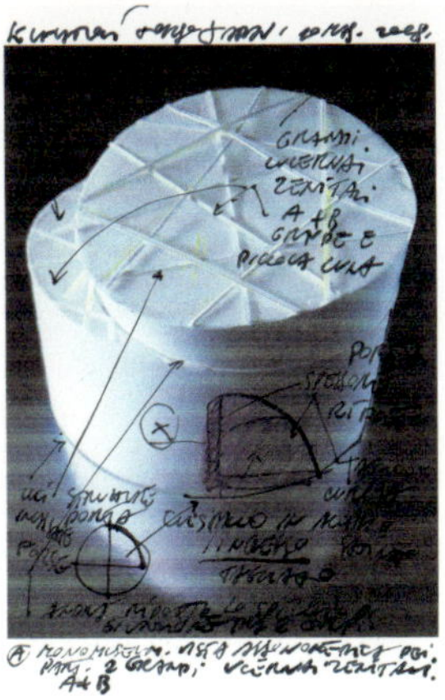

07

08

ります。同じアイディアを実現するにしても、それが置かれる場所によって選択される素材や構法は異なり、建設費も変わってくるのです。

模型による検討

Q：小さなスタディ模型をつくって、それを写真に撮ってデザインを考えるとおっしゃいましたが、内部空間についてはどのように決めているのでしょうか。

A：内部空間も模型で考えます。イタリアでは、建築設計とインテリアデザインは日本ほど明確に分かれていません。建築家は、外部空間も内部空間も家具もグラフィックもデザインします。それが我々の DNA といっていいでしょう。スカルパやソットサスやムナーリといったデザイナーも、建築だけでなく優れたインテリアの仕事を残しています。建築の外部 / 内部を通して考えるために、私たちは実にさまざまなタイプの模型をつくります。デザインの進行によって大きな模型や部分模型などもつくります。最初の小さなスタディ模型は、その出発点となるものです。模型をつくることの利点はいくつもあります。実物と同じ構成を確認できるため、建築のもつ問題点を把握しやすいこと。コンピュータによるスタディに比べて、介在する情報が少なく想像力の余裕をもちやすいこと。iPod で音楽を聞きながら模型をつくることは可能ですが、コンピュータ・グラフィクスの場合はたぶん情報過多になってしまうでしょう。コンピュータはツールとして非常に有用で私の事務所でも活用していますが、それによって模型をつくることの必要性が減じることはありません。建築のデザイン過程では、手で模型をつくる、敷地を見る、素材を確認する、施工現場を見るといった、リアリティに即した行動が常に求められています。

イデアの保存

そろそろ私の話をまとめたいと思います。ミュージアムの役割は「イデアの保存」にあると考えています。ミュージアムは、事物の本質や真実を情報化・標本化して残していく場所です。オープンラボ展はまさにその例になっています。パラーディオの建築模型（図 10、模型写真は p.214,215）を見れば、対称性や古典再興の意図を読み取ることができます。

モダニズム以降の建築模型を見れば、機械の時代における多様な機能性を見ることができます。実物の建築は、場合によっては滅びてなくなってしまいますが、建築の考え方は模型や図面として残すことができます。イデアを残し、後世の人々に伝えることがミュージアムの役割であると考えています。

09

10

セルジオ・カラトローニ　(Sergio Caratroni)

1975年セルジオ・カラトローニ・デザイン・スタジオをミラノに設立。建築家、インテリアデザイナー、クリエイティヴディレクター、アーティスト、ジャーナリスト、写真家、コピーライター、グラフィックデザイナー、ウェブデザイナー、パッケージングデザイナー、家具／照明具デザイナー、大学教授、展覧会の企画監修者。現在、ミラノを中心にベイルート(レバノン)、ダマスカス(シリア)、マラケシュ(モロッコ)、サンパオロ(ブラジル)、北京(中国)、東京(日本)を行き来しつつ、活動を続けている。2007年より2009年まで東京大学総合研究博物館客員教授。

手塚貴晴

人をつくる建築――「屋根の家」から「ふじようちえん」へ

UMUT OPENLAB Lecture 02 Aug.08, 2008

01

02

今日は、私達の出発点となった「屋根の家」と最近の「ふじようちえん」という2つのプロジェクトの紹介を通して、「建築が人をつくる」というお話をしたいと思います。

I　屋根の家　(図 01 − 06)

屋根の上が好きな家族

「屋根の家」は10年くらい前の初期のプロジェクトです。私達が家を設計するときは、その家の方々と友達になり、家族の生活習慣を見つけようとします。趣味とか学生時代にしていたことなどを話題にします。そうすると、埋もれていた夢や好みが見つかることがあります。

この家族の場合は、屋根の上でご飯を食べることでした。もともとこの家族は、それをなさっていたのです。屋根の上は危険ですという話をしましたが、「大丈夫です。家族4人で上がっていましたから」とのことでした。屋根の上の生活というお施主さんのイメージから生まれたのが、この「屋根の家」です。後で触れる「ふじようちえん」(図 07) とは一見関係なさそうに見えますが、これが私達のその後の展開の出発点になりました。

傾斜面の気持ちよさ

以前の家では小さな窓から屋根に出ていました。通常出ないところから出るのが面白かったので、新しい建物でも扉から出るのではなく天窓から出ることにしました。すると、妹さんが「これ、私の天窓！」と言い出し、お姉さんは「じゃあこれは私の天窓」、お母様も「台所に天窓がほしい」とおっしゃり、あらゆるところに天窓をつくることになりました。玄関の天窓、お風呂の天窓、洗面台の天窓、みんなの天窓など、いろいろあります。

この建物は、谷になっている住宅地を見下ろす場所に建っており、屋根は谷の中心に向かって傾斜しています。普通に考えれば、屋根の傾斜は水勾配のためですが、私達は屋根に上ると気持ちがいいと感じる理由から考え始めました。屋根に上って気持ちがいいと感じるとき、実は「傾いていること」が大事なのです。最初のデートでは、土手に行くのがいい。向かい合って座るより、2人とも同じ方向を見て話をする。沈黙しても同じ風景を見ていれば、さほど気詰まりにはなりません。斜めの場所には人を居続けさせる何かがあります。世界中の広場を見てみると、ポンピドゥーセンター前の広場、メルボルンの広場、シエナの広場とか、傾いている広場が少なくありません。平らな広場は観光客が右から左に歩いているだけですが、人が集まって佇んでいるところは傾いている場所が多いのです。人は傾いたところで座り、落ち着

03

04

く習性があります。

建物のかたち

「屋根の家」の設計段階で、お施主さんから、屋根に上がっているのを全部見られるのは避けたい、一方で、斜め後ろにあるお婆様の家を屋根から見えるようにしたい、という要望がありました。そこで屋根の上に壁を立てることにしました。屋根の上でバーベキューをしたいという要望もありましたが、そうすると屋根が燃えてしまいます。そこで、庭でバーベキューをして、屋根の上の人に手渡しできるように、軒先を非常に低くしました。軒先は高さ 1.9m しかありません。「前住んでいた家やまわりの家を見ても手摺はついていない」との施主の一言で手摺はなくなってしまいましたが、今ではこの理屈は通らないでしょうね。こうして、そのまま「屋根の家」ができてきたのです。

私達の設計図面には必ず人が入っています。人が何をするかは非常に大事です。私達にとっての建物の形は、人にどういう行動を引き起こさせるかによって決まってきます。この建物では、屋根を中心にいろいろなことが起きています。食事をする、シャワーを浴びる、夕涼みをする、ボールを蹴る、などです。天窓から人が上がってくるときに、子供達はモグラ叩きのような遊びをすることがあります。屋根が薄いので、軒先に座ったら、下の人から足が見えてしまいます。

アクティビティが見えてくる

建築は、都市に対していい影響を与えていることが大事です。周りの住民の方々は、ウッドデッキができたということでとても喜んでいました。お隣さんが一緒にご飯を食べることもあります。屋根の上に人がいることが多いので、家の前を通る人と顔見知りになって、挨拶を交わします。ご近所さんが屋根の家の周辺に集まっている状況です。

照明デザイナーの角館政英さんが「照明の中で一番面白いのは夜景。光自体が美しいというよりも、夜景の一つ一つの場所にストーリーがあるから」とおっしゃっていました。この家では、電球を自分の好きなところにぶら下げてもらいました。一人に一つの天窓、一つのアクティビティに一つの電球というように、全部一対一対応になっているので、アクティビティが個別に見えてくるように考えられています。

説明しなくてもわかる建築

屋根の家はワンアイディアでできているように見えて、その中に無数のアイディアが詰め込まれています。たくさんのアイディアが重なって、それが全体として一つの方向を向いている

05

06

から、ワンアイディアのように見えるのです。そのように見えるかどうかが、私たちの設計が成功したかどうかの判断基準です。

誰が見てもわかるというのは私達の大事なコンセプトです。いい建物は説明がなくても伝わるものです。建築家は自分で考えるだけでなく、使う人とコンセプトを共有することが大事です。10年前の雑誌の表紙を飾っている建物で、いまだに良い建物だと思われているものは意外と少ないです。生き残っている建物は、使う人に好かれ、建物自体が使うことを語りかけます。建物を長年もつように作るのは比較的簡単ですが、長年使い続けられるように作ることは難しいのです。

環境に寄りそって住む

当初、「屋根の家」の屋上は、夏は暑く、冬は寒くて使いものにならないとある建築雑誌に書かれてしまいました。すると、お施主さんがその雑誌に反論文を出しました。「私たちは実際に屋根の上を使っています。夏は暑いので朝と夕方に出ます。冬は寒いけれど昼間は結構暖かいです」と。なるほど、そのような当たり前の感覚が大事だと思います。人間が環境を制御することが優先されがちですが、「屋根の家」のご家族は自分たちが環境にあわせて住んでいるのです。これは忘れられつつある人間の知恵だと気づきました。

II　ふじようちえん（図07-18、模型写真はp.266,267）

園長先生

「ふじようちえん」の以前の建物は、ボロボロでしたが、「となりのトトロ」のサツキとメイの家のような独特の雰囲気をもっていました。園長先生が幼稚園の中を歩いて回りながらクラスの中に入っていくと、園児からワーと歓声があがります。それを1日中やっていたのです。その様子がいい感じだったので、建物を作り直すのはやめませんかと園長先生に提案しました。しかし、実際には雨漏りが多く、地震がきたらもたないだろうということで、結局は建て替えることになりました。

行き止まりのない屋根

元の幼稚園の雰囲気がよかったので、それを残そうということで考えたのがこの建物です。敷地には表参道にも無いような大きなケヤキが3本ありました。10階建て相当の高さがあります。根が当たらないように建物の基礎を何mか飛ばして、木はそのまま残しました。この幼稚園の敷地は長辺方向が80mあって、六本木ヒルズの1層より少し小さいです。建物の形は大きな楕円形としました。以前の幼稚園

07

08

はコの字型平面をしており両端に終点があったので、遊び回っていると端部で止まってしまいます。しかし、建物を丸くすれば行き止まりがないので、園長先生も園児もずっと回り続けてくれるだろうと考えました。

ここの展示模型には反映されていませんが、屋上は中心に向かってすり鉢状に 1/30 から 1/50 の傾斜がついています。「屋根の家」でも説明しましたが、少し傾いているだけで座って話し始めたり、走り回ったりします。驚いたのは、強制されるわけでもなく、毎朝屋上を 30 周する子供がいるということです。この幼稚園には特に遊具らしいものはありませんが、屋上にある丈夫な天窓や既存樹木まわりのネットを使って遊びます。子供達が自分で遊び方を考え、100 通り位の遊びが展開されているようです。子供は人に与えられたものは簡単に忘れてしまいますが、自分で見つけたものはずっと覚えています。建築は多分そういう力を持っているのです。

手摺とネット

園長先生は「屋根の家」を気に入ってくれていたので、この建物でも手摺が無い方がよいといわれました。建築基準法上困難であるという話をしたところ、「フィールド・アスレチックの縄梯子には手摺がありません。手摺を無くしてネットをせり出して受け止めてはどうですか」という提案をいただきました。この案を検討して建築指導課に持っていきましたが、さすがに通りませんでした。しかし、アイディアはケヤキの周りのネットに反映されていいます。子供達はネットに落ちに行くのが大好きです。そこからまた新しい遊びが生まれます。

手摺は縦格子式ですが、垂直材の径が 13mm、水平材の径が 16mm しかありません。ネットと同じようにソフトな作りをしています。少し押したときは数本しか利かず反発も少なく動きますが、ぐっと押し込んでいくと 10 本位利いてきて固く動かなくなります。子供は 15cm くらいの隙間があると頭を突っ込んで抜けなくなるので、縦格子の間隔は 11cm にしてあります。ちょうど子供の足が入る大きさになっていて、手摺に足を通して軒先に座ると気持ちいいようです。

小さな気遣い

屋根の上と下が同時に見えるようにしたかったので、軒先が非常に低く 2.1m しかありません。手を伸ばすと天井に手が届きます。さらに、中心に向かって傾いているので、庭にいる人から屋根の奥まで全部見えて、スタジアムのような効果があります。中庭に続く階段の下には 1m くらいの砂山を作っています。直進階段だ

09

10

けでは子どもが転落したとき危険なので、砂山でワンクッションを置いています。しかし開園1ヵ月後に見に行ってみると山が半分ぐらいの大きさになっていました。子供は砂団子を作るのが大好きで、600人の園児が団子を作り続けると、あっという間にダンプカー1台分の泥が消えてしまします。幼稚園の設計に際して私達は各所にリサーチに行ったのですが、足洗い場の排水溝はたいてい詰まっていました。自然に詰まるのではなく、子供が土を排水溝に詰めて遊ぶのです。そこでこの幼稚園の足洗い場では、丸太をたくさん並べてその隙間から下部の大きな排水溝に水が流れるシステムを作りました。

開け放しの空間

この幼稚園は、1年の半分以上は窓を開け放した状態で使っています。大学の先生には、このように引戸ばかりでは空調の熱効率が悪いだろうと指摘されました。しかし園長先生が反論され、「そもそもこの幼稚園では冷房をほとんど必要としていません。去年は1日だけしか使っていません」とのことでした。実は東京では、3月末から11月までは窓を開け放しておくと結構気持ちがいいのです。この建物は軒が深くて雨が降り込まないので、雨の日でも開け放しにしています。冷房の中でしか暮らせない人が、50℃の砂浜に肌を焼きに行き、寒がりの人がマイナス20℃のゲレンデにスキーに行きます。人間は、望ましい環境があれば温度差に耐えられるのです。この幼稚園では、人為的な温度制御が少ないにも関わらず、夏は風が流れていれば30℃でも暑さを感じません。冬は引戸を閉めていれば寒さを感じることはなく、早朝1時間半程暖房を入れておけば1日中暖かいです。

歪んだ楕円

この幼稚園のかたちは楕円形をしていますが、実は僅かに歪んでいます。軒先がでこぼこしていて、楕円の幅も大きい部分と小さい部分があります。私が鉛筆で描いた線をそのままスキャンして使っているからです。こうすると、コンピュータで幾何学的に描いた図形には無い機微が出せます。雨戸のレールも歪んでいて、雨戸が右に行き左に行きしながら閉まります。

大きなコミュニティ

幼稚園の内部には壁がありません。だから、うるさいです。今は遮音指向の幼稚園が増えましたが、昔の幼稚園は周りの教室や隣の建物の音が聞こえていました。視覚的な区切りでしかなかったわけです。園長先生がまた面白いことをおっしゃいまして、「子供は雑音の中で育つ。静かな空間だとおかしくなってしまう」と。

11

12

人間の耳は実はすごくて、大きな声を出せば5km先の人と会話ができます。こだまの声は9割以上が山に吸音されているのに、人間の耳には聞き取れます。静かにすれば、人間はいろいろな音が気になり始めます。図書館は静かな場所ですが、小さな話し声が気になると意外と集中できないですね。子供はうるさいところに行くとむしろ落ち着くのです。集中すれば、自分の聞きたい音だけを聞き分けられます。この幼稚園はうるさいので、一生懸命に先生の言うことを聞き取ろうとします。

園長先生は、この幼稚園には1件もいじめが無いと断言されています。人間を閉じた場所に入れると、猿山のように内部で階層構造を作って下に来る人間をいじめます。今までの学校は、閉じた構造になっているからいじめが起きるのです。この幼稚園は開かれた場所です。先生の授業が面白くないなと思ったら、先生の目の届く範囲で隣のクラスに行ってもいいことになっています。ある教室で先生が困っていたら、隣の先生が助けに行ってもいい。つまり、この幼稚園全体で大きなコミュニティができています。園児が必ず自分の居場所を見つけられるようになっています。

技術が人に近づく

内部空間に固定壁はありませんが、小さな箱を使って積木のように間仕切りを作ることができます。そして、毎月レイアウトが変わります。壁がないので洗面台が作れないため、部屋の中に井戸のように洗面台を配置しました。井戸端会議のように、本当にたくさんの園児が集まってきます。

この建物では照明には裸電球を使っています。園児は当初はヒモを引けば電気がつくことを知りませんでした。蛍光灯だと2000～3000ルクス位ないと暗く感じますが、電球だと300ルクス程度で我慢できます。蛍光灯は特定の色調だけが明るいのですが、電球だと万遍なく明るいからです。逆だと思われがちですが、実は蛍光灯を使っている家よりも電球を使っている家の方が消費電力が低いのです。この幼稚園では、天井にちりばめられた電球3個ごとに引きひもがついていて、自分が明るくしたい場所の電球をつけて歩いて回ります。外から見ても、人の営みの場所だけ光っているのできれいです。20世紀は技術にあわせて人が暮らしてきました。技術にあわせるために、人はいろいろなものを失ってきました。しかし、これからは技術が人に近づいていく時代です。

建築家で本当によかった

「ふじようちえん」は私達の集大成の仕事です。建物をつくることによって、人の生活をつ

13

14

くることに貢献できたという気がしています。建築の形態で感心させるのは一瞬のことです。

建築の本当の力は、20年30年かけて社会を変えていく点にあると思います。この幼稚園はたくさんの園児を育てています。その子どもたちがみんな、この屋根のことを覚えています。この屋根の上を毎日何キロも走ったこと、ケヤキの上に上ったこと、いろいろな遊びを考え出したこと、壁がない空間で先生の話を集中して聞けたこと、いろいろな思い出があるはずです。この建物は、おそらく園児たちの人間形成に少なからぬ影響を与えていると思います。私達はこれまでに数々の建物をつくってきましたが、久しぶりに感無量の思いでした。

これは特に建築の学生に言っておきたいことですが、建築家は素晴らしい職業です。この職業を選んでよかったと思っています。自分のつくった建物が単に残るだけではなく、それに関わる人々の生活にプラスの影響を与えることができるのです。「ふじようちえん」は他の幼稚園とは違うので、そこで育った子供達はまた少し違う人生を歩むのかもしれません。自分がそのような機会にたずさわることができたのは本当に幸せなことだと思います。

質疑応答

Q:「ふじようちえん」の天窓の向きや位置はどうやって決めたのですか。

A：私のかつての師匠は、「綿密な計画といい加減な実行」ということを教えてくれました。一生懸命に計画をして、それをフレキシブルに実行に移します。部屋はすべて綿密にプランニングしています。しかし、ある部屋に二つ天窓があったり、ある部屋には天窓がなかったりと、最初に考えたようにはなっていません。優れた計画では、違う使い方をしても、いい使い方になると思っています。

Q：どの段階で構造家と一緒に建物を考えていくのですか。

A：建築家は構造をからだで感じることが大切です。私はもともと構造計算が好きで、フラードームを自分で解析したこともあります。優れた構造のパートナーを持つことは大切ですが、基本的な構造のアイディアについては、建築家が最初から自分で考えなければいけません。

Q:プロジェクトを進めていくときに、どうやって最終的なデザインを決定されていくのですか。何か一定の進め方はあるのでしょうか。

A：デザインの過程で私達はたくさんの模型を

15

16

つくります。これはダメかなと思う案でも模型をつくります。考えた過程が残っていれば、デザインを進化させられます。案を決める段階では1/100、その後1/30位まではつくりますし、1/1などの部分模型をつくることも珍しくありません。微妙に違う形態をたくさんつくって、一番気持ちよい空間にしようとします。「うまい」とか「気持ちがいい」というのは曖昧な言葉ですが、そう感じるには理由があります。日本の光の入り方だと、奥行き1に対して軒の高さが1.5程度が一番気持ちがいいのです。それを知っていて昔の大工さんは縁側をつくっていました。私達はコンピュータ・グラフィクスは使いませんし、スケッチですらあまり信用していません。すべてにおいて模型で確認しながらデザインを進めていきます。

Q：手塚由比さんとはどのように設計を分担しているのでしょうか。

A：分担をしないようにしています。片方だけが携わってくると、違ってきます。2人がいいと思わないでどうして周りの人がいいと思えるか、というポリシーでやっています。

Q：建物がとてもシンプルに見えますが、それは意図しているのですか。

A：意図しています。日本人はもともと家具がほとんどなくて、シンプルに住んでいました。あるときから家具がたくさん出てき始めて、混乱してきたのです。私達の建物は空間を自由に分けられるようにできています。子供は小学生までは親と一緒にいたいので、子供部屋が必要なのは中学生から大学生までの10年間だけです。大学を卒業して巣立っていったら、また部屋をなくしてワンルームに戻せるようにします。プランにあまり懲りすぎると住む人の居場所がなくなってしまいます。フランク・ロイド・ライトの建物は今、ほとんど誰も住んでいません。それが美しいからという理由で、椅子もテーブルもすべて位置がマーキングされて動かせないのです。建築はそういうものではありません。しかし、ルイス・カーンの建物は一軒として空になっていません。しっかりと考えた上で、なお住む人の自由に任せるところを残し、シンプルだけどそれだけではないという建築を目指しています。

Q：日本建築の影響があるように感じますが、いかがですか。

A：その影響はあります。父親の実家の建物が今年で100年くらいたっている町屋ですが、非常にモダンな建物です。中庭に面してある座敷は、全部引戸になっていて、廊下にある蓋を開けるとレールが出てきて、引戸が全部中に隠

17

18

れてしまうディテールです。これを100年くらい前の大工さんがやっている。昔の建物はとてもモダンです。でも、私は日本の昔のものをそのままつくるのではなく、昔のものを感じていることが大事だと思います。自分の体に蓄積され、つくっているといつの間にか日本建築っぽくなっている。モダンにつくっているつもりでも、日本的要素が感じられる。それは日本人がデザインしているのだから仕方ない、位の感覚がいいと思っています。

Q：師匠のリチャード・ロジャース氏に受けた影響はどのようなものでしょうか。
A：彼はいつも「どんなライフができるのか。何がいいのか」と問い続けていました。ロジャースはハイテクなディテールだけが注目されがちですが、それをやるだけの理由があるのです。事務所の中はとても気持ちよくて、家具や事務所の中から見える川を眺めていると、幸せで仕事する気がなくなってきます。建物は一瞬だけ訪れるものではなく、ずっと使い続けるものです。そこに住んでみないと感じないことって多いですね。そういう影響は大きいと思います。

手塚貴晴　（てづか たかはる）

建築家、1964年 東京生まれ。武蔵工業大学卒業、ペンシルバニア大学大学院修了、リチャード・ロジャース・パートナーシップ・ロンドン勤務を経て、1994年に手塚建築企画を手塚由比と共同設立（手塚建築研究所に改称，97.07）、現在東京都市大学教授。「屋根の家」で第18回吉岡賞、JIA新人賞、日本建築学会作品選奨。「越後松之山「森の学校」キョロロ」でエコビルド賞、日本建築学会作品選奨。「ふじようちえん」で経済産業大臣賞、キッズデザイン賞金賞、感性創造デザイン賞、経済産業大臣賞、グッドデザイン賞、インタラクションデザイン賞、日本建築学会賞（作品賞）を受賞。

大野秀敏
現在に接続する未来

UMUT OPENLAB Lecture 03 Aug.13, 2008

01

02

今日は私が現在関わっている都市と建築の提案と作品を題材にして、デザインにおけるさまざまな問題についてお話をしたいと思います。

消費される都市

最初にいくつかスライドを見ていただきます。アパート、オフィス、ショッピングモール、郊外の集合住宅、といった街の風景ですが、どこだかおわかりですか。実はこれはパリの郊外です（図 **01**）。ご覧の通り、東京でもアメリカでもアジアにあってもおかしくない風景です。中心部にはパリらしい街並みがありますが、郊外には国籍不明の「洋風」建築が数多く存在しています。パリの人口の約３割の人は都心部（旧市街）に住んでいますが、残りの７割の人たちはこのような郊外に住んでいます。

次の写真は皇居前の広場から霞ヶ関を見たものです（図 **02**）。建物の年齢が数字として記されています。日本橋も同様で、92 歳の日本橋は別格として、首都高速が 41 歳で二番目の高齢、建物はそれよりも若くなっています。東京の中心部では、建物が新しいことがわかります。日本の建物は平均すると 30 年から 40 年で新しく建て替えられています。都市が消費され、めまぐるしく風景が変わります。 東京の郊外の風景を見ますと、ほとんど何でもあります。自由が丘のイタリア風の商業施設、旧大倉山精神文化研究所の混淆洋式からきた大倉山のギリシア風の商店街、多摩ニュータウンのガウディのような広場、様々なスタイルが取り揃えられた住宅展示場など、先ほどのパリ郊外と似たような、あるいはそれ以上の風景が東京の郊外に広がっています。

次の写真は時代を遡りまして、戦前の日本の都市の風景です（図 **03**）。公共性のある建物は洋風建築、一般の人々が住むのは町屋や武家造りの流れを汲む伝統的建築です。日本は政治的には独立を保ちましたが、少なくとも都市風景では自己植民地化したという言い方ができます。そのような都市の中で私たちは暮らしてきたのであり、これが私たちの近代化 100 年です。

縮小する都市

最近、『シュリンキング・ニッポン―縮小する都市の未来戦略』（鹿島出版会）という本を出しました（図 **04**）。人口問題や環境問題を通して「日本が縮む」という現象を考察しています。表紙に載せた日本地図は都道府県面積を人口比で拡大縮小したものです。首都圏や関西圏をはじめ太平洋側が拡張しているために日本列島全体がエビが反ったように変形しています。日本の人口は今後 50 年間で約 4000 万人減少すると予測され、環境においては資源の枯渇や CO_2 の削減が課題となっています。いろいろな意味

03

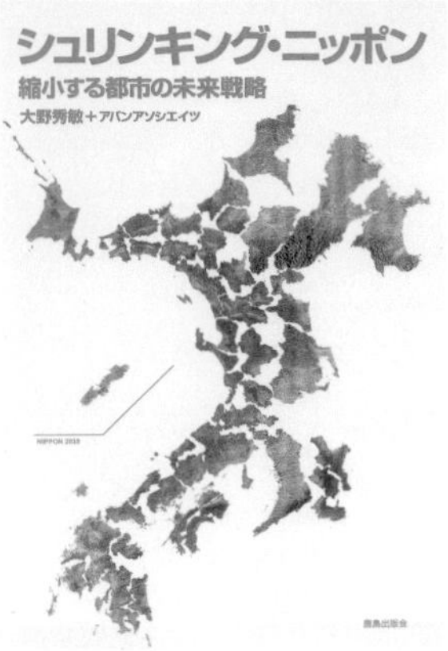

04

で「縮小」を考えなければなりません。

最近、「地域性」がよく語られます。世界全体が一つになる「グローバリズム」が進行し、それが都市風景にも及んでいることに対して地域の独自性を守るべきだという主張が多くなされています。ここに用意して頂いたミネラルウォーターは米国から船で運んだものです。地元の水を飲めば、二酸化炭素の排出はぐっと減ります。最近のまちづくりでは「個性」がとりわけ重視されますが、実際には、日本のすべての市町村が個性的で他と違うということは殆どありえません。江戸時代には地域性があったと考えられがちですが、実は日本中が同一化したのが江戸時代です。日本沿岸に廻船のネットワークができ、物資だけでなく文化も動くようになります。日本中に同じ形式の町屋が行き渡り、各地に小京都が生まれます。近世にも小さな「グローバリズム」が進行していたと言えます。

私は、地域主義はグローバリズムと同じ位置に立った見方ではないかと考えています。地域主義は、今風に言えば「旅人目線」です。「まちづくりのジレンマ」というものがあります。旅人は郷土料理を求め、地元の人はスターバックスを歓迎するというものです。力の強い文明への憧れによって、文明は伝播していきます。地域主義がグローバリズムの対抗手段として有効かどうか疑ってかかる必要があるのです。地域主義は俯瞰的に地域どうしを比較することで得られる概念であり、ツーリズムに対応する発想です。先ほど見たような「捏造された風景」をつくってしまう危険性があります。それが世界各地で同時に起こっていることが特徴です。私たち建築家はデザインの根拠を求めるときに悩むことになるのです。これはもはや文明的問題として存在しています。

現実を未来に接続する

結論から申しますと、地域性自体を目的とするのではなく、今ある現実に未来を接続することが大事であると考えています。日本の地域固有の風景と言っても、多くは近世から近代初期に発展したものです。ところが近世以降、西洋文明を取り入れたことで、新旧が混在した風景が150年間近く続いてきました。では、その前には、純粋な日本の風景があったのでしょうか。日本は大きな文明の周縁に位置しており、西洋の前は中国の影響を大きく受けてきました。日本の貴族たちは中国王朝の真似をしていました。近世までの官位官制、有職故実、教養文化、建築技術などは中国の影響を受けたものです。私たちの文化は常にハイブリッドなものでした。「純粋な日本」という錯覚から出発するのではなく、混ぜこぜの現実を引き継いで、その先に未来を考えるべきではないか。個性的

05

06

になることを目的とするのではなく、場所が要求していることに耳を傾け、今あるものを大切にしてそれを発展させることが大事ではないか、と考えています。

父親の仕事を壊さない

現実を継承するときに、「父親の仕事を壊さない」ということが重要です。最初に私たちの提案をご紹介します。「ファイバーシティ／東京 2050」は 2050 年の東京の将来像です（図 **05**）。ここでは詳しく述べられませんが、既存の都市に断片的、線的な都市計画的介入をしていくという提案です。出版とともに東京と香港で展覧会を行いました。東京の展覧会と同時に行った連続シンポジウムが、先ほどの『シュリンキング・ニッポン』になりました。

さて、パリのエッフェル塔は 1889 年の万国博覧会のために作られましたが、景観破壊をもたらしたとして当初は大変評判が悪かったようです（図 **06**）。ある文豪はエッフェル塔のレストランで食事をするのが好きだと言いましたが、それはエッフェル塔を見なくて済むからだと言うのです。ところがこんなに嫌われていたエッフェル塔も壊されることなく生き延び、結果的にはパリの名所になりました。

次は東京の日本橋です。ご存知のように日本橋の上には首都高速が走っていますが、小泉首相（当時）はこれを移設して日本橋川の上に空を取り戻す提案を行いました。首都高速は 1964 年の東京オリンピックのときに小河川や運河の上に建てられ、当時は日本の土木技術の輝かしい成果でした。私たちの提案は、首都高速を残しながら、日本橋が美しく見える様に既存の橋脚を取り去ろうというものです（図 **07**）。

歴史を振り返ると、日本人はオヤジの仕事を批判しジイサンの仕事を評価する傾向はないでしょうか。しかしオヤジの仕事を破壊してしまうと、次の世代にとってはジイサンの仕事がなくなってしまい、気がつけば歴史的遺産が何も無いということになります。自分たちの歴史を丸ごと引き受けるという態度がない限り、都市に歴史的継承性は生まれません。

丹下健三先生が 1960 年に発表された「東京計画 1960」は、東京を東京湾上に伸ばす提案でした。1990 年代になると、都市の建物を集約して残りを全部緑地にするという環境都市の考えが建築学会から出されました。しかしこの理想都市を実現するためには今ある東京を壊さなければなりません。それは本当に環境的でしょうか。

日本橋高島屋は、1930 年代に高橋貞太郎が設計し、その後、村野藤吾が増築の設計に関わりました。建物の側面に回ると、不思議な立面をしています。歴史的な様式の高橋の設計に近代的な村野の設計が絡まりあった「混交」のデ

07

08

ザインです。一般に古い建物が壊されて新しい建物が建設されるわけですが、今後もっと「混交のデザイン」が増えていくべきでしょう。増築によって過去と現在と未来が繋がっていく、そのとき決して過去に寄り添って過去を捏造するのではなく、現代的な手法で過去のものを再解釈しながら未来をつくっていく。このような態度が望ましいと考えています。

これは私たちが手がけた旧門司税関の改修(1998)です(図 **08**)。元々は明治 45 年建設の税関庁舎ですが、その後民間オフィスから倉庫へと変転し荒れ果てていたものを、北九州市の門司港レトロのプロジェクトの一環として再生しました。倉庫として使っていた時に煉瓦造の壁に大きな穴があけられていました。通常の歴史保存の考えでは、創建時の状態に復元することになるのでしょうが、私たちはこの穴を残し、税関から倉庫に至る建物の履歴をそのまま残すことを考えました。

今、私たちは、メーカーの工場の一部を技術資料館にするプロジェクトに関わっています。鉄筋コンクリート造の工場の屋根を一部除去して中庭をつくり、一部に耐震補強を行いました。

穴を穿つ

建築においても社会においても、全体の秩序とバランスを取りながら個性を発揮する仕組みをつくることが大きな課題になります。環境問題はあらゆる個が自由を主張した結果起きています。オランダの街並みはご存知ですか。切妻屋根が連続した景観ですが、その中で個々の建物の個性には窓が重要な役割を担っていることがわかります。返還前の香港の都心の高層アパートでは住人が銘々に、窓の外に金属製の出窓をつけた結果、非常ににぎやかで個性的な立面がくり広げられていました。普通は建築の外形に個性を求めます。ところが、自己主張の強い輪郭線をもった建物が寄り集まると日本の都市風景のように都市全体としては視覚的秩序が失われてゆきます。外側の輪郭ではなく内側の輪郭である開口によって建築の個性を発揮させるという意識が、最近の建築家にはかなり共有され始めてきています。

これは会場に展示されている伊豆の川奈ＯＡ邸(1992)です(図 **09・10・11**、模型写真は **p.257**)。シンプルな切妻のボリュームの中にいろいろな穴が開いています。庭に向いた窓もあれば外殻との隙間もあります。様々な「穴」が３次元的にこの空間を活気づけています。別荘の管理で面倒なのは戸締りですが、プールの向こう側にある木格子のフェンスを手前に動かしてくると居間のガラス窓を守る大きな面格子になります。２階では、３つのボリュームが、相互に 1m ほどの隙間を取りながら並んでいますの

09

10

で、その間を光が満たします。このようにして単純な輪郭でも、開口や空隙の配置があることで、多様な関係性をつくり出すことを可能にしています。

同じような考え方は、YKKファスニング工場厚生棟(2001)でも採用されています(図12)。既製品の60センチ幅の外壁素材を組み合わせることでいろいろな開口をつくることができます。YKK64ビル(1999)では、単純な輪郭の中に開口を配置し、額縁の中に人の動きが見えるような効果を出しています(図13)。

山口県の老人ホーム、フロイデ彦島(2005)です(図14・15・16)。各個室のバルコニーに白い帆のような日除けを付けて、高齢の入居者がゆっくりと過ごせるようにしています。バルコニーからは関門海峡を始終往来する船が見られます。建物には3つの中庭があります。低層で広がった建物に性格の違う中庭を3つ配して、その周りに独特の雰囲気を作り出すようにしました。それを核にケアユニットと呼ばれる9室からなる生活単位がつくられています。また、複雑な平面形状の中で領域性を明確にするためにパブリックな空間に面した壁を赤くし、そうでないところでは白くしています。場所と場所は人が動くことによって結び付けられ、また視線が通ることで結び付けられます。開口が場所を繋ぐだけでなく、場所の個性をつくる手段になっているわけです。このような関係性はどのような建物にもありえますが、それを意図的につくることによって場所の豊かさが形成されます。

風景に繋げる

しかしながら、現代建築の主流は今お話したような考え方とはまったく逆の方向に進んでいます。アラブ首長国連邦のアブダビや中国の沿岸諸都市では、大規模な都市開発が進行し、現代建築の展示場のような状況を呈しています。そこでは、建築の輪郭線の特異性を競っています。自分だけ目立とうとするわけです。そのような建築は東京にも現れてきており、都市風景の混乱に拍車をかけています。

町田市の文化施設に対する私たちの提案では、建物のまん中に三角形の板を組み合わせてできた塔があり、その周囲に緑のマントを被せて周辺の丘の上の緑と繋いでいます。

愛知県小牧市庁舎の提案では、市役所の上に大きな藤棚をつくり、それを小牧山の照葉樹林の緑に繋げていくことを考えました。市庁舎を緑で覆えば太陽熱を遮り余分にエネルギーを使わなくて済むという効果もあります。建物が目立つことより、今ある環境の魅力を引き出し強化することが大事だと考えています。

次に都市のレベルで「穴」の利用を考えてみます。東京で防災上一番危険な地域は環状6

11

12

号線から７号線にかけてのエリアと言われています。関東大震災の後で都市化したところで、都市計画がないままに市街化して木造密集住宅地になりました。この対策は戦後の東京の都市計画の大きな課題でした。公的な対処方法としては、都市計画道路で道幅を広げて延焼を防ぎ消防車の進入を可能にすること、もう一つは建物を集合化して耐火建築にすることが考えられています。しかし実行は困難です。私たちの提案は、エリア内にある空き地を繋いで緑地の防火帯をつくるというものです（図 **17**）。緑地帯をつくることで環境もよくなり、それに応じて地価が上がり、計画の経済的バランスを取ることができます。都市計画で何かを作るのではなく、空地つまり穴を編集して新たな意味を作り出す都市戦略なのです。

最後にお見せするのは、YKK 健康管理センター（2008）です（図 **18**）。2000 年以降は YKK でも工場の中国移転が進み、富山県黒部市の主力工場には空き地が目立つようになりました。そこで空き地を照葉樹林の森に転換し環境と地域に貢献しようということになりました。その森のまん中に芝生の緑地つまり「穴」を開け、それを縁取るように健康管理センターを配置しました。建物は緑地を囲い取る「塀」という脇役にまわっています。塀をつくっているのは地中梁で使う金網製の型枠です。鉄網はやがて錆び、壁は錆色に汚れていきます。時間とともに場所に根付いていきます。診察室には大きなガラス窓があり窓の外に坪庭の森が見えます。森に開いた病室の入院患者はそうでない人より退院が早いというイギリスでの調査結果がありますが、自然景観による癒しの効果が期待されます。

持ち時間もそろそろ終わりですので、私が今日お話したことをまとめましょう。

地域主義はある種の正義の味方のように主張されますが、多くの場合、歴史を捏造する結果に繋がりやすいと思います。地域主義はグローバリズムと同じように上からものを見る視点に支えられており、そのような地域主義には未来はありません。私たちの文化を本当に成熟したものにするならば、「現在に未来を直接接続していく」という立場が重要であろう、ということをお話しいたしました。

質疑応答

Q：東京への人口集中が続く場合、横方向と縦方向への都市の広がりが予測されます。建蔽率いっぱいに建てることが当たり前になっている現状で、東京の建築についての展望をお聞かせください。

A：人口集中に関しては、東京と地方のバランスの問題があります。今のままいけば、東京近

13

14

郊の人口はあまり減らないという予測があります。しかし、今後50年で4000万人の人口減があるわけですから、首都圏人口が変わらない場合、地方の人口が激減することになります。地方の地価は大幅に低下することになるでしょう。地価の格差は、東京から地方への人口の逆流を促す可能性があります。東京の居住環境はこの30年でどんどん悪化しています。果たして今後も皆が東京の現状に我慢し続けるかどうかはわかりません。そこにかすかな希望があります。私たちの計画と政策、そして何より私たちの意思の問題になってきます。

Q：建物の輪郭の特異性よりも窓から見える内部の景色を重視すべきとおっしゃいました。輪郭と窓から見えるものはどのように違うのでしょうか。

A：設計する立場に立つと、建物外観の輪郭を特異なものにするか、輪郭は平凡でも窓の開け方を工夫するか、という選択があります。輪郭の特異さを競っていてもやがて可能性は尽きます。外観が特異でも内部空間は平凡という建物は少なくありません。むしろ、開口に着目して空間の諸関係を豊かにする方が、そこに住む人にとって可能性があると考えています。

Q：個性的になろうとせず、場所が要求していることに耳を傾ける、というお話がありました。地域性の捏造という現実も指摘されていますが、デザインのときに大野先生は場所からどのように発見をされるのでしょうか。

A：基本はまず現地を訪れ、周辺との関係、場所からの眺め、空気の流れ、光の方向、植物の状態などを観察します。建物は多かれ少なかれ場所を変えてしまうので、変えた後の状態にも思いを及ぼすことが大事です。場所と関係なく舞い降りてきたような建築とは違うと思います。捏造とは、たとえばディズニーランドのようなものです。人を惹きつけるために膨大な資本投下をして、場所と無関係に「○○風」を再生産する建築が増えています。そうではない方法論を豊かにしていく必要があります。

Q：今ある現実をどのようにデザインに活かしていけばよいのでしょうか。

A：全ての現実を受け入れると何もできなくなるので、残す / 壊すといった取捨選択をすることになります。そこでは建築家の価値観が反映されます。丸々新しいものをつくるのと違って、古いものがあることによって、個人の個性の発揮のされた方に制限がかかります。設計者には過去との対話が課されるわけです。少なくとも日本よりもヨーロッパの建築家の方がそのことを意識しており、社会もそれを期待しています。

15

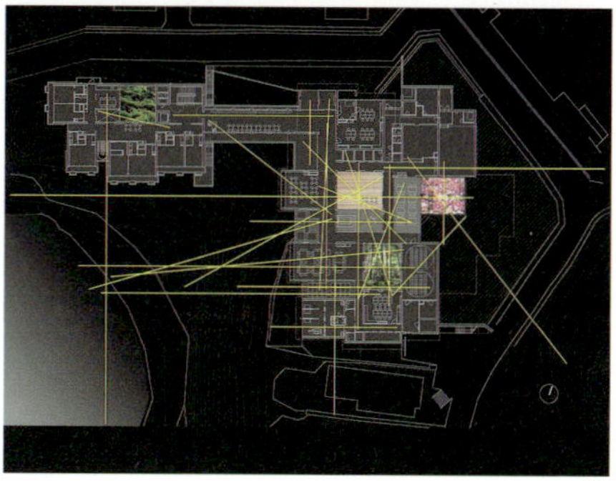

16

対話から建築をつくっていくときに、たとえば茶室を引き合いに出して日本文化とするだけでなく、電線だらけの都市、和洋混淆の建築といったものも日本の現実として認めていく必要がある、というのが私の主張です。

大野秀敏　（おおの ひでとし）

建築家、都市デザイナー、1949年生まれ。東京大学大学院修士課程修了、槇総合計画事務所、東京大学助手、助教授、デルフト工科大学客員研究員などを経て、現在東京大学大学院教授。著作は、『建築のアイディアをどのようにまとてゆくか』(彰国社,2000)、『ファイバーシティ／東京2050』(雑誌JA, 2006)、『シュリンキグ・ニッポン　縮小する都市の未来戦略』(鹿島出版会,2008)など。建築作品は、ＮＢＫ関工園　事務棟・ホール棟、茨城県営松代アパート、ＹＫＫ滑川寮 、旧門司税関改修、鵜飼い大橋、フロイデ彦島など。作品でJIA新人賞、日本建築学会作品選奨、建築業協会賞、ベルカ賞、土木学会田中賞などを受賞。

17

18

洪恒夫

Space Archives ——ミュージアムの記憶と保存

UMUT OPENLAB Lecture 04　Aug.20, 2008

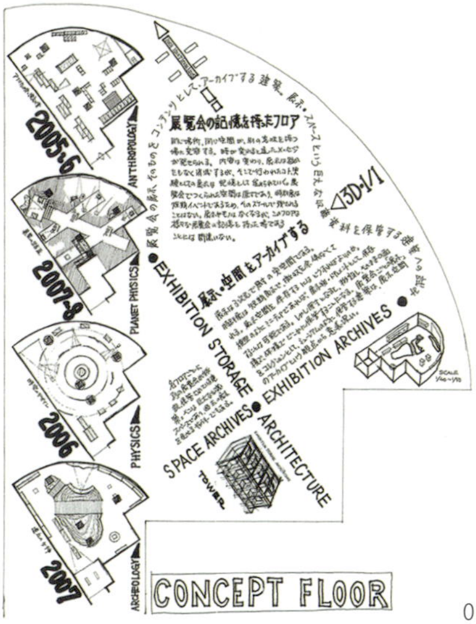

01

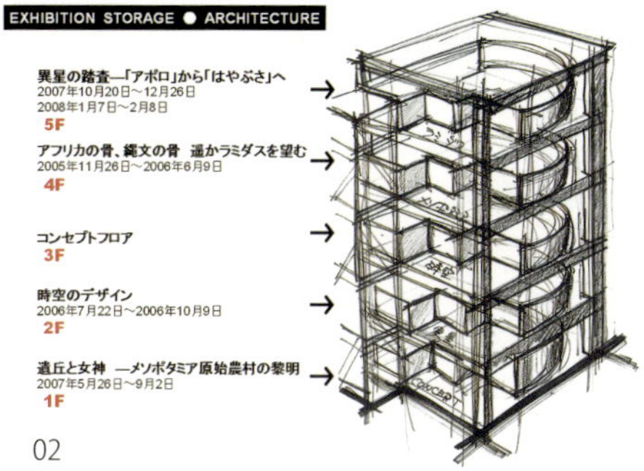

02

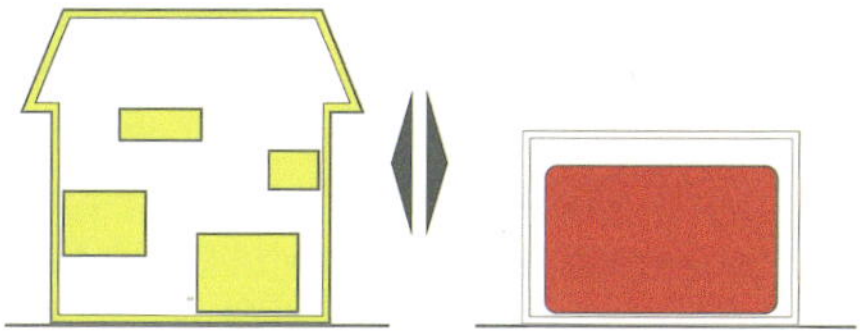

03

今回は、会場に展示されている模型とからめながら、展示デザイン・展示の保存についてお話ししたいと思います。

展示そのものをアーカイブする建築

今回の展示にあたり私にも何か建築模型の出品を、との声がかかり、展示空間をデザインする人間として何を出そうかと考えました。すると研究室に置いてあった模型が目に入りました。東京大学総合研究博物館で開催された今までの特別展示の模型です（模型写真は p.274）。それらの展示が行われた場所は、新館展示室といって、年に数回特別展示が行われます。これらは全て新館展示室で行われた展示の模型であったため、外形は全て同じ形でした。

ミュージアムにおける特別展示は、普通予定期間が終われば壊される運命にあります。かつてあった空間世界はあとかたもなく消え去るのです。しかし、展示を見た経験や記憶は頭の中に残ります。そこで、私は展示空間そのものが展覧会の展示そのものをアーカイブしてしまう建築というものを考えました。その建築は、各フロアごとに展覧会が分かれて保管される巨大な収蔵スペースであり、過去に行われた展示を見せるためのスペースでもあります。このような原寸の空間が実在すれば非常に面白いのではないかと思います（図 01・02）。

保存するということ

ここで、保存ということについてお話ししましょう。建築物が移築・移設されミュージアムとして保存される例に、江戸東京たてもの園や明治村があります。これらは建築を文化財として保存し、継承していくという目的で作られています。建築を保存するということと展示を保存することの違いを考えてみると、建築を保存することは、基本的に外界（かたち、そこから発せられるメッセージ）・内界（機能、用途）の双方をトータルに保存することになります。これに対し展示を保存することは、同じ建物内で行われた内容物を保存するということ、つまり展示というコンテンツを保存するという意味で、建築の保存とはかなり性質の異なるものといえます（図 03）。

展示されている模型について

今回展示されているスペース・アーカイブの

04

05

06

07

08

09

模型についてお話ししたいと思います。

５階:『異星の踏査—「アポロ」から「はやぶさ」へ』

ここでは、太陽系惑星科学の最先端の成果を展示しました。展示室の床全面にPIER(桟橋)と称する道を配することにより、違うコンテンツを結び、テーマごとに分かりやすく配置しました(図04・05)。

４階:『アフリカの骨、縄文の骨　遥かラミダスを望む』

この展示では、成果を見せるのではなく人類学とは何なんだろうということを分かりやすく見せたい、という難しいオーダーから始まりました。研究者が発見するときの気持ちや発掘の大変さを鑑賞する人が一緒に感じられるデザインをしました(図06・07)。

２階:『時空のデザイン』

これは物理学の展示です。アインシュタインの３つの論文が物理学に及ぼした影響、さらに最先端の研究、特に東大の研究から紹介する展示にしました。ワンボックスの空間を効果的に利用するため、論文を空間のコアにすえ、そこから波紋を描くような構成をとりました。丸型を展示のビジュアル要素に使用し、そこかしこに丸いフォルムを点在させています(図08・09)。

１階:『遺丘と女神—メソポタミア原始農村の黎明』

この展示では、東大が50年かけて行ってきたシリアでの調査を紹介しました。導入部には、50年前の調査の映像を紗幕スクリーンで映し、紗幕越しに現在の調査を紹介する展示室がラップして見える演出を行い、50年の研究の厚みを表すとともに、紗幕越しに見える展示への期待感を演出しました(図10・11)。

展覧会づくり・展示づくり

展示というものは、見る人と作る側とのコミュニケーションを作り出していくひとつのメディアだと思います。CDやカセットなどで音楽を聴くことを例にとると、音楽を打ち込むインプットの側と、それを再生して聴くアウトプットの側が存在しています。実は展示もこれと同じようにして作られていきます。

展示作りを時系列で追っていくと、まず、どのような展示を作るのかという企画を立てます。展示資料を特定し、テーマを決定します。そして次にコンセプトをたて、構成計画を練っていきます。その後動線を考えたり、かたちのデザインをしたりといった制作のプロセスがあり、展示は完成します。そして、展示の場合、見る側が説明を読むことによって理解し、発見するという再生にあたるプロセスがあります。そういったプロセスの裏側には、メディアを介して伝えるべき内容、そして作る人間の存在があるのです(図12)。

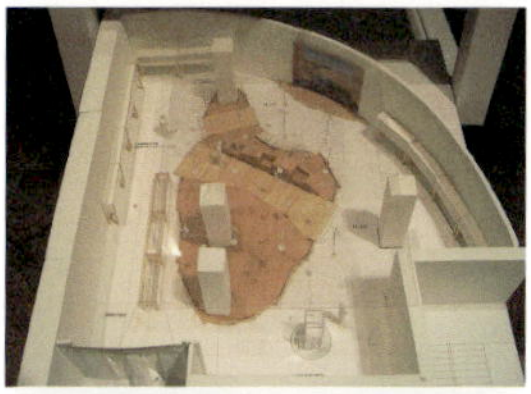
10

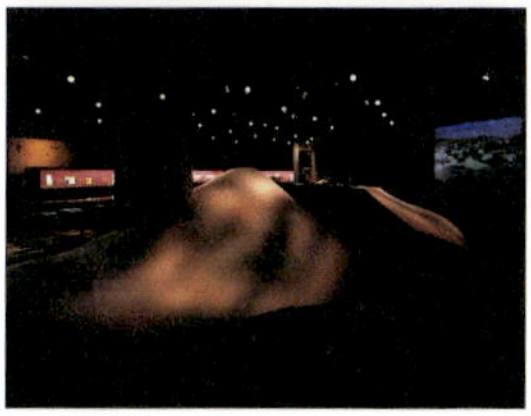
11

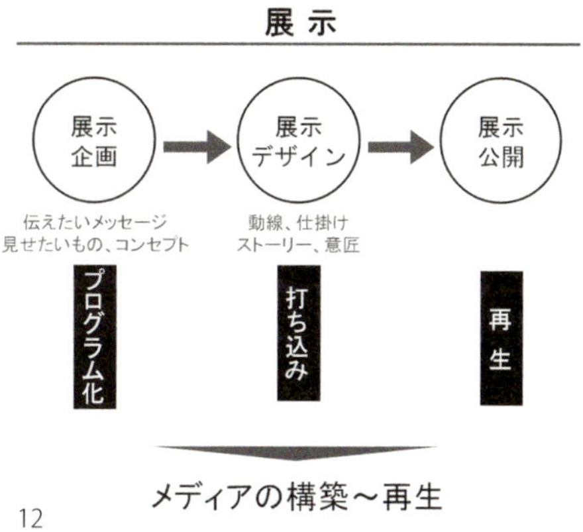

12

展示というメディア

展示というメディアの特徴を見てみましょう。まず、展示は、映画や音楽のように向こう側からこちらへ自然に送られてくるものとは違います。つまり展示には見る側が勝手に動き回り鑑賞するという特徴が挙げられます。展示をデザインするときに、どのようにして鑑賞者を流れに引き込むかを考えることが重要になっていきます。そのために、ポイントとなる展示アイテムを訴求効果に合わせて配置していきます。このようにして、鑑賞者が展示室内を効果的にまわれるようなデザインを考えます（図 13）。

次に展示というメディアの特徴として「レイヤー」が挙げられます。展示の場合、紙の上の説明とは異なり空間自体が奥行きを持つことができます。情報の重なりを空間的に重ねて表現することも可能です。壁にうつした映像や、台の上に飾られた展示物を見るだけではなく、ものすごく低い位置に展示物を置き、鑑賞者に覗き込ませることで展示に奥行き感が出てきます。こういったちょっとした味付けひとつで展示に臨場感が出て面白くなります。また、様々な素材をミックスすることが可能であるのも展示の特徴と言えます。実物の他に、写真や映像を重ね合わせることでより分かりやすくすることも可能です。

3つ目の特徴として「ディスプレイ」が挙げられます。例えば、貴重な発掘品は宝石と同じくらい価値があります。そこで、宝石のようにガラスケースに入れることなどで、その展示物の価値がより引き出されていきます。沢山の比較可能な標本を並べることも重要なことです。多くの標本を並べることにより一気に情報量が多くなりますし、展示としても迫力を増します。また、展示を見やすくするための工夫として、展示物を宙に浮かせることもできます。透明なワイヤーで標本を吊るすことにより、360°どこからでも鑑賞することが可能になります。

このように、展示を作るために様々な工夫をこらし、展示空間は出来上がっていくのです。

展覧会・展示というスペースの記憶

展示室においては、展示期間が終わるごとに前の展示空間は壊され、新たな展示空間が作られるというプロセスを繰り返しています。前の展示空間は存在しなくなったとしても、次の展示に何らかの余韻を残すものだと思います。それは、鑑賞者にとっては体験や記憶として、作り手にとっては展示方法やプランの構築といった形で、次の展示へ活かされるものがあると思います。

ここで、記憶を遺し、新たな価値創造を目指したミュージアムの例として戸隠地質化石博物館を挙げてみましょう（図 14–図 17）。長野県で

展示構成チャート

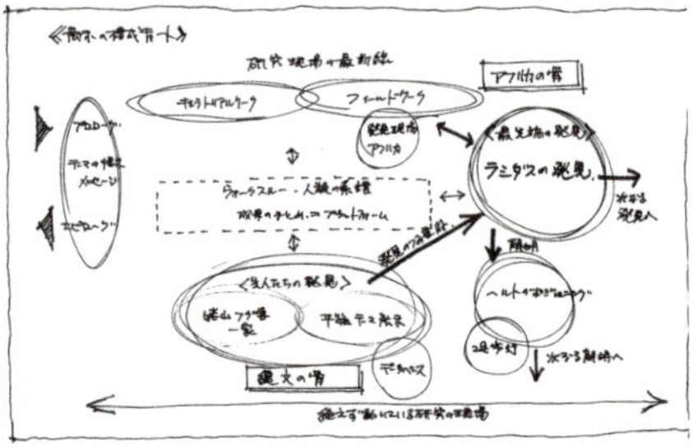

13

14

長野市、豊野町、戸隠村、鬼無里村、大岡村が合併し、「新・長野市」が誕生したのをきっかけに、新たな博物館が整備されることになりました。そこで、旧戸隠村の廃校になった小学校を改修・整備を行い、博物館施設へと利活用することとなりました。その整備計画の企画・設計を本館のミュージアムテクノロジー研究部門が受託研究として行うことになりました。

小学校を博物館に改修するにあたって、せっかく小学校校舎を使うのだから、もとの建築の面影を残すようなプランにしたいと考えました。そのためには、「ここは小学校だったんだ」という意識を鑑賞者に起こさせるような工夫が必要になります。展示室は教室だった部屋を用い、もともとあった机や黒板、ロッカーなどの調度品も展示のために使いました。このようにして、もともとあった建築の一部を使うことにより、建築の記憶を残すことが可能になります。

ここで申し上げたいのは、ミュージアムも、建物・構造も、資源と資源を組み合わせて新たな資源を創りだすものだ、ということです。ミュージアムそのものは「珍品・列品館」と言われていた時代から、モノの価値を引き出すための研究がされ、鑑賞者が「なるほど」と知的好奇心を満たすことができるアレンジがなされる時代へと変わっていっていると思います。

保存と記憶のための建築のかたち ―SPACE ARCHIVES

私自身、今回模型を出展することにあたり、ひとつ大きな夢を描きました。展示室という規制された空間で生み出された展覧会は、どれも期間が終わると壊され、また新たな展覧会が作りだされます。そのような「記憶を背負った床」が積層し、新たな建築となり展示が保存される、というものです。こうした多層型の建築が生まれたときに、新たなアイデンティティが生まれると思います。過去の展示が積層された、他には絶対あり得ない建築からは、面白い効果や魅力が生まれてくるはずです。

展覧会というコンテンツを内界だとすると、それを包む建築は外界となります。外界が非常に単純なかたちでも、本来の展示メディアの働きとして内界が機能すれば、鑑賞者が楽しめる展示空間になります。しかし、中に展示を含んだ建築は、何かしらのメッセージを外に向かって発信し始めます。中の性格と、外の性格・メッセージを関係づけ、統一することで、新しく、力強いアイデンティティを創造することができると思います。内界と外界が同じ方向にメッセージを発することにより、そのメッセージが増幅され、建築の単なる「かたち」から一歩踏み込んだ世界が広がっていくと思っています。そのデザインについては、別の機会に考えたい

15

16

と思います。

質疑応答

Q：特別展示を保存した場合、当時最先端だったものが時間がたって過去のものになることについて。
A：展示によって最先端のものが意味をもつかどうかは異なりますが、今回の模型のコンセプトとしては、時代のコンテンツとしての展示空間を集めて積層させることにより、過去のものとなった展示ひとつひとつがアーカイブされ、実際に展示していたときとは全く違う意味を持つと考えています。この建築は空間を展示物とした一つのミュージアムなので、過去のものとなったミュージアム・コンテンツとしても新しく、意義のあるものと考えられます。

Q：あるテーマの展示をデザインする場合、過去の同じようなテーマの展示を参考にしますか？
A：展示デザインに限らず、何か見聞きしたものは必ず頭の隅に入っていると思います。展示のテーマとは全く関係のない日常体験がヒントになることもあります。自分のオリジナルのデザインを創りだすためには、自分が何を好きで、何に興味を持っているのかを徹底的に学習することです。自分の好きなイメージや素材を引き出しとして多く持っておくと、何か課題を与えられたときに、自分なりの使い方ができると思います。参考となる素材はどこにでもあるということで、同じようなテーマの展示だからといって特別参考にすることはありません。

Q：コンテンツをデザインに活かすとき、どのようにして空間に配置していくのでしょうか？また、一つの空間で毎回違う展示をデザインすることについて何か考えは？
A：コンテンツ「＝ネタ」を活かすためには、何を情報として展示空間に発するのかを考えることが重要になってきます。それをレイアウトとして、部屋のかたちに合わせてどのように配置するかをつきつめていきます。それがうまくいったときに良いデザインが生まれると思っています。枠から割り付けてコンテンツとするのではなく、一つのストーリーを作ろうと決めたときに、コンテンツが組み合わされてじわじわと形になっていくと思います。

毎回違うデザインということに関しては、各テーマや素材ごとに、どんな空間の使い方が適当な効果としてあるのかをその都度考えていきます。私の場合、こういう素材、ネタがあるから、こういう空間を作ろう、という感覚で展示空間が出来上がっていきます。コンテンツによって

17

浮かぶ発想は違ってくるので、おのずとできる空間も違ってきます。

洪　恒夫（こう つねお）

展示デザイナー、東京大学総合研究博物館特任教授。1985年武蔵野美術大学造形学部建築学科卒。株式会社丹青社入社。以降、博物館、展示施設、博覧会、アミューズメントスペース等、様々なコミュニケーションスペースのプランニング、デザイン、プロデュースを行う。2002年　東京大学総合研究博物館客員助教授。2005年　同館客員教授。2008年　同館特任教授。金沢美術工芸大学非常勤講師、(社)日本ディスプレイデザイン協会理事。「石の記憶—ヒロシマ・ナガサキ」で2004年　ディスプレイデザイン賞2004大賞・朝日新聞社賞、グッドデザイン賞を受賞。ほか受賞多数。

遠藤秀紀

動くものの意匠 —— 鉄道車輌と動物と

UMUT OPENLAB Lecture 05 Aug.24, 2008

01

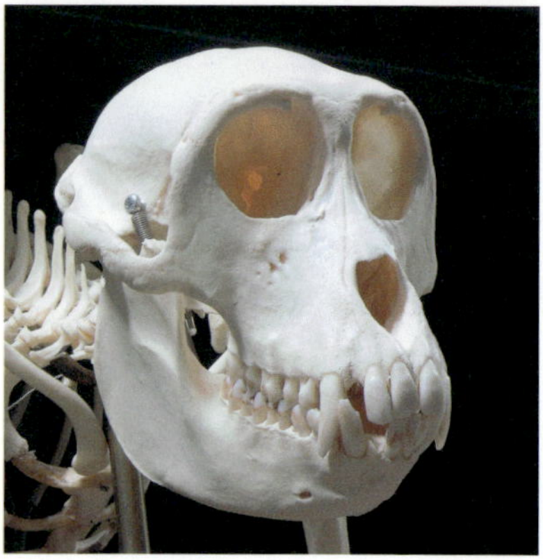

02

デザインというのはどういうものか。今日は動物に鉄道を対峙させて考えていきたいと思います。共通点は「動く」ということです。

I　哺乳類のデザイン

(受講者とイノシシの頭蓋骨200頭の展示を見に行く)

生きていた時に何が動いていたかを考えてください(図**01**)。顎が動いていた、つまり顎を使って物を噛んでいたことが考えられます。前から後ろまでの歯をよく見てください。また「動き」ということに対しては「目の位置」が重要になります。頭蓋骨のどこに目がついているかを観察しておいてください。

目の位置

いま見ていただいたイノシシの頭蓋骨とヒトやサルの頭蓋骨の違いを考えてみましょう。まず根本的に、眼球の位置が違います。頭蓋骨の形が違うのだから目の位置どころの違いではないと思うかもしれませんが、我々ヒトは基本的に前を向いている。サルも同様です(図**02,03**)。前を向いて生きろというのは小学校の頃から教えられてきた事のようですけれど、そういう意味ではなく、生物として前を向くようにできている。我々は後ろを見ることができない。横は一生懸命見れば少し見えるといった程度です。

さっきのイノシシの頭蓋骨は、ウシの頭蓋骨と目の位置はほぼ同じ所にあります。我々の頭蓋骨でいえば、こめかみのあたりに目があることになります。正確に言うと、我々の鼻筋が前方にのびて目が左右に分けられたのが、イノシシやウシの配置です(図**04,05**)。

両目が前を向くか、横を向くか、ここに着目すれば哺乳類がどのようにデザインされているかを完璧に知ることができます。建築において、様式によって年代が判別できるのと同様です。

目が前を向いていれば、頭がいい、同時に手先が器用ということが言えます。前を向いている両目は、顔の前のことに対して距離情報を正確にとることができます。両眼視領域で、違う情報源(違う目)を使って同じ空間をみているので、目の前の空間が詳しく分かる。

両目が横を向いているものは、(頭がいいの反対はバカですが、そこまで言わないとしても)不器用で、どちらかというと闘争に長けています。闘争に長けているというのは、逃げるという意味も含みます。横を向いている目が何を見ているかというと、ほぼ360°ぐるっと周囲を見ています。動物の視野を正確に調べるのは難しいのですが、ウマなどで詳細に分かっているものでは、上下は少し弱いですが、水平線においては360°見えています。それらは、他の動物に襲われてしまう動物です。近づいてくる敵を早い段階で発見する、というのが横を向いている動

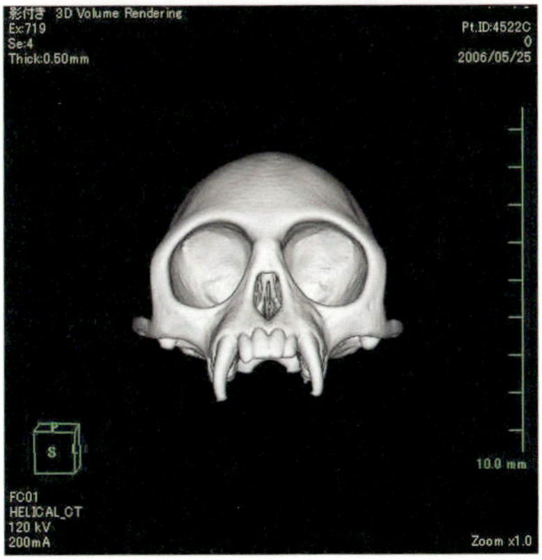

03

04

物の基本デザインです。

肢の動き

それでは、手先が器用、不器用というのが何に影響しているかというと、そのまま四肢のデザインに影響しています。1つは我々、ヒトの手ですね。他にウシの四肢、ウマ、ブタ、イヌ、ウサギを見ていきます。ブタの両目は横を向いています。脚を見てください。真似するのは難しいでが、クラシックバレエのバレリーナさんがつま先で立っているような感じです。先端のひとつの指だけが地面についています。完全なつま先立ちです。ウシもウマも同じです。

これらの動物は、不器用で闘争に長けている動物ですが、同時に走行に長けています。つま先立ちして、伸びあがっている方が、速く走ることができます。我々は走る時に踵を地面につけます。「走る」という繰り返しの動きの中で、踵を地面につけるという動きの分だけ無駄な時間を使っています。そこを省略するだけでも速く走るここができます。

もう一つ理由があって、こういう動物は脚の軽量化を行っていると考えられます。器用な動物は、指の先までちゃんと動かして生きています。それぞれ指の本数が多く、我々は5本あります。ウシは2本、中指と薬指で、ウマにいたっては中指だけで立っています。どんどん指の本数を減らしていって、不器用で構わないから軽量化してしまいます。我々は、5本の指をきちんと使わなくてはいけないので、骨も多ければ、筋肉もついていて、爪もきちんとあり、どうしても軽量化できません。

速く走るためには、肢の末端部を軽くする必要があります。全体は重くても構わないのですが、手先、指先、足先を軽くする必要があります。高校生で物理が得意だった方は、円運動の慣性モーメントというのを思い出して欲しいのですが、同じ力を加えたときに角速度を速くするためには、質量が回転の中心に近い方がいいんですね。外側が重いとスピードが最終的に速くなりません。そこで、できるだけ筋肉を地面から離して、体に近づけるんですね。筋肉の位置は、後肢でいえば膝から上、前肢でいえば肘から上に集中しています。

動物のデザインを二者択一で考えると、目が前を向いているか、横を向いているか、で両者の宿命を完璧に分けてしまいます。それがそのまま、手先が器用でモノを掴める動物か、ただ走るだけの動物かを決定します。ライオンがいてトラがいて、やり合うことができるのは、同じくらい速く走れるからです。ヒトやサルをその辺のサバンナに置いておいたら、まず間違いなく食べられてしまう。そこで、ヒトやサルは木に登ったり、穴に隠れたりして、直接、命の

05

06

やりとりをしないわけです。そのことが幸か不幸か大脳の発達を促して、頭がよくなった。そこで、これは例外中の例外といえますが、我々ヒトは直立二足歩行するような動物となったのです。これが根本的なポイントです。もちろんこのような分類が全てではありませんが、非常に単純化して言えば、「目の位置」と「肢の動き」で哺乳類の基本デザインは見えてきます。

機能と系統

「動くもののデザイン」を決める最初のファクターは「機能」です。2番目は何か。動物の場合、我々はサルから進化しましたが、そういう事実を「系統」といいます。つまり歴史です。鉄道車両には直接は関係ないですが、似たことが起こっていると感じます。DNAではないので系統とはよびません。しかし、伝統とか習慣、風土、社会的要因といった、本当はどうでもいいかもしれないけれど、かくあるべきと人間が勝手に思っているものに縛られている可能性があります。もっといい車両、形はどうにでもできるわけですから、もっと別の形の車両が作れると思うことがありますが、実際には前の形を引きずります。私は科学者ですから、論理的にこの二つを無理やりつなげようとは思いませんが、情緒的にはすごく似ていて楽しいなと思います。

II　鉄道車両のデザイン

通勤電車の形式

今日は鉄道の話としては初歩の初歩でお話しします。まずは、多くの人が毎日のように乗っている山手線です。形式でいうと231系と言われています。常磐線にも走っています。そのオリジナルは63系というのですけれど戦時中の設計です。20mの車体にドアを4つという形式がここから始まりました（図**06**）。1枚1枚のドア幅は狭いです。今の通勤電車は1300mm位が多いのですが、当時大体900から1000mmくらいの片開きのドアです。こうして、たくさんのお客さんをよどみなく運ぶという設計がここで出来上がってしまいました。別にドア6枚でもよかったのですが、誰かが4枚にしました。これは戦時設計で、戦後も作り続けます。途中で72系というものに呼び方が変わりますが、中身は同じです。

これから、101系というものに移ります。一番多かった103系というものもあります（図**07**）。前者は事実上引退。後者もかなり数を減らしました。101系と103系、パッと前だけ見ると似ていて区別がつかない方も多いと思うのですが、知っている方は、運転台のガラスの窓の下辺が101系の方が低いので見分けられます。特に、103系の後期の車両は高い位置

07

08

にあがっています。

これはつい最近まで山手線で走っていた205系です。見分けるには裾が曲面で折れこんでいるかどうかというのがポイントです。輸送力をあげたいので、車両というのは幅を広げたくなりますけれど、線路の幅というものがありますので、裾は折り込むことになります。80mmから100mmくらい折り込まれています。ひとつ前の205系（図08）では、車体の幅を広げていないので、側面が平面となっています。ここまで、4枚のドアを並べて間にシートを壁に貼り付けるというデザインは63系から変化していません。こうである必然性は特にないですが、改良がなかった。

それから、昔、111系と113系という車両が走っていました。これは横のドアが3枚です（図09）。これは、100kmから200km圏で山手線みたいに乗客の出入りがそんなに激しくないけれど、これ以上ドアを減らすと平日のラッシュでは困ってしまう路線、東海道線や横須賀線や高崎線を考えてもらえればよいのですが、で使われていました。3枚のドアが必要だと最初に考えた人がいて、それでスタートします（図10,11）。初期はドアの間が向かい合わせのシートになっています。

ところが山手線と同じ231系がいつのまにか、東海道線や横須賀線、高崎線に入ってきます。首都圏から100km以内のラッシュが予想以上にすごくなってきて、3枚扉で小田原や高崎や宇都宮まで走らせるのは無理だということになって、いつのまにか山手線と同じ形式の車両が走るようになってしましました。よく利用する方は一番混まないところに向かい合わせのシートが若干残っているのをご存じだと思います。東海道線だと東京寄り、常磐線だと水戸寄りに2両か3両くらい向かい合わせのシートを残してあります。100km圏は3ドアだという伝統を30年か40年かけて崩したということができると思います。なんとなく動物に似ているなと思いますね。動物って何百万年かくらい同じやり方でずっとがんばっていて、パッとやり方を変えるやつが出てきて歴史が動きます。

東京メトロ、営団地下鉄ですが、千代田線には6000系という形式の車両が走っています（図12）。横4枚ドア、間にロングシートというのは戦中戦後の63系と変わらないのですが、一見して外観が違う車両でした。機能性と美しさと両方備えています。運転席に面積の広い窓を採用していますし、アルミでできています。最近の、それこそ231系では、ステンレスなのですが、無塗装の銀色の車体です。それを約40年前に普通に取り入れています。またこの時代まではモーターの回転を制御して、車体の速度を制御するというのは間に電気抵抗を噛ま

09

10

せてすべて熱にして空気中に放射しながら、エネルギーなんていくらでも使っていいから電車の都合で速度を制御するという仕組みでしかなかった。それが､6000系ではサイリスタチョッパ制御といって、電力を切り刻むことのできる半導体の装置を使って制御し、不要な電気を架線に返すことができます。このあと、鉄道が抵抗でもって電力を熱に変換して放出するということを一斉に止めていくという流れになりますが、その世界最初の例がこの車両です。これも設計した会社が、当時の営団地下鉄で、伝統というものから逃れられて全然違う車両がデザインできたのではないかと思います。

ここで少し整理したいと思います。まず戦時設計の63系、途中で72系と呼ばれるようになる、20m・4ドアの車両が基本となっています。それから1957年に101系、登場時はモハ90系といいますが、101系が出てきます。これは63系と比べて、当時としては高出力、軽量で、当時101系に見合った電力を供給することのできる変電所を関東平野に作ることができなかったというエピソードが残っています。今、もし現存したら驚くほどスピードがでないのですが、当時としてはすばらしい技術だったんですね。それから、103系に移ります。101系と103系で何が変わったかというと、そんなに大きくは変わっていません。そして、側面が平らな205系がでてきます。銀色の車体で一目瞭然ですが、軽量ステンレスが用いられ始めます。205系では、界磁添加励磁制御というものを使っています。これは国鉄の恥だと思うのですが、この当時すでに6000系は走っていて、サイリスタチョッパ制御は用いられています。界磁添加励磁制御はサイリスタチョッパに比べて圧倒的に効率が悪く、電気抵抗を使って熱に変える制御装置もまだ積んでいる状況です。国鉄には省エネにかけられる予算がまだそこまでなかったということです。これが最初に言った社会的要因で、必ずしも最適なデザインが行われるわけではないということを示しています。それから今走っている231系に移ります。軽量ステンレスということは同じで、VVVF制御というサイリスタチョッパから進化した半導体による制御装置をここでやっと搭載することになります。VVVF制御というのは、ウィーンウィーンウィーンという音が床下から聞こえてくるのが特徴的です。他方、サイリスタチョッパは乗っているとずっとミーンとセミの鳴き声のような音がしています。

こういう歴史とは別に、20m・3ドアの歴史が100km圏の近郊線でありました。401系、421系というのがあってそこから歴史が始まりまして、それが111系113系というものに進化して、ここまで20m・3ドアというデザ

11

12

インになっています。それから、231系に吸収されていきます。20m・3ドアで乗り切れるほどラッシュは甘くないという時代に入ってきたのです。

はじめに動物のところで、目や肢といったものに着目しての分類を行って、車両の話に移ってきましたが、車両の方も、目や肢のように、20m・4ドア、20m・3ドアという基本設計に伝統的に縛られて、しばらく続けていくという傾向がみられます。それから、6000系が既存の車両を全否定するような形で出てくる、また100km近郊の3ドア車両が231系に吸収されるというような変化が、昔だと30〜40年で1回、今では社会の変化の速度が速いので15年に1回くらい訪れるようになってきているのが車両デザインです。振り返って分かるように、機能的な要請から進歩しながらも、反面、基本設計という伝統的な要素を保ち続けているところもあります。動物はDNAによって、車輛は車輛会社、車輛メーカーによって形がデザインされるのですが、それぞれに変わっていくところ、続いていくところがあって、そういったところが「動くもの」に共通していると思います。

日仏新幹線の比較

フランスに行かれた方でTGVに乗られた方いるかもしれません。今、世界で一番速い電車です。常に日本の新幹線と対比されます。売り込み競争で経済的にぶつかってしまうことも多々あります。伝統と変革の両面を同じように見ることができます。

私のイメージする新幹線というのは0系といいまして、1964年のものですが、これができてから線路の仕組みなども変わり、大きな変化をもたらした車両だといえます。

次に100系になります。これが面白かったのは、2階建てを持っていたことです。210km/hのスピードが出せますが、100系はあまりスピードをあげようとしなかった。その証拠が、2階建てです。こんなに断面積を増やしたら、空気抵抗を考えると速いスピードが実現できるはずがない。これは、社会の要請がスピードではなく、ちょっと豪華な内装とかに向いていたことと関係があります。

次は300系です。もう2階建てを一切やめて、かなり車体の断面が小さく、天井が低いと感じられる方も多いと思います。300kmを超えてくると空気抵抗が大きくなり、かなり断面積が効いてきます。そして次が500系で、直線でレールがひいてあれば常時300kmで走れるという今でも事実上一番性能のよい車両ですが、そろそろなくなってしまいます。JR東海が発展を拒否したというのが一番の原因です。

JR 東海のレールというのは曲線が多く、これの性能をだすことができません。

それに対する答えが N700 系です。曲線で車体を傾斜させて、外側にはみでないように、脱線しないようにして、270km/h くらいで走れるエリアを格段に広げたものとなっています。500 系と N700 系の間に 700 系が入ります。700 系と N700 系では、東京名古屋間で 5 分か 6 分しか変わらないのですが、N700 系の方がカーブに強いデザインとなっています。

そして、この場合守り続けてきた伝統というのは、モーターをばらばらに積んでいるということです。TGV は事実上、機関車が引っ張っています。対照的に、16 両編成で形式によって異なりますが、14 両にモーターが付いているか 12 両にモーターがついているかというのが今の日本の新幹線の主力です。0 系にいたっては 16 両全車両にモーターがついていました。細かいモーターをたくさん抱え込むのが伝統なのです。

TGV は 10 両編成と考えてよいのですが、機関車のように強力な出力を出すことができて、お客さんが乗っている車両は完璧なトレーラーです。

私は TGV の方が優れていると思っています。というのは、最高速度を上げるには、編成単位で軽量化する必要があります。TGV は車両をどんどん軽量化して、機関車の出力を上げればどんどん最高速度を上げていくことができます。ところが、日本の新幹線は、モーターをバラバラに積んでいるので高性能のモーターを積めばそれぞれの車両が必ず重くなっていくという矛盾に陥ります。この勝負に関しての勝利はヨーロッパ側にあると思っていますが、日本の新幹線がモーターをたくさん積むのは意地でしょう。もちろんヨーロッパでは騒音問題が日本ほど厳しくありませんし、勾配もほとんどないところを走っていればよいので、両者のメリット、デメリットを箇条書きにしたらいい勝負をしているのかもしれませんが、最高速度をとるという観点からみると TGV の設計の方が優れているのかなと思います。伝統のなせる技ですね。

動くもののデザインというものを考えたときに、動物は DNA によって、車両は技術者によってデザインされているわけですが、すごく似た事がパラレルに生じているなというのが、私の感じているところです。

質疑応答

Q：さきほど展示室でイノシシの歯をよく見ておいてくださいと言われましたが、そのお話をお願いいたします。

A：イノシシの臼歯列は典型的な雑食動物のものとなっています。前３本は薄いナイフ的な歯、後ろ３本はすりつぶすような臼みたいな歯となっています。大雑把にいうと、前３本が発達すると肉食動物、後ろ３本が発達すると草食動物となります。タヌキなんかは若干ナイフ的な歯も持っているのですが、シカなんかだと全くそういう歯はなくすべてすりつぶすためだけの歯となっています。イノシシの歯を見ていただきたかったのは、牙の後ろの臼歯列が肉食動物っぽいところと草食動物っぽいところを兼ね備えているというところを見ていただきたかったということです。

Q：電車は 101 系のように断面が「四角形」のものが多いですが、動物は「円形」が多いと思います。それについてどう考えられますか？
A：ぜんぜん違うものを並べてみると面白いところに気がつきますね。電車の場合、四角いのは敢えて言えば伝統なのかもしれませんが、車両限界というのがありまして、レールの周りの木をどれくらい伐採するかとか、トンネルをどれくらいの面積の穴で掘るかというのは初めに統一規格で決めていますから、四角く作られています。それを丸くすることはきっと意味がないと思います。飛行機は円柱であることに意味があって、ジャンボはちょっと別ですが、普通は床を１枚しか作らないので、直径が長いことにすごく意味があって、円や、円を二つ重ねた断面のものが見られます。動物の場合、魚は断面形状がどんどん淘汰の対象になり、どんどん新しい断面形状を生み出していると思います。鳥の場合は、考えられるはずですが、実際には鳥の胴体の断面形状が飛行に関係することはあまりなく、むしろ翼をどうやって作っていくかで決まっています。よほど変な形でないかぎり大丈夫でしょう。哺乳類に関しては、水生のもの、イルカとクジラですが、これはこの形しか作れなかったといえる形だと思います。陸上の動物に関しては、断面は本当のところ、どうでもよかったと思います。四角いものをなぜあえて生み出さないかというのは今日気がついた新しいテーマだと思いますね。

図 01　キリンの子どもの液浸標本（東京大学総合研究博物館収蔵標本）。顎や頸など、複雑な運動を担う装置の集合体だ。
図 02　ニホンザルの頭骨（東京大学総合研究博物館収蔵標本）。両目が揃って前方に向かって配置されている。
図 03　リーフモンキーという東南アジアのサルの頭骨を CT スキャンで三次元化した画像。元の標本は京都大学霊長類研究所に収蔵されている。

13

図 04　イノシシの子ども。眼が身体の側面に向いていることが見て取れる。
図 05　イノシシの頭骨（東京大学総合研究博物館収蔵標本）。目は明らかに側面を広角的に見るために位置決めされている。
図 06　クモハ 73。63 系・72 系において戦中戦後に成立した通勤電車の車体の基本設計を見せる。20 メートルの車体に 4 つの片開き客用扉をもつ。1980 年頃に広島県の可部線で最後の活躍をする姿。
図 07　103 系。空前絶後の輌数を誇った両開き 4 扉車の典型。写真は 2 燈、低運転台、ユニットサッシで、量産冷房車の初期グループ。戸袋窓を埋められて、奈良線で余生を送る姿。
図 08　JR 西日本に 2005 年から投入された 321 系。運用概念はすっかり変化したが、4 扉車の基本的デザインはいまだに守られている。
図 09　113 系。両開き 3 扉のかつてのいわゆる近郊型の典型。写真は湖西線用の耐寒・高速仕様のグループ。
図 10　3 扉車の系譜はいまも続いているといえる。これは JR 東海 313 系。111・421 系時代とは運用概念も性能も座席配置も様変わりしたが、3 扉車というのはこういう形になるという、見本のような車体。
図 11　JR 西日本 221 系。コンセプトも性能ももはや 111 系との共通項は乏しいが、3 扉車の形態は継承される。新快速としての活躍が鮮烈だった。
図 12　東京メトロ（営団地下鉄）千代田線の 6000 系。新機軸満載の画期的通勤電車である。冷房化されオリジナルのパンタグラフは撤去されているが、初期車の外観をよく伝える編成を選んだ。2008 年、松戸駅近くで撮影。
図 13　イノシシの頭蓋骨の前で説明する遠藤秀紀教授

遠藤秀紀（えんどう ひでき）

1965 年東京都生まれ。東京大学総合研究博物館教授。解剖学者、遺体科学者として研究と教育を続ける。動物遺体を無制限無目的的に集め、遺体から歴史科学的に発見を導き出す。純文学、SF、特撮技術などを通じて表現を論じ、自らも文学の創作者として生きようと悩み続けてきた。著作に、『人体　失敗の進化史』(光文社)、『解剖男』(講談社)、『パンダの死体はよみがえる』(筑摩書房)、『哺乳類の進化』（東京大学出版会）、『ウシの動物学』(東京大学出版会) など。鉄道技術に対しては、比較解剖学と同等に、機能性と歴史性に着目して論じている。1991 年東京大学農学部卒業。国立科学博物館研究官、京都大学霊長類研究所教授を経て、2008 年より現職。

ヨコミゾマコト
モデル

UMUT OPENLAB Lecture 06　Aug.26, 2008

01

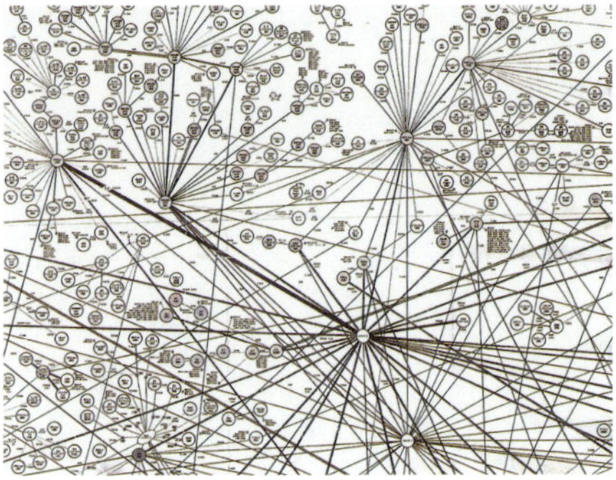

02

今日は「モデル」についてお話をします。モデルといっても、概念モデルから建築模型までいろいろな種類があります。モデルの存在理由は大きくは二つあると思います。一つは概念や事物をわかりやすく表現すること、もう一つは制作と所有の喜びを得ることでしょう。ビジネスモデルは、お金や情報やサービスの流れを形式化したモデルです。プラモデルは、自分で組み立てて所有する喜びを得るモデルです。ファッションモデルは衣服をわかりやすく見せるモデルです。モデルには省略または抑制される部分があります。ファッションモデルは、個性が強すぎてはいけません。モデル自身が際立っていると、服が見えてこないからです。手や脚や髪だけを見せるモデルがいますが、彼らの場合は身体部分のみがモデルなのです。

建築模型

建築模型の多くは、建築をわかりやすく示すためのモデルです。建築のコンセプト、空間、構造等を確認し理解するために、余計なものを省略して表現されることが少なくありません。たとえば、この展示室の模型は全部白くつくられています。実物の建築のもつ素材感や色彩が意図的に排除されています。模型をつくるときには必ず「引き算」が必要です。しかし、引かれることにより、人間の頭が必死に動き始めます。イマジネーションが働き、建築の奥行きが深くなっていくように思います。マイナスすることにより、逆に豊かになっていくこともあるのです。

水草の自己最適化

図 **01** は水草の一種です。どの葉も太陽を浴びて大きくなる可能性をもっています。しかし一つの葉だけが肥大化すると、他の葉を覆ってしまい、また枯れて穴をあけるなど、水草全体が不利益を被ります。このような事態を防ぐために、水草の葉はある程度以上大きく育たないという指令が遺伝子に埋め込まれています。全体としての最適状態を維持するために、部分が自らをコントロールするのです。全体が部分によって調整されているともいえます。富弘美術館を考えたときに、この水草の葉と同じように、部分と全体が相互的・有機的に結びついた建築をつくりたいと思いました。

泡とネットワーク

冒頭の写真は事務所のキッチンのステンレス台にシャボン玉を吹いて、上からガラス板を被せたものです。大小の泡がくっついたり離れたりしながら常に揺れ動いています。この状態がとても気に入り、こんな風に建築をつくりたいと考えていました。図 **02** はインターネッ

03

04

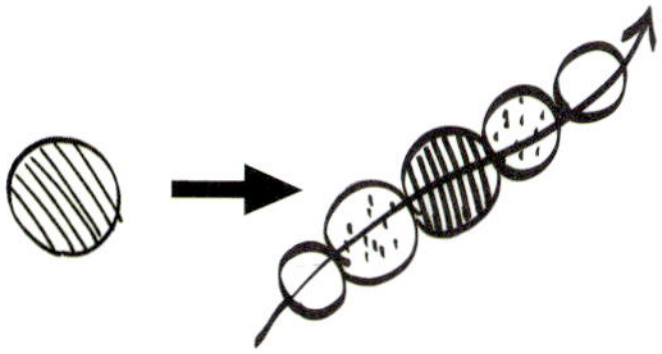
05

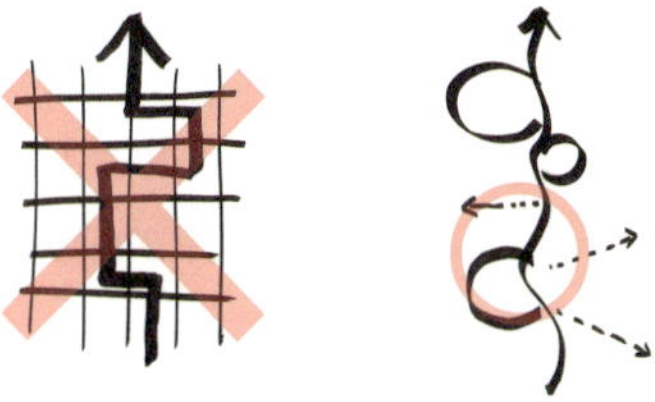
06

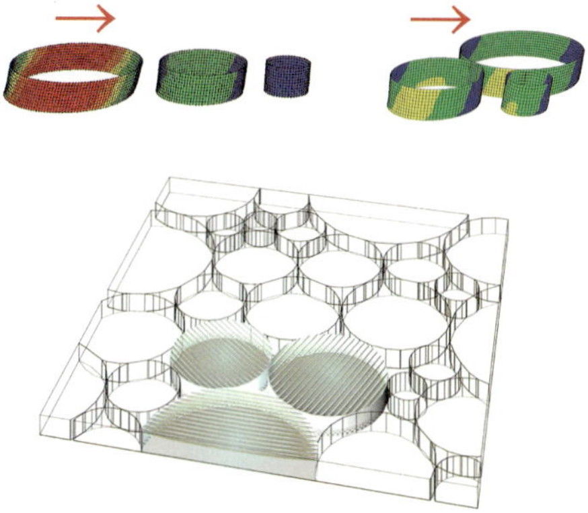
07

08

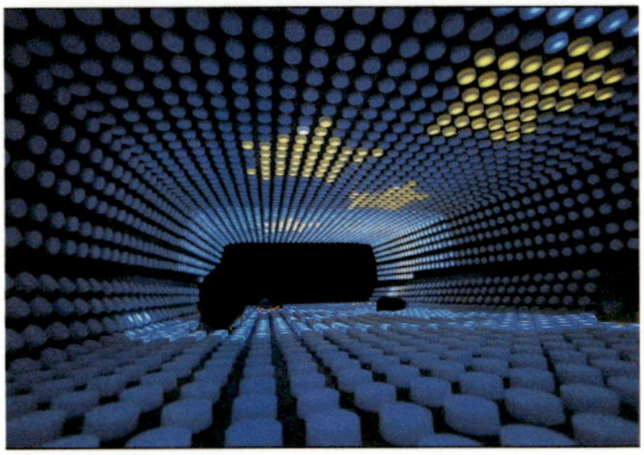
09

トのサービスプロバイダのネットワーク相関図です。一つの丸がサーバを示し、太い線ほど速いということを示しています。この図は物理的な距離を示すものではありません。地理的な感覚から乖離した、別種のモデルです。

富弘美術館の空間

水草や泡のモデルの話に続いて、現実の建築である富弘美術館（図 **03**、模型写真は **p.59**）の話をします。ここは星野富弘氏の作品を展示する美術館で、国際コンペを経て 2005 年 4 月に新しい建物がオープンしました。

図 **05** は展示室の基本構成を示すモデルです。斜線がひかれた円は展示室です。収蔵作品は温度や紫外線に弱いので、年間を通して保管条件が厳しく管理されており、明るさは 50 ルクス程度に抑えられています。外から急に展示室に入ると、目が眩み寒気を感じるでしょう。そこで、その展示室の前に目を慣らす空間をつくり、さらにその前には紫外線を許容する空間をつくります。これらが連続して繋がる空間を構想しました。通常の美術館ではグリット状に構成された空間を、定められた順路通りに見ていきます。受動的な空間と言えます。しかし、富弘美術館には、小さな空間、大きな空間、静かな空間、賑やかな空間、暗い空間、明るい空間など、さまざまな空間が用意されています（図 **06**）。気分のままにさまよい歩く、能動的空間の美術館といえます。

作品同士の間隔は 1.2m 程度と決まっているので、作品総数によって展示壁面の総長が決まります。そこから各展示室の大きさを割り振り、全体を繋げていくと美術館全体ができます。設計の過程では、実物大のモックアップをつくって展示室の大きさを確認しました（図 **04**）。

富弘美術館の構造

図 **07** は構造のモデルです。矢印の方向に地震力が働いたと考えてください。赤い部分は構造の限界に近いところです。左の大きなシリンダーは崩壊してしまいますが、大きさの異なるシリンダーを隣接して並べると、ストレスが分散されて赤い部分がなくなります。生物が集団化する理由はこれと同じ原理でしょう。個体のばらつきがあるからこそ、気候や環境の変化があっても全体としては生延びることができます。均質な個体ばかりだと種の存続は難しいのです。ばらつきのある要素の相互作用によって、富弘美術館の構造は、9mm という薄い鉄板で構成することができました。鉄板の構造を工場で仮組みして確認し、それを現場で組み立てました（図 **08**）。

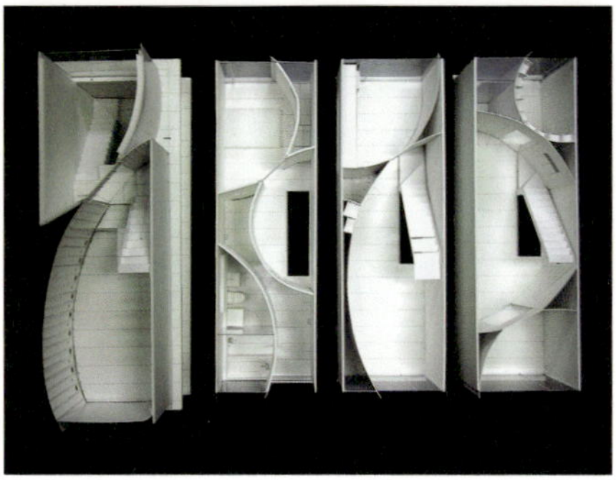

10

11

TDW

東京デザイナーズウィークのインスタレーションとしてつくったものです（図09）。20feetのコンテナが与えられました。クライアントはマンションディベロッパーです。マンションでは、居住者同士の関係は希薄であることが多いのですが、まったく無関係でいることの弊害が社会問題化しています。一つの建物に暮らす者としてのほどよい距離感というものがあるはずです。それをシミュレーションしてみようと考えました。

複数の穴が開いた水平面があり、穴に頭を突込むと、周囲の加速度センサーが反応して、頭の上に星のマークや文字などを映し出します。頭を動かすと、その方向にメッセージが飛び、さらに、それに返すこともできます。まるでヘディングでボールを回すようにコミュニケーションができるわけです。この案をフィックスするまでに多数のモデルをつくりました。水平面に開ける穴の配置構成を決めるために格子状やランダムに並べ、また穴の分布密度も検討しました。紙で作った原寸大のモデルに穴を開けて、そこに人を入れてみます。近すぎて気詰まりではないか、遠すぎてはいないかを確かめながら、穴の距離と配置を調整していきました。

NYH

富弘美術館の平面構成を積層させたような住宅です（図10・11）。普通の建物の構造を森林に例えるなら、これは葦のようなものです。大黒柱のようなコアはありませんが、揺れても崩壊しません。もちろん揺れは許容範囲に抑えます。曲がった鉄板だけで全体の構造をもたせています。鉄板の空間には、机3・4台が入るスタジオ、それに隣接した図書室、南面するバスルームといった要求機能が含まれています。

敷地周辺との関係も重要なので、周辺の建物の模型をつくって考えました。実際に施工するときには、工場で階ごとに事前に組み立てておき、それを現場に持っていって積み上げていきます。工場で一度全部を仮組みし、施工の予行演習を行いました。これも一つのモデルといえるでしょう。

GSH

細長い狭小地に計画された住宅です（図12）。普通のラーメン構造で設計すると、柱型や階段によって有効空間が狭められてしまいます。私はブリキ缶に床を引っ掛けたような建築を提案しました。4.5mmの薄い鉄板だけでつくることによって、全体の構造を成立させながら、有効空間も極力広く確保することができます。鉄板なので、構造的に無理をしなければ開口部は

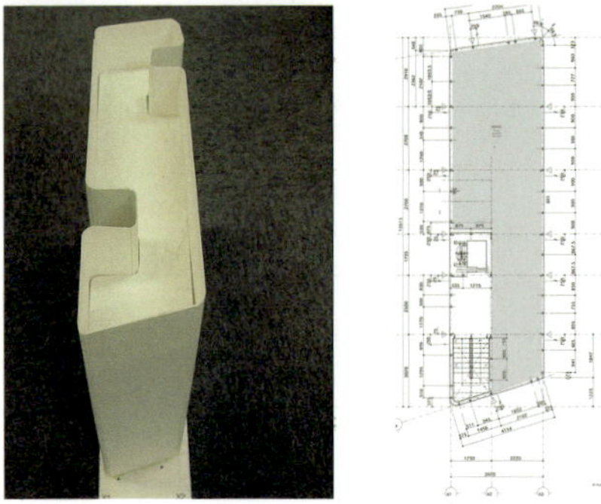

12

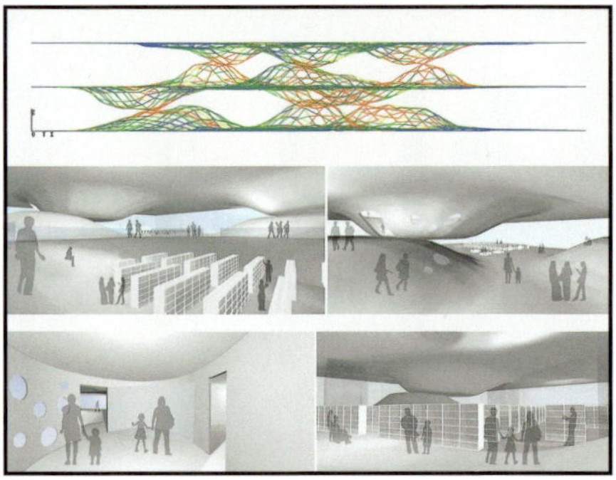

13

かなり自由にあけられます。キリン模様や葉脈パターンのような多数の案を検討しましたが、結局は円をランダムに並べた配置に落ち着きました。

SCL

長野で行われた、図書館と市民交流センターと集合住宅の複合施設のコンペの応募案です（図13）。三つの機能が無関係で別々に活動するのではなく、何かお互いの共通する部分で機能的にも空間的にも連続できないかと考えました。図書館では本の貸し借りだけではなく、子どもたちを集めて読書会や勉強会をやります。

地域交流センターは、住民のコミュニケーションと教育活動が行われます。図書館と地域交流センターと集合住宅に共通するプログラムを導き出せるのではないかと思い、それをそのまま建物の構造に反映させています。人間は高いところに登ってみたくなり、低いところに溜まる傾向があります。その傾向をうまく利用すれば、使い方を強制せずに、使い方が誘発されるような建物ができるはずです。鉄板を歪ませて、陥没点と隆起点が接するところで力を伝えます。鉄板は歪ませることで強くなるので、柱を使わなくて済みました。ちなみに、この建物を平面図であらわすのには苦労しました。建物は3次元のものですから2次元でモデル化するときには、何らかの省略が生じます。色を使って工夫してみましたが、このときほど空間の2次元表現の難しさを感じたことはありませんでした。

KES

一つのガレージと一つの部屋のユニットで構成された集合住宅です（図14）。部屋を広く使えるように、バスルームをロフトの上部に作りました。通常とは上下が逆転しています。用を足すときにはハシゴで上に登り、就寝時はその下に潜り込んで寝ます。大きなワンルームが集積したファサードについては、各階で壁の位置がずれているので、自然に力を流すために柱を曲げたり、斜めにしたり、あみだくじのようなパターンを検討しました。構造的な制約が少ないので、自由に考えられますが、結局ファサードは普通につくり、内部のディテールに気を使うことにしました。

DST

代官山に計画されている商業ビルです（図15）。代官山は、山という名前の通り、谷道と尾根道があって全体に高低差があります。敷地周辺の建物をみると、都市のランドスケープが建物の階段とが一体化しているのが印象的でした。床面積を多くとるために背の高い建物にして、前面にオープンスペースをとると、まちの

14

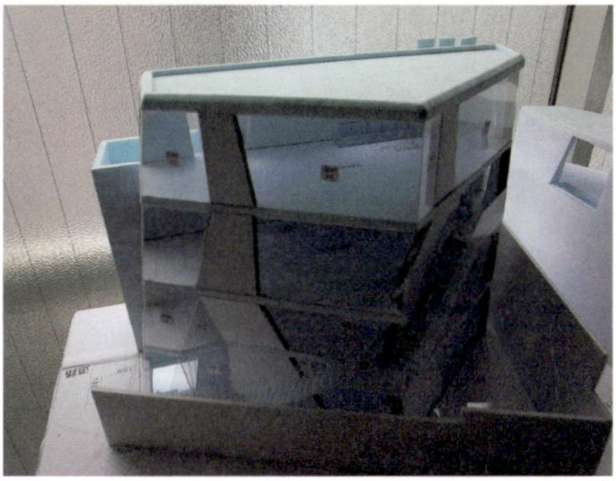

15

連続性が途切れてしまいます。ホームベース状の形にして、手前と奥に三角形の小さなオープンスペースが残るようにつくりました。外形の検討と同時に、各階の床を支える方法をスタディしていきます。まず、床だけのモデルをつくります。隣接するビルに面する部分は設備配管なども集約させたいので壁で覆ってしまい、道路に面する側は壁柱状のもので支えます。その壁柱を細くして本数を増やしていくと、究極的にはメッシュのようなもので覆われたモデルになりました。最終的にはビルの側にも穴を開けて、隣のビルの隙間を通して後ろの景色が見えるようにしました。

建築模型は思い描いている空間を確認するために存在します。多くの場合、確認が終わった模型は捨てられます。確認のための模型と展示のための模型では大きく違い、この博物館で展示されている模型がその後も残るというのは大いに意味のあることだと思います。一方で、建築模型では、何かが抽象化され、引き算され、去勢され、そぎ落とされています。それを補うために人間の頭が必死で働き始めます。まさにこれは模型がもっている魅力だと思います。どんなにCGが発達しても、私は、模型をつくってそれを自分の手にのせながら中を確認していく感覚を大切にしていきたいと思います。

質疑応答

Q：実物大で模型を作るメリットはどのような点でしょうか。

A：メリットはかなりありますが、模型を実物大でつくる機会は滅多にありません。つくったとしても部分だけになるので、全体を思い描く想像力が必要です。大きくなるほど拘束は増えますが実物に近くなり、小さくなるほど何かが省略されて豊かな発見を見出し易くなるということだと思います。どの模型にも無限大の宇宙があると思います。

Q：ヨコミゾマコトさんの建築は、モデルのように省略された、純粋なものが多いように感じますが、意識してつくられていますか。

A：純粋に見えるのはうれしいですが、省略していこうという気持ちはありません。私は、きちっと背筋を伸ばしたような建築には興味がありません。人間はかなりいい加減で複雑です。それを包み込む建築として複雑なデザインもありうるかもしれませんが、いい加減さ、複雑さを許容しつつ人間を包みこむようなシンプルな仕組みが作りたいです。音楽は12の音階だけでこれだけ複雑なものが生まれています。そのようなシンプルな仕組みが私の理想です。

16

Q：富弘美術館のデザインは、展示作品や周辺環境とどのように関係しているのですか。

A：私は星野富弘さんを知りませんでしたし、当初は関心の領域にありませんでした。周辺環境については、ダムの近くで山肌は剥がれかけているなど特に優れた環境だとは思いませんでした。だから最初は、建築の与条件に対してややシニカルに応えようとしました。地元の素材を使わずに鉄板だけでつくり、敷地形状に合わせて長方形にするのではなく、正方形の外形にこだわり、まるで遠くの宇宙からの飛来物のようなイメージで計画しました。

でも、仕事をしていくうちに、魔法にかけられたように星野富弘さんの作品に惹かれていきました。星野さんはすばらしい人で、なんどか模型を見ただけで、私の建築の考え方を理解してくださり、施工の過程でも随分助けてくださいました。建築をつくる過程は、対象への理解を深める過程と並行しており、自分自身の考え方や態度も徐々に変わっていくものだと思います。富弘美術館のプロジェクトで、私は多くのことに挑戦しましたが、同時に多くのことを学んだのです。

ヨコミゾマコト

建築家、東京藝術大学准教授。1984年東京藝術大学卒業。1986年同大大学院修了。1988年伊東豊雄建築設計事務所勤務。ビジョンズ・オブ・ジャパン展（V&Aミュージアム、ロンドン）、養護老人ホーム八代市立保寿寮、せんだいメディアテークなどを担当。2001年aat+ヨコミゾマコト建築設計事務所を設立。富弘美術館で日本建築学会賞作品賞、日本建築家協会賞、international architecture awardを受賞。その他、東京建築士会住宅建築賞金賞、日本産業デザイン振興会グッドデザイン賞金賞など。

佐々木猛智
貝の建築学

UMUT OPENLAB Lecture 07　Aug.29, 2008

01

貝を建築物として捉える

私は普段、貝の分類学の研究をしています。貝類学と建築学は全く別の学問分野ですが、貝を建築物として捉えなおしてみると、そこにはいくつかの共通性が見えてきます。そこで今日はこの会場に展示されているような建築物と貝を比較してみたときにどのようなことが言えるのかといったことを中心にお話ししていきたいと思います。

貝は自分がその中に住むために貝殻を作ります（図 01）。貝殻は自然にできるものではなく貝自身が作ります。また、人間の作る建築物とは異なり、貝は貝殻を外すことができないので常にそれを背負って移動しなければなりません。このことは貝殻を作る際の制約になります。例えば、貝殻は厚くなればなるほど頑丈になりますが、重くなって動けなくなってしまうため無限に厚くすることはできません。様々な貝の機能のなかで重要なものは身を守るということです。

形のアラカルト

貝にはどんな形があるのかということを紹介していきたいと思います。

貝の中で最も種類が多いのは「巻貝」です。巻貝は、ある軸を中心に螺旋を巻きながら貝殻を作っていく種類の貝です。海にいる巻貝（図 02）には細長いものや三角形のもの、棘が生えたもの、ほどけた様な形をしたものなど色々な形があります。例えばタカラガイ類(図 02_F)は殻口が狭くなっていますが、これは防御に徹して外敵が入り込めないようにする機能があります。

巻貝は海中だけではなく陸上にもいます(図 03)。デンデンムシという名前から虫と誤解されがちですが、カタツムリも貝の一種です。陸の貝の特徴として、海の貝に比べて形に多様性がありません。その説明は難しいのですがほとんど決まった形をしています。図 03_H や図 03_I の貝のように細長いもの、あるいは図 03_D の貝のように平べったいものが多い傾向があります。これは浮力の加わる水中に比べて重力の影響が大きいことと関係があるのかもしれません。

２番目に種数が多いのは「二枚貝」(図 04)のグループで、体の左右に１枚ずつ貝殻があります。二枚貝にはアサリやハマグリのように我々が食用として利用する種が多く、よく知られていると思います。

それからもう一つ、３番目に大きなものが「頭足類」(図 05)です。イカやタコやオウムガイ、絶滅してしまったアンモナイトを含む大きなグループです。

貝殻の機能

では次に、貝殻の機能について見ていきたいと思います。貝殻を作る際、壊れないようにできるだけ厚くしようとするのが貝の基本的な成長の戦略です。しかし、種によっては、貝殻全体を厚くするというよりは部分的に補強して厚くしています。例えば、ゴホウラという種では殻口の外縁のみが極端に厚くなっています。これは限られたエネルギーや資源を有効活用するためであると考えられます。それがさらにエスカレートすると棘や突起をつくるといった殻の作り方となります(図 06_1・06_2)。また、蓋を持つことも殻の防御能力を高める有効な戦略です(図 06_3)。

グループによっては貝殻に特殊な機能を持たせている例があります。顕著な例は、水の取り入れと排出のための構造を持つグループです。エントツヨウラク類は底質中に埋もれたまま、水の出し入れができるように２本のパイプのような管を持ちます(図 07_1)。また、オキナエビス類、アワビ類、スカシガイ類は水を排出するための切れ込みや孔を形成します(図 07_2)。

棘は防御のための構造ですが、規則的に形成された場合には、殻の姿勢を安定させる機能も持ちます。例えば、ホネガイ類では棘の列が海底面に沿って位置し、殻をひっくりかえりにくくしています。この場合、棘が１巻に３列であることが重要です。もし棘が１巻に２列あるいは４列ある場合には、殻がひっくりかえったま

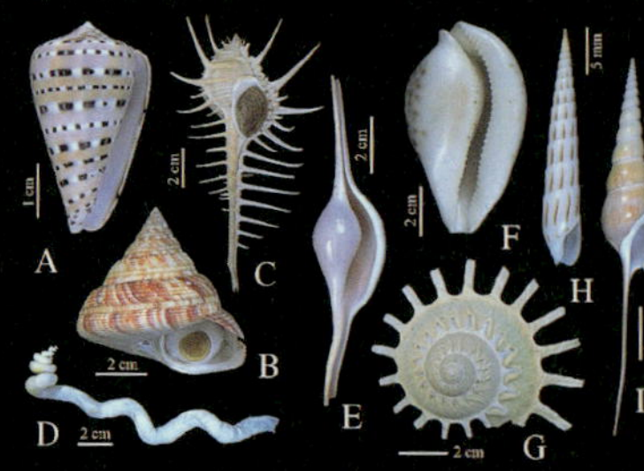

02

03

04

05

06

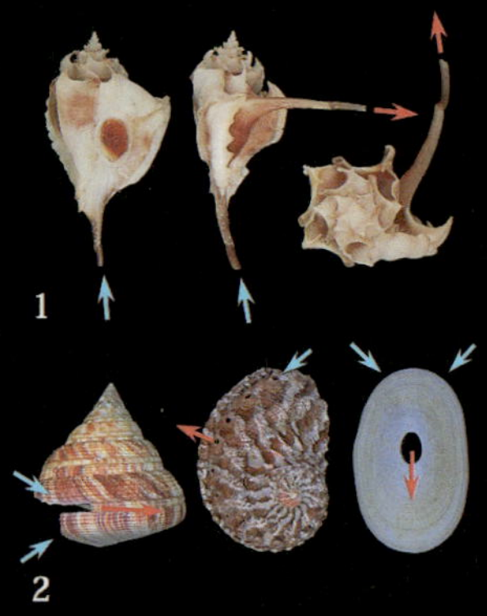

07

08

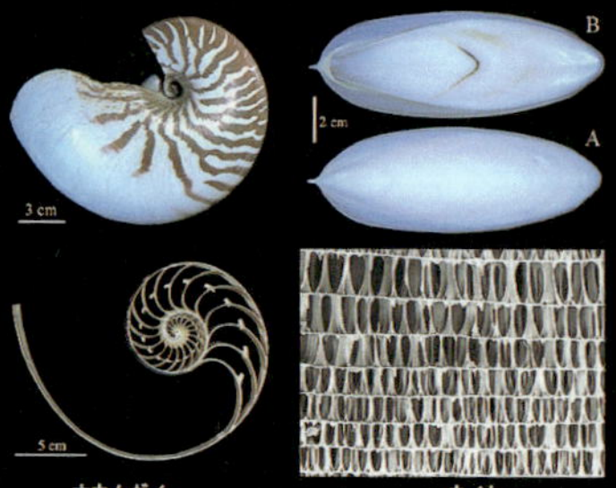

09

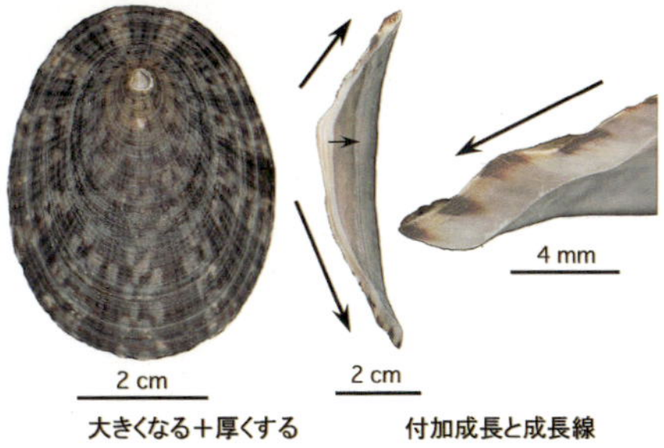

10

11

ま安定して、さらに棘が邪魔をして動物体が足を伸ばすことができないため、元の姿勢に戻ることができなくなります（図08）。

貝類で最も特殊化した例はオウムガイ類やコウイカ類などの遊泳性の頭足類です。これらのグループでは殻の内部に隔壁を持っており、多数の「気室」に分かれています（図09）。生きている時には気室の内部の空間にガスと液体を入れており、それぞれの量を調節することにより、体全体の浮力を調節して垂直方向の運動をコントロールします。

貝殻の成長

では次にもっと一般的な貝殻の成長の仕方についてお話ししていきたいと思います。貝の作り方には規則性があり、ほとんどの貝は成長を通じて同じような形をしている、すなわち相似形を維持しながら成長します。また、ほとんどの貝は螺旋を描いています。二枚貝は一見螺旋を描いていないように見えますが、横から見ると貝殻がカーブしており、ゆるい螺旋を描いています。全ての貝殻は均質な炭酸カルシウムの塊ではなく、たくさんの小さな結晶の集合体で出来ています。これは建築でいえばレンガを積み重ねて建物を作るのと同じことになります。

貝は成長するときに二つの方向に向かって成長します（図10）。一つは体のサイズを大きくするための成長です。しかし、大きくなる時に厚さがそのままでは殻がもろくなってしまうので、殻を厚くするための成長も行います。硬い貝殻は一度作ってしまうと変更が利かないので、既にある部分に付け足しながら成長していきます。このような成長様式を付加成長と呼びます。われわれの体はいろいろな場所で細胞分裂が行われて内部から大きくなっていくということもあるわけですが、貝殻の場合は必ず殻の縁の部分でしか大きくなれません。成長は段階的に行われるため、その痕跡が筋（成長線）となって残ります。

成長線は場合によっては年に1回非常にはっきりとした線が出来て、年輪として識別できます。ですが本当に年輪であるかどうかを確認するのは実は非常に難しいことです。飼って観察していれば確実にわかりますが、何か不都合があって太い線が出来てしまうことも考えられます。例えば、台風や嵐の時には成長できず、じっと我慢している段階が成長障害の線として残ることが知られています。

貝殻は動物体の生理的な活動によって作られます。その機構は正確には分かっていませんが、殻の縁に沿って位置している外套膜と呼ばれる部分で分泌されると考えられています。その理由は殻の成長の最前線に近い部分に位置しているからです。外套膜は殻皮と呼ばれる有機質の

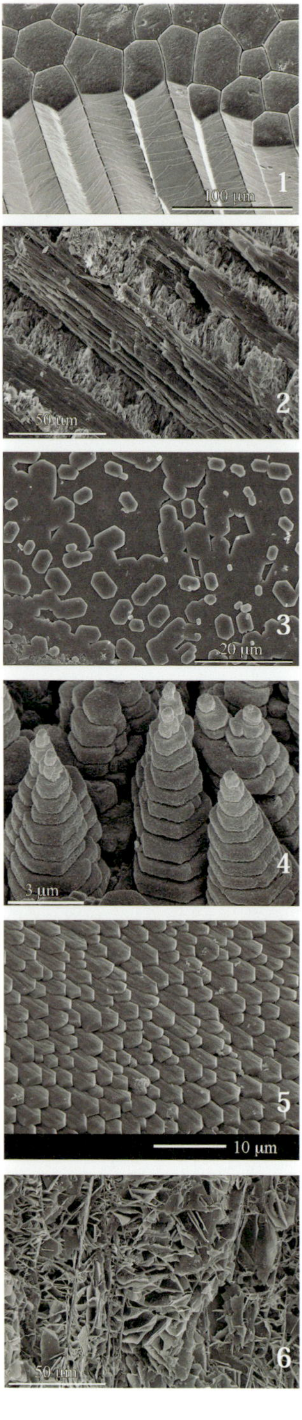

13

12

膜を分泌し、その膜の内側に結晶が沈着していきます。

貝殻は非常に規則的に螺旋状に成長します。その様子は殻を殻頂方向から見ることによって容易に理解できます。例えば、チマキボラという有名な貝では、階段状に非常にきれいな螺旋を描きます（図11）。螺旋を描く貝に共通する特徴として、殻の縁のどこか一点を取ってきて接線を引くと、その線と螺旋の中心を結ぶ線のなす角が常に一定になるように成長することが分かっています。

しかし、あらゆるルールには例外があるように貝殻の螺旋にも例外があります。常に螺旋を描いて成長していると都合の悪い場合があるからです。例えば他の生物に付着して生活している貝の場合、規則的な螺旋を描くことを放棄してかなり自由な形で成長します。ミミズガイ類は海綿と共生する貝ですが、海綿は成長して次第に大きくなるため、海綿中に埋没しないよう状況に応じて向きを変えながら成長しています（図12）。

貝殻は結晶の集合体

これから貝殻を形作っている結晶の写真をご覧入れたいと思います。貝殻というのは肉眼で見ると一つの塊にしか見えませんが、バラバラにして電子顕微鏡で見てみると様々な部品から

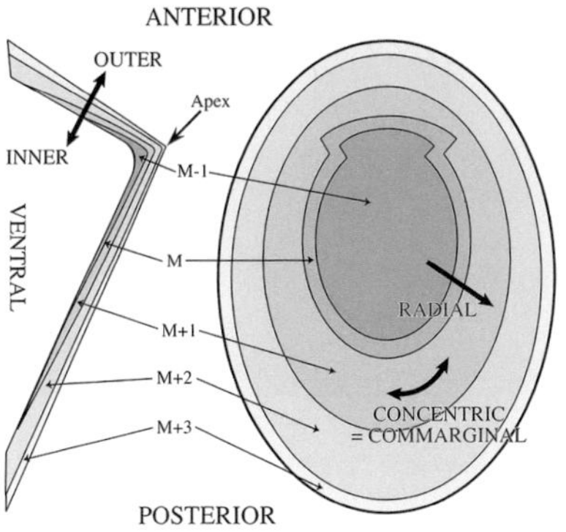

14

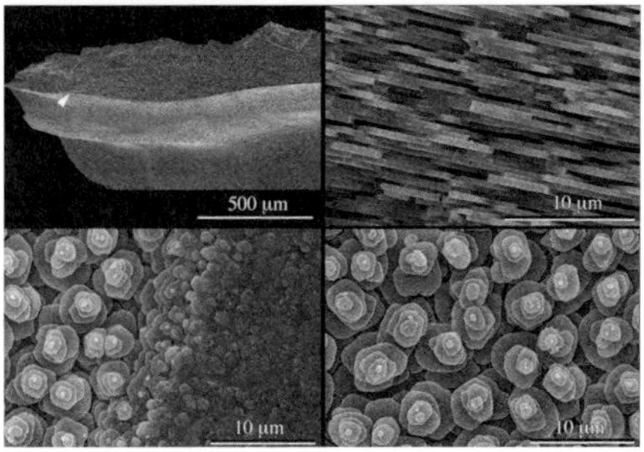

15

できていることが分かります。例えば稜柱構造と呼ばれる構造はマッチのような結晶が平行に積み重なって殻を形作っています（図 13_1）。貝の結晶は最小の構成単位が 0.01mm から 0.1mm の範囲に収まることが多いです。殻が大きいと結晶も大きいかというとそうではなくて、結晶の数が多くなります。稜柱構造は真っすぐに伸びる非常に単純な構造ですが、中には交差板構造のように隣り合う板状の結晶が別々の方向を向くような複雑なものもあります（図 13_2）。

貝の結晶の作られ方は、まず小さな炭酸カルシウムの塊ができて、そこからある一定方向にだけ延びると棒状の結晶に、横に伸びると平べったい板状の結晶になるように、いくつかのパラメータを使って簡単に説明することができます。しかし、交差板構造だけはなぜ少しずつ結晶の向きを変えて交互に並べることができるのか説明ができない不思議な構造です。

真珠構造は真珠のようにピカピカ光った殻の部分に見られる構造ですが（図 13_3）、真珠の表面を電子顕微鏡で見てみると玉ねぎのように球の周りに薄い結晶がたくさん張り付いた構造であることが分かります。この構造は最初に粒のような小さい結晶ができ、それが横に広がっていってシート状になってどんどん積み重なって完成します。

真珠光沢を持つ殻は巻貝にもあり、アワビの内側がその例です。巻貝では二枚貝類の真珠構造とはつくられ方が異なり、結晶が一定の比率で大きくなりながら重なり、表面にはツリーのような形がいくつもできます（図 13_4）。ツリーの各層は平行にできていて、ツリー同士がぶつかった際シート状の結晶を形成します。

真珠構造によく似た構造に葉状構造があります（図 13_5）。薄い板のような結晶が規則的に配列し互いに平行に成長します。真珠構造とは異なり美しい光沢はありません。

二枚貝の一部にしか見られない特殊な構造でチョーク構造というものがあります（図 13_6）。白くてもろく、チョーク質に見えるためチョーク構造と呼ばれており、内部に隙間をもっています。そのために殻を軽量化することができる特徴があります。泥の表面に浮かびながら生活しているようカキの仲間など殻の軽量化が有利な場合にこの構造が採用されています。

貝は以上のような様々な結晶を組み合わせて複数の層からなる貝殻を作りますが、それぞれの層の結晶の向きを変えることで一方向の力によって割れることがないように工夫されています。これは建築でいうとベニヤ板と同じような発想です。

貝は普通３層から５層の殻の層を持っていて１層しかない殻というのはありません。貝

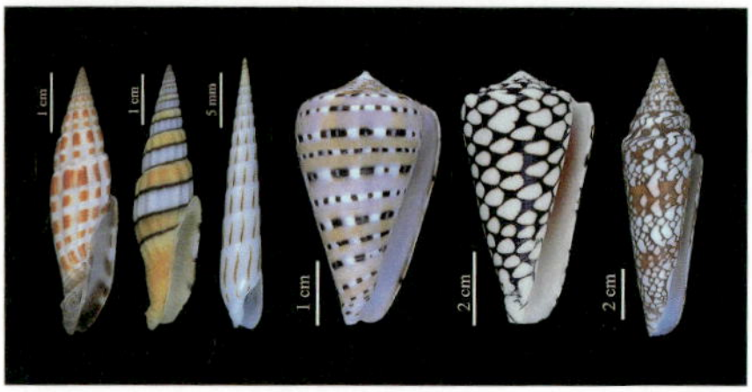

16

17

殻を作る際、ミクロなレベルでは結晶の形成を行いながら、全体としては綺麗な螺旋を描いています（図14・15）。これを貝がどのようにコントロールしているかは全く分かっていません。まず結晶の形自体を貝がどのように決めているかをまだ説明できていません。現在の研究の最前線では殻の中に含まれるタンパク質の配列を読んで、それが結晶の形を決めているのではないかという仮説を立てて研究を行っています。その理由は、決まった形の結晶ができるのは何か鋳型があるのではないかと昔から言われていて、その鋳型がタンパク質なのではないかと予想されているためです。さらに複数の殻層を作り分けるメカニズムの研究も今後の課題です。

貝殻の模様

建築物を作る際に形や機能は重要ですが、もう一つ重要な要素があります。それは色や模様です。貝の模様は形と同様に数学的に数式で説明ができますが、どうして多様な模様があるのかという質問に対しては説明が困難です。

貝類だけでなく多くの生物に当てはまることとして、熱帯では派手な模様が多いという特徴があります。これにはいくつかの仮説がありますが、例えば魚類では種が沢山いる状況で相手を識別するのがだんだん難しくなってくる、そうすると模様を特殊化して視覚的に識別しやすくしているという説があります。しかしこれは貝の場合には当てはまりません。巻貝は眼を持ってはいますが、レンズの厚さを調節する構造を持たないため、遠近感覚がなく単に明暗だけを識別して模様は認識できないと考えられます。もっと極端な例を挙げると、二枚貝では眼を欠いている上に海底中に潜っているため互いを見ることは決してありません。ですから模様と視覚は関係ないと思われます。

熱帯に生息する貝（図16）が派手であることは高緯度の寒い海や深海に住んでいる貝（図17）と比較するとはっきり分かります。特に深海に棲んでいる貝には全く模様がありません。ほとんどが真っ白で、薄く色が付いているものも有機質の膜をかぶっているためであり、それを外してしまえば貝殻自体は真っ白です。どうやら、日当たりの悪いところに住んでいる貝は模様を作らないようです（図17）。

貝殻を捨てた貝

これまでは貝殻がいかに役に立つかという視点でお話をしましたが、貝殻はいつも有益とは限らないという見方ができます。そう思えるのも、貝殻を持つことを放棄してしまっているグループがいるからです（図18）。例えばウミウシの仲間では、幼生時代はちゃんと貝殻をもっていますが、後に脱ぎ捨ててしまい親は貝殻を

18

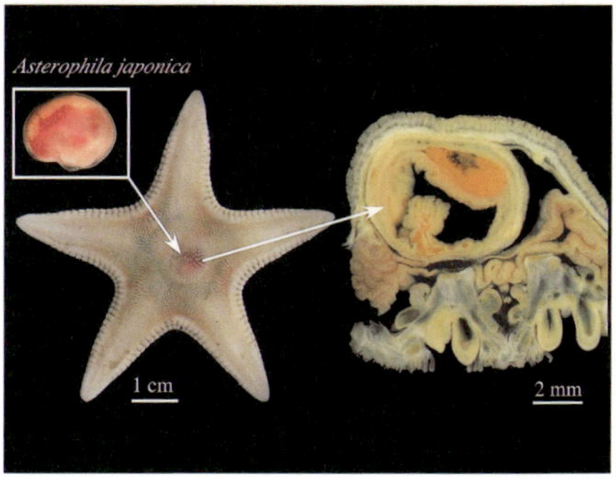

19

もっていません。

無殻の場合、単に殻を捨ててしまっては暮らしていけません。これは殻をもっている貝の貝殻を割って動物体だけを放置するとすぐに分かります。魚などの捕食者が寄ってきてすぐ食べられてしまいます。殻のない貝は食べられないための工夫が必要です。一つの例として、アメフラシ類では他の生物が不快に感じる物質を出す習性を持っています。以前私が海岸を歩いていたときに間違ってアメフラシを踏んでしまったことがあるのですが、紫色の液体を出していました。攻撃を受けた際にはこの液体を放出して相手をあきらめさせます。

殻をもたなくなるもう一つのタイプは寄生性の貝です。これはヒトデに寄生している貝ですが、外界に露出していないため直接攻撃を受ける心配がありません（図19）。幼生のときは殻をもっていますが、ヒトデに入りこんでいくにしたがって必要の無くなった殻を脱ぎ捨ててしまいます。

このように殻を持たない貝があるということを考えますと、殻を持つことには何らかのデメリットもあると考えられます。その中でも主要な要因が三つ挙げられます。まず、貝殻を作るにはコストがかかります。そのため作らずに済めばその方が経済的です。次に、貝殻は移動するときに邪魔になります。例えば、長い棘を持つ種では、棘が邪魔をして狭いところへ入っていくことができません。３番目に、貝殻は自然状態において破損することがよくありますが、そのたびに修復が必要となり、メンテナンスにもコストがかかってしまいます。

以上のような理由から貝殻をもつことをやめてしまった貝があると考えられますが、それらはそのままでは捕食者に食べられ生きていけません。そこで殻をもたない貝には生き抜くための戦略が四つほどあります。一つは他の生物が嫌がる忌避物質を出して身を守ります。２番目は、貝自身がまずくなるという工夫をしています。３番目は、殻がない分柔軟に移動できるため狭い隙間に隠れて暮らし、難を逃れます。４番目は体の中に骨針といわれる棘を作り防御に役立てているものがあります。

質疑応答

Q：建築でもシェル構造といわれるものが60年程前に誕生しましたが、貝が地球上に出現した時期や今のような形となった理由は何なのか。また、深海から北極まで地球上に幅広く生息する貝の場所における構造の違いはどのようなものがあるのか。

A：貝の誕生は大変古く、カンブリア紀の前期、五億年以上前には貝殻を持った生物がいたことが化石からわかっています。どうして今あるような形になったかという疑問は説明が難しいですが、例えば巻貝では殻が真っ直ぐな状態だと折れやすいため螺旋を描いて強度を増しているという説明があります。また、巻くことによって様々な器官を小さな空間に効率的に詰め込むことができるという効果もあります。場所における構造の違いとしては、深海では殻が薄くなります。これは炭酸カルシウムが高圧で低温の場所では作られにくく溶けやすいためです。陸上でもカルシウムが少ない場所が多いため、海に比べて弱々しい殻を作るものが多いです。

Q：貝には頭脳があって計算した上で殻を作っているのでしょうか、それとも偶然出来上っているのでしょうか。
A：貝にもグループにより発達の違いがあるものの、我々の脳に相当するような神経があります。ですが貝が脳で考えて殻を作っているのではなく、遺伝子に組み込まれたプログラムによって殻が作られていると考えられます。

Q：貝が成長を止めるタイミングはどのように決まるのでしょうか。
A：これは生物全般に当てはまることですが、どのように決められているかはわからないものの、大体の一生の長さというのが決まっています。また、ほとんどの貝に当てはまる特徴として、最初は急激に成長し徐々にゆるくなり、最後には生きているのだけれど大きくならないという段階を経て死んでいきます。寿命を何が決めているかを解明するのは難しいですが、種によっては水温や餌などの環境条件によっても成長の速度と寿命に違いを生じることが分かっています。

Q：貝の一つ一つの特徴をお話いただきましたが、貝は集団的戦略も持っているでしょうか。
A：はい、持っています。最も集団的行動を左右するのが食性と繁殖のための行動です。特別な餌を食べる種類は群れて餌の近くに暮らし、雑食や肉食のものは個々に自由に生活する傾向があります。しかし普段はバラバラに行動している種でも繁殖期になると群れをなして受精を行うことがあります。

Q：貝殻の作り方のメカニズムは分かるのですか。
A：殻を作っている結晶ができるメカニズムがまだ分かっていませんし、結晶から全体の形をどうやって作っているのかということも全く分かっていません。これらの研究は分子生物学の発展のスピードに非常に大きく依存しています。

佐々木猛智　（ささき たけのり）

1969年山口県生まれ。東京大学総合研究博物館准教授。専門分野は動物分類学、解剖学、古生物学。主な研究材料は軟体動物（巻貝、二枚貝、イカ、タコなど）。生物の多様性を明らかにするために分類学の研究を行い、一方では現在生きている生物の形と生活の関係、形の機能に興味を持つ。さらに、それらが進化してきた歴史を探るために、古生物学を学んだ。貝殻を貝類の建築物として捉え、人工の建築物との違いと類似性を考察することが、貝類の存在意義の解明に役立つと考えている。主な著作は『貝の博物誌』（東京大学博物館）、『日本近海産貝類図鑑』（東海大学出版会、共著）、『古生物の科学』（朝倉書店、共著）など。

大松俊紀

篠原一男論

UMUT OPENLAB Lecture 08 Sep.10, 2008

01

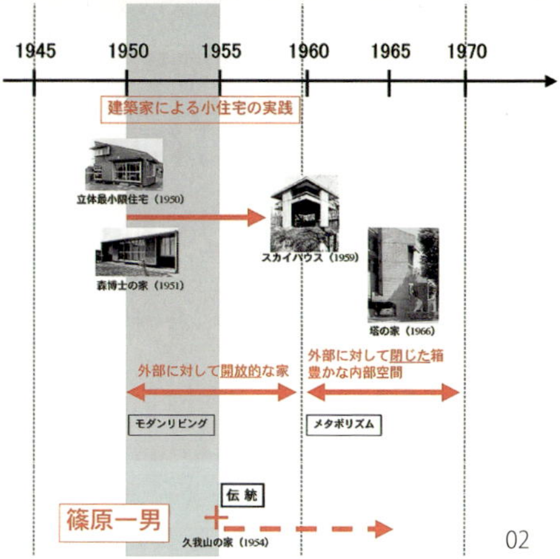

02

今日は篠原一男という建築家について話したいと思います。篠原一男は私が大学生の頃研究していた建築家であったのですが、これまで詳しく顧みる機会があまりありませんでした。桑沢デザイン研究所の講師として建築やインテリアを学生に教えるにあたり、かつて当研究所の講師もしていた篠原一男を学生にも知ってもらおうと再び研究し始めました。

篠原一男とその時代背景

篠原一男は1925年に生まれ、一度は東北大学で数学の講師を志したものの、30歳を前に東京工業大学で建築を学び、建築家になりました。その後東京工業大学で教授を勤め、2006年に亡くなりました。

篠原一男が活動していた時代背景はどのようなものだったかというと、戦後で資材が少なく、池辺陽の「立体最小限住宅(1950)」に代表されるように、合理的で最小限の住宅が建築家によって実践されていました。そしてこれらの「モダンリビング」の建築は菊竹清訓の「スカイハウス(1959)」で一区切りを迎えることになります。その後、東孝光の「塔の家(1966)」などコンクリートに覆われた住宅が現れましたが、これらが「モダンリビング」と異なる点は、外部に対して閉じて、内部に豊かな空間を作っている点です。1950年代の住宅は庭付きの平屋建てが多く、建物は庭へと水平に展開していったのですが、60年代になると都市の極小の敷地に庭なしの住宅が作られるようになり、住宅は上へと垂直に展開していくしかなかったのです。

その頃篠原一男は、日本で初めて本格的にピロティによって持ち上げられた住宅、「久我山の家(1954)」(図**01**、模型写真は**p.237**)を手がけていました。1階にはダイニングキッチン、2階には広間や寝室があります。当時は資材が少なく、アングルを組み合わせて作ったH鋼にコンクリートを充填して鉄骨造を実現していました。

この頃篠原一男が言っていたのは「伝統は創作の出発点でありえても回帰点ではない」ということです。この時代の建築家はひたすら合理的な建物を追究し、戦争で欧米に負けたということもあり、障子や畳なども含めた日本的なものは批判の対象とされていました。そういう風潮の中、篠原一男は伝統に根ざした住宅を作ろうと一人奮闘し、非合理的なものの追求をしながら、いわゆる「モダンリビング」や「メタボリズム」の流れに抗おうとしていました(図**02**)。

作品概説

「様式は今つくらねばならない。自由のために」と唱えた篠原一男の38の住宅作品は四つの様式に分けられています。しかし、それは篠原本人が、もう後戻りできない区切りとして設

第1の様式	第2の様式	第3の様式	第4の様式
1954 久我山の家	1970 未完の家	1974 谷川さんの住宅	1986 ハウス イン ヨコハマ
1958 久我山の家 その2	1970 篠さんの家	1975 軽井沢旧道の住宅	1988 ハネギ コンプレックス
1958 谷川さんの家	1971 直方体の森	1976 糸島の住宅	1988 テンメイ ハウス
1960 狛江の家	1971 同相の谷	1976 上原通りの住宅	
1960 茅ヶ崎の家	1971 海の階段	1977 花山第3の住宅	
1961 から傘の家	1971 空の矩形	1977 愛鷹の住宅	
1961 大屋根の家	1974 直角3角柱	1978 上原曲り道の住宅	
1963 土間の家	1972 久ヶ原の住宅	1980 花山第4の住宅	
1965 花山北の家	1973 東玉川の住宅	1981 高圧線下の住宅	
1966 朝倉さんの家	1973 成城の住宅	1982 東玉川コンプレックス	
1966 白の家			
1966 地の家			
1968 花山南の家			
1967 山城さんの家			
1968 鈴庄さんの家			
木造	RC造(壁式)	RC造(ラーメン)	鉄骨造

03

けた様式なのです。第1の様式ではほとんどの住宅が木造でできており、第2の様式ではRC造の壁式構法、第3の様式ではRC造のラーメン構造、第4の様式では鉄骨造が主に使われています(図03)。

第1の様式でキーワードとなるのが、「伝統」「空間の分割手法」「新しい様式」「象徴空間」「無駄な空間、虚構の空間を演出する」です。これらを表す良い住宅例は、「茅ヶ崎の家(1960/RC造)」です。玄関を入るとトップライトに照らされた何もないタイル床の空間があり、それが住宅全体の象徴的なものとなっています。平面は単純に分割されています。それから「白の家(1966)」については、後でご説明します。

第2の様式でキーワードとなるのが、「空間の抽象化」「無機的なキューブ」「亀裂の空間」です。これをよく表しているのが、「未完の家(1970)」です。屋根は一部カットされていますが、ほぼキューブの外形をしています。中に入ると住宅の中央に2層吹き抜けの何もない空間がトップライトで象徴的に表されています。この時の篠原は、「美しい中央の空間さえ達成されれば機能的な空間は周りに適当にあればいい」というようなことも言っています。「未完の家」はこの吹き抜けと通路、すなわち亀裂の空間により住宅を遮断し、その行為により遮断された住宅が一層の連続性を求めていく様を意図したと述べています。この亀裂の空間を扱ったシリーズとして、他にも「篠さんの家(1970)」「直方体の森(1971)」「同相の谷(1971)」があります。

第3の様式でキーワードとなるのが、「空間機械としての住宅」「意味の空間」「抽象の自然」「裸形の事物の横断」「野生」です。この頃から篠原は「機械」という言葉を多用するようになります。しかし、これはコルビュジエのいう「機械」とは異なり、むしろ意味を消し去った機械の部品のようなものを指します。これらを端的に表現しているのが、「上原通りの住宅(1976)」です。これも後でご説明します。

「都市の本質は、秩序でなく混沌(カオス)である」と唱えた篠原一男は、第4の様式におけるキーワードとして、「零度の機械」「カオス(混沌)」「プログレッシブ・アナーキー」などのキーワードを挙げています。この代表作となるのが篠原の自邸である「ハウス イン ヨコハマ(1986)」です。カオスの表現にあたり、篠原一男が考えたものは、造形分野で一般的に考えられていた形態のぐじゃぐじゃとしたものではなく、一見秩序だった幾何学を集積しても、その集積の仕方でカオスを生み出しうるということでした。

何故今篠原一男か?

ここからが今回の主題です。「なぜ今篠原一

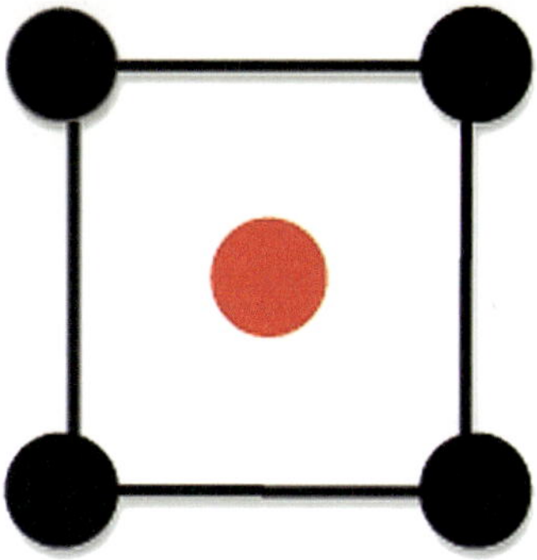

04

男なのか。」 私が考えるには、現代の日本の建築には人間の「肉体性」を失った空間のみが蔓延する「閉塞感」が漂っているように思います。そういった建築空間で語れるのは、ただ「空間の操作性」のみであり、人間の「精神」も「肉体」も語られる余地も術もないのです。今篠原一男の建築を見直すことで、この日本の建築が持つ閉塞感の問題について考えることができるのではないかと思っています。

篠原一男はほとんど住宅しか設計していないのですが、私は篠原一男の建築とは「柱」の建築であると思います。篠原一男は日本の伝統建築を柱の空間と捉えていて、柱の象徴性を創作の原点としました。その「柱」の建築を、私は「肉体性」の宿る空間だと考えています。ここで「肉体性」とは「情念」を宿した精神が潜む「肉体」という意味で使っています。

ここで日本建築における柱の象徴性について見ておきたいと思います。神代雄一郎は『間・日本建築の意匠』という著作の中で、九間の概念を説くことにより日本の建築空間における「柱」の役割を提示しました。石や煉瓦を積んで壁をつくることから始める西洋の古建築と違って、木造の日本建築は、まず「柱立（はしらだて）」柱を立てることに始まり、その柱から「間をはかって」次の柱を立てついで作られるということです。直立した1本の柱からは垂直性しか見いだせないけれども、そこから間をはかって別の柱を立てていくとそこには水平性が生じます。浄土寺浄土堂や東大寺南大門といった、いくつかの例外はありますが、こうして日本の建築は水平に発展していったのです。

日本の住宅史には、竪穴式住居を継承した庶民の住まいと、寝殿作りを継承し発展した書院作りという貴族の住まいの、2つの大きな流れが存在します。庶民の住まいには大黒柱が存在します。そして、貴族の住まいの源流として伊勢神宮と出雲大社を見てみると、伊勢神宮は水平性をもった建築物、出雲大社は垂直性をもった建築物であると考えられます。伊勢神宮の外宮正面を見てみると、X軸方向に3間、Y軸方向に2間あり、両端に棟持ち柱と呼ばれる重要な柱があります。出雲大社の場合は、X軸方向に2間、Y軸方向に2間の平面をしていて、日本の建築には少し珍しいのですが、中央に心御柱が存在します。この心御柱が神の依代とされていたように、日本の伝統建築では「柱」が神聖なものとして崇められていました。二川幸夫の『日本建築の根』では、「柱の発見は、建築空間の秩序を組織化した」ということが述べられています。

篠原は、1本の柱のもつ垂直性にこだわり、心御柱的な象徴性・精神性、1本の柱が垂直に伸びることによる「闇」の創造による精神性

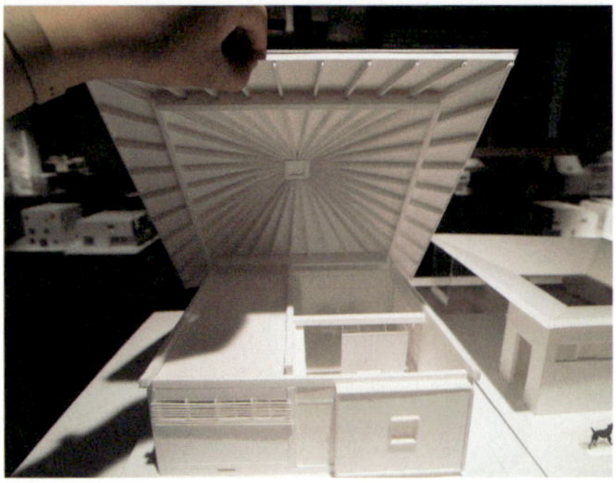

05

06

を追い求めていたのではないかと思われます。よって、篠原の建築は、このように4本の柱で囲まれた間の中央に1本の柱が立つ図で表すことができるように思います(図04)。篠原一男は著書の中で、「柱は屋根を支えるためにある。それ以外の目的に使用してはならない。この限界を越え得るのは柱に新たな価値を与えた時だけである(1964)」というようなことも述べています。

さて、篠原一男の住宅における柱を分類して見ていくと、次のように分けることができます。

A-1. 空間の中に1本の丸太の柱のみを見せる
A-2. 複数の柱を梁や方杖と共に見せる
B. 壁の中に柱を埋め込む(真壁風)
C. わざと柱を見せずにその存在を感じさせる

具体的に見ていくと、「A-1. 空間の中に1本の丸太の柱のみを見せる」手法は第1の様式の作品によく見られます。「から傘の家(1961)」(図05、模型写真は p.244)は、垂木が直接見える、天井が傘のようになっている家です。肝心の柱はどこにあるのかというと、垂木が集まる平面中央部分にはなく、少しずれた所に丸太の柱が立っています。「原型住宅(1964)」でも、意図的に中央より少しずれた位置に丸太の柱が存在します。「花山北の家(1965)」では、玄関を入った所に丸太の柱があります。しかし、「花山南の家」との比較上、構造としてはこの柱は不必要でもあり、意図的に配置されたものだと考えられます。

「白の家(1966)」では、10m × 10mの平面の真ん中に1本の柱が立っています。そこから少し離れた所に1本の線を引き、その線の右側だけが2階建てという構造になっています。この住宅の特徴的なところは、屋根を方杖と柱で支えているのですが、一番力強い方杖の部分をわざと隠している点にあります。2階には点検口があって、そこから天井裏の隠された方杖を見ることもできます(図06)。また、1階部分では、2階部分や吹抜部分との対比も兼ねて、梁などの構造が見えるようになっています(抽象と具象の対比)。

「山城さんの家(1967)」は、平屋建てで、正面中央の玄関を入るとコートヤードがあり、その奥のリビング中央に1本の柱があります。このように空間の中に1本の柱を見せるという手法は、篠原の師匠であり、「斉藤助教授の家(1962)」(模型写真は p.236)などを設計した清家清の影響も多少あると考えられますが、その象徴の度合いはかなり違います。

次に、「A-2. 複数の柱を梁や方杖と共に見せる」手法は第3の様式の住宅でよく見られます。具体的に見ていくと、「谷川さんの住宅(1974)」(図07、模型写真は p.241)では、住宅中央に2本の柱があるのですが、家自体は傾斜地に

07

08

建っていて、その傾いた地面を、床を張らずにそのまま見せています。家には夏の間と冬の間があり、夏の間に面した冬の間は床が張ってある2階建ての構成になっています。かつてこの家は、詩人谷川俊太郎の別荘でした。枯葉や雪が辺りに積もると、建築の中の黒い土の部分が特に際立って、とても奇妙な空間が現れます。

「上原通りの住宅(1976)」(図**08**)は、3階建てで、写真家の大辻清司の自宅です。左部分は車を入れるためにキャンチレバーの構造となっています。駐車場を通り抜け、階段を上ると入口があるのですが、振り返ると、そこには空間を覆うように斜めの柱が錯綜しています。左手には台所があるのですが、そこに行くには斜めの柱を避けていかなくてはならないのですが、このように、柱はただの柱ではなく、人間や空間に直接関わるものとして存在しています。私は大辻さんと親しくさせてもらっていて、お宅を伺ったときに感動したことのひとつは、たとえ物や家具が溢れ生活感が漂っていても、篠原一男の建築はそれに負けていないということです。むしろ逆に、何が起こっても篠原一男の空間がすべてを許容しているのです。

次は「花山第3の住宅(1977)」です。「花山」には「北の家」「南の家」「第3の住宅」「第4の住宅」といくつか作品があるのですが、これは全て病院を経営している一家のために作られたもので、花山の病院も篠原が手掛けています。「花山第3の住宅」は傾斜地に建っているので、2階に玄関が設けられているのですが、やはり空間の真ん中に2本柱が建っています。そこでは柱はまるで記号のように存在しています。

「上原曲り道の住宅(1978)」は、地下1階地上3階の住宅になっていて、断面で見ると右の吹き抜け空間にRCの柱と梁が露出しています。「白の家」や「花山南の家」で見られるように、篠原は空間に柱を1本パンと見せてそれを上から見下ろす空間をよくつくっています。しかし、「上原曲り道の住宅」では、柱を見下ろすような開口部をわざと壁には設けていません。むき出しの柱梁はただ荒々しさを備え、見上げられるのです。

「高圧線下の住宅(1981)」(図**09**、模型写真は**p.253**)は、高圧線から住宅がある距離離れる必要があるため、屋根は円弧でえぐられたような形をしています。この空間にも柱が存在するのですが、柱梁に色を塗るなど他とはかなり違った見せ方を試みています。

「B. 壁の中に柱を埋め込む(真壁風)」手法はあまりみられないのですが、「大屋根の家(1961)」を紹介したいと思います。いわゆる真壁と違って、明らかに柱を象徴的に見せています。また、「白の家」と同じ手法で、外に柱を見せています。ここでも、意味を付加されていない、

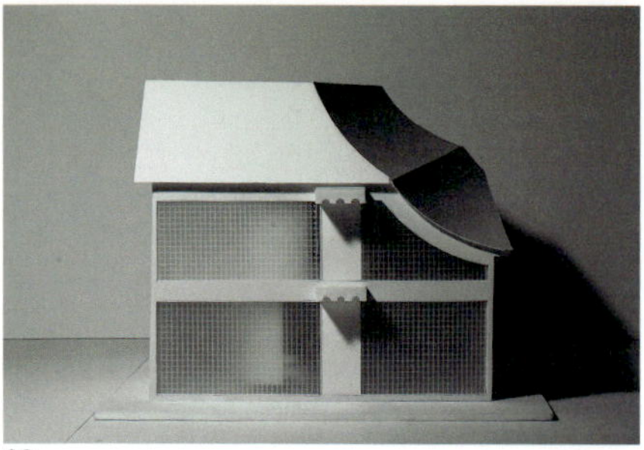

09

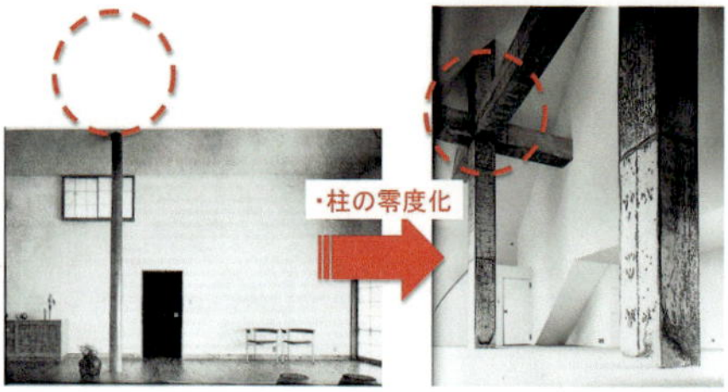

10

一見無駄なタイル貼りの空間がトップライトに照らされて象徴的に表現されています。

次の「C. わざと柱を見せずにその存在を感じさせる」手法は「花山南の家 (1968)」に見られます。「花山南の家」では真っ白の壁から生々しい木の方杖だけが露出しています。隣接し、ほぼ同形の平面をもつ「花山北の家 (1965)」では、中央の方杖とは別の、一本の柱が見えているのですが、「花山南の家」では方杖を支える丸太のみで、柱はありません。突き出た方杖のみによって柱の存在を感じさせているのです。またこの家でも、2階壁面に方杖を見下ろすための小さな開口が設けてあります。

これまで概観してきましたが、私は「第1の様式」では「象徴的な柱の見せ方」がされているのに対し、「第3の様式」では「象徴性を超える柱の見せ方」がされていると考えます。これを最もよく表しているのが「上原曲り道の住宅」ではないかと思います。壁から突き出ている柱梁は一見何でもないように見えるのですが、実は柱梁の断面寸法が同じになっています。構造計算上、梁幅は柱より細くなるのが当然で、構造家の木村俊彦とも揉めたという逸話が残っているのですが、ここに篠原の、合理性を超えた何か、信念のようなものが感じられます。またA-1からA-2へ行く過程で、第2の様式では構造上柱が見られなかったのですが、この段階で篠原は垂直空間の展開を実験し、第3の様式に移行したのではないかと思います。

ここで「柱の零度化」、「柱の凶暴化」という言葉を用いて整理したいと思います。「柱の零度化」とは、初期の作品と比べて、構造の一番力強い部分、すなわち梁や方杖と接合している部分が無機的に露出されるようになり、柱が構造体としての意味を消して抽象的な要素となることを指します。そうして「零度化」された柱は、空間の中での存在意義を人間自体に迫っているように感じられます (図10)。「柱の凶暴化」とは、住空間のスケールを超えた無機的な柱が梁や方杖と共に空間を占有することで、空間がジャングルのように野生化することを指します。柱は構造体という存在を超え、人間の精神・肉体と直面する“モノ”と化して人間自体に迫っているのではないかと考えられます。

まとめると、「柱は『零度化』されることで、抽象性までもを放棄し、『凶暴化』することで、空間を抽象のジャングルへと化す。人はジャングルでは、裸形にさらされ、精神と肉体をむき出しにする」ということが言えるのではないかと思います。篠原は「私の抱く生活像は構成要素、天井や壁や、或は柱や梁や、そして、その組み合わせとしての空間そのものの中に＜象徴性＞を発見したときに、同時に、私の方法となり得たのである。(中略) 床の間や大黒柱という象徴的な物体の<存在>でつくられる空間ではなく、象徴そのものが空間構成を決定するような新しい空間のことである(1964)」と述べていますが、第１の様式でやっていたように、柱を見せて象徴的な空間を作りたかっただけでなく、最終的には第３の様式のように「象徴を超えた空間」を実現しようと試みていたのではないかということが伺えます。「野生の思考を規定するものは、人類がもはやその後絶えて経験したことのないほどの激しい象徴意欲であり、同時に、全面的に具体的に向けられた最新の注意力であり、さらに、この二つのものなのだという暗黙の信念である(「野生の思考」)」というレヴィ・ストロースの言葉を引用してまとめの言葉としたいと思います。

質疑応答

Q：篠原さんはシンボリズムを多用しているように思いますが、なぜ彼にとってシンボリズムはそれほど重要なのでしょうか？

A：結果としては、篠原さんはシンボリズムを乗り越えようとしていたと思います。なぜ、最初にシンボリズムに着目したかというと、彼は伝統に基づいて建築をやっていこうとしていたからです。そして、彼は日本の建築はシンボリズム以外の何物でもないと考えていた。しかし、クライアントにはシンボリズムの意味はさほど重要でないし、実際「上原曲り道の住宅」では巨大な柱梁を壁から露出することでかなり揉めたらしいです。しかし、篠原さんはただやりたかったからやった訳ではなく、シンボリズムを超えたあの柱梁を露出することで、もう一度人間が空間と格闘する、すなわち、人が住むことの意義を問い直す環境に投げ出されることになる、と考えていたのではないかと思います。

Q：偉大な建築家には皆何かしらのシンボリズムが見いだされます。しかし、建築家がシンボリズムを乗り越える手段として、シンボリズムに拠らざるを得ないのは大きな矛盾だと思うのですが、いかがでしょうか？また、住む人と作る人の関係、すなわち、住む人はそれで幸せだったのでしょうか？

A：私が実際聞いた中で一番感動的だったのは、「上原通りの住宅」で、施主の大辻さんが「この柱と梁は我々の生活には不可欠だったんだ、と。例えば、空間が２つに分かれたり、子どもがもたれかかって遊んだり、この柱がないと私たちの生活は成り立たなかった」と言っていたことです。しかし、「上原曲り道の住宅」では、いろいろと揉めたと聞きますし、やはり、シンボリズムであれ何であれ、建築家がやったことをクライアントが受け止めてくれる時に、本当に幸福な建築というものが存在するのだということを「上原通りの住宅」では感じました。

あと思うのは、僕だけでなく、若い建築家と話していると、今の日本の建築に閉塞感を感じているということが分かります。ただ写真うつりが良かったりで、まるで雑誌に載せるために建築空間をデザインしている。本当に人間と空間が格闘し合う、住むことの意義が問い直される空間はなかなかないと思います。篠原さんの柱による建築は、柱をただきれいに見せるということ以上のことを最終的にやろうとしていたのだと思います。

また、「上原曲り道の住宅」ではクライアントからクレームがついたとのことでしたが、今はそういう建築も少なくなってきています。建築家はクライアントの注文に沿って沿ってデザインし、クライアントは出来上がった物を良いですねと言って住む。建築家としては少し無責任な言い方かもしれませんが、建築家とクライアントが格闘しあって建築をつくり上げ、住みこなしていく。このことも重要なのではないかと思います。

Q：大松先生にとっての、建築・空間・クライアントの意味はどのようなものでしょうか？

A：僕も建築の設計をしているのですが、僕は建築の構造体、特に柱をもう一人の家族の身体のように捉えているところがあって、人間と建築が同じレベルで向き合える、建築はそういうものであるべきだと思います。クライアントとは建築をつくる１つのきっかけであると思います。先ほどの話の続きでいうと、クライアントを単に幸せにする建築は多くありますが、住むことの意義を問い直すような建築を作るのは本当に難しいことだと思います。

大松俊紀（おおまつ としき）

建築家、桑沢デザイン研究所スペースデザインコース専任講師。1973年 三重県伊勢市生まれ。1992-1996年 京都工芸繊維大学工芸学部、造形工学科、建築専攻修了。1996-1999年 The Berlage Institute, Amsterdam、オランダ修了。1998-1999年 平成10年度文化庁芸術家在外派遣研修員、オランダ。1997年 Raoul Bunschoten/CHORA、ロンドン勤務。2000-2001年 某事務所、東京勤務。2001-2005年 RAD (2002年 OMA ASIA より改名)、香港勤務。2005年〜 桑沢デザイン研究所。2005年〜 大松俊紀アトリエ。

千葉 学

そこにしかない形式

UMUT OPENLAB Lecture 09 Sep.20, 2008

01

02

会場に展示されている「勝浦の別荘」(図**01**, 模型写真は**p.258**)などの設計プロセスの話を交えながら、ふだん建築について考えていることをお話しします。

「そこにしかない形式」というのは、2006年にGALLERY•MAで行った展覧会のタイトルです。建築の設計は場所もプログラムも毎回違いますが、いつも「そこにしかない形式」をみつけたいと考えています。「形式」といっても、初めから用意されているわけではありません。場所とプログラムに応じて計画したものが何らかの普遍性をもち、さらに展開できる可能性をもったときに、「形式性」を得たといえる、と考えています。設計していると「これでいい」と思う瞬間が必ずありますが、それは形式性につながる何かを発見したときです。

形式についての話は、「窓」だけに着目しても展開できます。外界と完璧に遮断されると建築とはいえなくなりますから、建築にとって「窓」は根源的な要素です。ただ、窓は単に壁に開けられた穴でなく、様々な可能性を秘めています。窓のあり方を考えることが、「そこにしかない形式」の発見に結びつくこともありえるわけです。

2006年に『窓のある家』(発行所＝インデックス・コミュニケーションズ)(図**02**)という絵本を出しました。子供向けに建築の魅力を伝えようと書いた本です。ここではどの家にも必ずある「窓」を取り上げました。様々な建築の窓を集め、違う形の窓が「しりとり」をするように展開します。この本を書きながら、改めて窓の面白さを実感し、窓のことを考えるようになりました。

例えば日本によくある窓まわりの光景。引き違い戸、網戸、換気窓、曇りガラス、外にはバルコニーや手摺があり、かなり騒々しいことになっています。外の風景を見ているのか、手摺を見ているのか、網戸を見ているのかわからない状態です。このような状況をもう一回考え直そうとしたわけです。光を採り込む、風景を楽しむ、といった窓の働きを分解し、組み立て直すことで、窓の持つ可能性が広がるのではないかと考えました。

2004年に取り組んでいた「MESH」(図**03**)という集合住宅では、透明な窓、半透明な窓、ステンレスの窓など、様々な窓で外壁全体が構成されています。窓まわりは二重の構成になっており、室内から外部が一気に見えるところもあれば、二重の窓で見えないところもあります。窓を通して内部と外部の関わりを再構成しようとしたわけです。この前後に「勝浦の別荘」を計画していたこともあり、窓が建築の設計における一つの大きなテーマになってきました。

03

04

勝浦の別荘 (2003)

千葉県の勝浦に建つ別荘です（図 04・05）。樹海の先に太平洋が広がり、また別の方向には起伏のある山が見える、素晴らしい景観の敷地です。初めは樹海、海、山の三つの風景をつかまえにいくような、ヒトデのような平面形の建物を考えました。しかし外部と内部を対立したものと考え過ぎていると思い、次第にその方向性に限界を感じてきました。

外を見るだけでなく、もっと複雑に視線が絡み合い、家の内部も外部も含めて多様な風景を体験できるようになることで、初めて建築が一つの環境になると思い、「風景を切り取って折りたたんだような建物」という考えに変わっていきました。それにより「内部—外部」に「内部—内部」という関係が加わり、それらが相互に絡み合うような空間になりました。外部と内部が同じように見えたり、外部が内部に入り込んだような空間が生み出されればいいと考えたのです。

スタディでは、単純なボリュームの中に様々なシークエンスを組み込むことを考えました。たとえば、建物の中に駐車場やポーチが入り込み、そこからさらに内部空間が見えたり、外部と内部の風景が同時に展開するような空間を繰り返し検討していきました。部屋同士は立体的に複雑に構成されていますが、全体としては単純な形態の中に収まっています。

この建物では、「窓」によって多様な場所が生み出されています。色々な位置に窓がありますが、風景を見る窓、光を取り込む窓、換気の窓など、その役割が分解されています。外に面した大きな窓からは勝浦湾や樹海の風景が見え、中にある窓を見ると別の部屋が見えたり、また空が見えるというものです。施主は読書が好きな人でしたから、いろいろな場所で読書ができればと、家の中に様々な距離を持った場所同士の関係を生み出すことを考えたわけです。

勝浦の別荘は、「窓」における内部と外部の対立を乗り越えて、「家の中にも風景を展開させる」ことをはじめて意識した建築でした。

八ヶ岳の別荘 (2004)

八ヶ岳山麓の森の中の別荘です（図 06・07）。1 階は比較的小さく、2 階が張り出して回廊がまわっている建物です。夏は緑が豊かですが、冬は周辺が枯木に変わります。寒暖の差が激しい場所に別荘をつくるということで、設計の出発点では、エネルギー消費のことばかり気になっていました。大きな別荘を作ると、エアコンをかけ続けなくてはいけない。そこに疑問を感じたのです。

食堂、寝室、浴室、階段室など、一つ一つの空間を小さく区切り、それらを外側の廊下でつ

05

06

ないでいるのはそのためです。すると部屋の独立性が高まって、コンパクトな空調で済みます。それと同時に、このような構成だと、部屋を移動するときに外側の廊下を巡ることで、外部の風景と家の中の風景が同じように展開し、この環境にいることがより強く実感できるのではないかと考えました。

ほとんどの建築は部屋と廊下だけで出来てしまうと思いますが、その部屋と廊下の関係を見直すだけで非常に豊かな空間が生まれるのではないか、ということも考えました。部屋を基本としながらも、森の中ならではの開放的な空間や、歩き回ること自体が楽しい建築が生まれればと考えたのです。また、近くに見える部屋でも実際は遠くにあったりと、様々な距離感を持った場所の関係も生み出すことができたと思います。

八ヶ岳という寒くて緑豊かな場所で建築をつくるときに、普遍的な部屋と廊下の形式を変えることで、これまでとは違う空間のあり方を考えたプロジェクトです。

Studio Gotenyama (2006)

東京の御殿山に建つ3戸の小さな集合住宅です（図 08・09）。幹線道路沿いに高層マンションが建ち、その裏側には隣接して木造住宅が建つような、東京でよく見られる環境でした。もともと敷地に建っていたのは、あまり美しいとは言えない木造2階建ての寮です。

スタディの段階では、複雑に絡み合う立体パズルのような集合住宅も考えたのですが、それなら他の場所でも成り立ってしまう。そこで建物外周部を「厚い収納壁」で覆うことを考えました。このように考えたきっかけは幹線道路からの騒音を防ぐ、建物の断熱性を高める、住居の収納不足に配慮する、といった実利的なことがありますが、その厚い壁で覆われた空間に窓をあけて外部とつながりを持たせようと模型をつくっていく過程で、たくさんの発見がありました。面白かったのは、窓の見込み（奥行）が深いことです。窓の正面に立つと一気に外部が見えるのですが、少しでも脇にそれると見えなくなる。この窓の指向性とも呼ぶべきものは、プライバシーの確保に有効なのですが、さらに積極的に環境と関わりを持つためにはどうすればよいかを考えていくなかで、窓の見込みに鏡面のステンレスを貼ることを思いついたわけです。万華鏡のように周りの風景を美しく映し出すのではないかと考えたわけです。

原寸の模型を作り、この窓がどのような風景を生み出すか実験しましたが、本当に万華鏡のように、ありふれた風景も美しく見えてしまうのです。窓に近づくと、見込み上面には地面が、逆に下面には空が映ります。この窓はこれまで

07

08

にない楽しい窓になるという確信を持ちました。

建物が完成してみると、周辺の風景が増幅し、見たことのない、東京らしいランドスケープを発見したようでした。「窓」が建築と環境との共犯関係をつくっている。「そこにしかない形式」は、こういう関係なのだと思いました。

Weekend House ALLEY (2008)

鎌倉の七里ヶ浜に建てられた集合住宅と商業施設からなる複合施設です（図10・11・12）。鎌倉は、海・小高い山・住宅地が混在した、箱庭的な小ぢんまりとしたスケールが魅力的です。ここでは全体を七つのボリュームに分けていますが、それは背後に広がっている住宅地にあわせて、建物を小さいもので構成しようと考えたからです。2000m^{2}という敷地規模は、鎌倉にしては大きいですが、それをあえて住宅的なスケールでつくろうと考えたのです。

建築は、周りの環境を踏襲する一方で、その建築があることで周りの環境の魅力が再発見されるべきだとも思っています。切通し状の空間も、やはり鎌倉だからこそ生まれた空間だと思います。また、小さいお店の集合としてつくっているのも、大きなテーマのひとつです。20世紀は、都市のあるエリアを囲い込んでその中での相乗効果を狙うテーマパークの時代だったと思いますが、そのようなことをここでやると、街がブラックボックス化してしまいます。

ただ、小さいスケールの建築でやるということは決まったのですが、具体的な答えはなかなか出ませんでした。最初は適当にボリュームを並べるところから始まり、その都度、その案の持つ良さや弱点を検証したり、事業性を検討したりということを繰り返し行いました。このような検討をさんざん繰り返すと、その案が、僕たちが恣意的に決めたというよりも、何かここで建築をつくるための条件設定を行ったような感じがします。

敷地内に「道」を通すという大きな方針が決まってからは、事業的・法的な観点からのスタディを行いました。鎌倉では商業施設は一敷地あたり500m^{2}までという条例があるため、敷地を二つに分けた上で計画を立てる必要が出てきました。これはかなり難しいことで、複雑な連立方程式をつくっては検証するというプロセスにも近いものでした。「道」をつくることが大きなテーマでしたが、ある意味では海や山を見るための都市的なスケールの「窓」をつくったのだとも思います。

このプロジェクトは、まるで敷地をデザインしているようでもありました。建物の半分ぐらいは商業施設で、別のデザイナーが来てインテリアの設計をするかもしれない。全てのデザインを僕たちがコントロールするわけではない。

09

10

むしろどこまで他者に委ねるかを考えることが、設計の上でとても大切なことでした。たとえ全く異質のデザインが入ってきても、それを巻き込んだ上で成り立つ全体像を考える、そんな建築のあり方を模索する方がよいと考えたのです。例えば東京という街が、いろんな人が作ったものの集積としてあるように、建築もそういうことに意識的でありたいと強く思いました。

ディテールのレベルでも同じようなことを考えました。コンクリートは普通パネル割りをきっちりと行いますが、リサイクルの型枠を使おうということになってからは、割り付けの最低限のルールだけ決めて、あとは職人に自由に作ってもらうことにしました。出来上がってみると、新築なのにリノベーションしたもののようにも見えます。これも他者を前提としたデザインの在り方の実践のひとつです。

長屋門レストラン (2008)

静岡県富士宮市に残る、江戸時代に建てられた長屋門の裏に建てたレストランです（図13・14）。当初は、文化的価値も無いから壊そうという話になっていましたが、この街にとっては貴重な古い建築です。なんとか保存して活用しようという提案に対し、市長が同意してくれたおかげで計画は具体化しました。

この街は、他の地方都市と同様、旧商店街がシャッター通りと化しています。ですからとにかく市民が滞在できる場所を作ろうと考えました。予算も僅かだったので、当初は屋台が集まれる場所を作るのが現実的だと考えていました。

研究室では、この敷地が商店街から浅間大社へと続く流れの結節点になるとか、水路を復活させてはどうかなど、様々なリサーチをしては提案を繰り返していました。そうこうしているうちに、市の方々の間でも次第に気運が高まり、事業主を公募して、レストランとしての事業展開が具体化することになったのです。

レストランのテーマは庭です。長屋門の空間構成を踏襲しつつ、部屋ぐらいの大きさの庭に囲まれたレストランを作ろうと考えました。庭越しにレストランから古い長屋門を見たり、街の風景を眺めたり、あるいは時代とともに変化する街も観察できるわけです。その意味で、この庭も一つの大きな窓といってもいいのでしょう。

富士宮市には富士山もあるし、登山の拠点でもある。また浅間大社もあったりと、資源が豊富です。こうした資源を活用していけば、街はもっと元気になると思うのです。このレストランが出来たあとは、ホテルが出来るといいな、などと想像を膨らませています。

「そこにしかない形式」という話を窓の観点からしてきましたが、窓だけに着目しても、意外と可能性は広がっていくのではないかと最近

11

12

改めて思っています。

質疑応答

Q：千葉先生は窓を「透明な壁」という考え方をされているのかと感じました。窓ガラスというものに対してどう考えていますか、また理想の窓というものがありますか。

A：確かに透明な壁と見ているのかもしれませんね。僕が理想と考えている環境は、中とか外といった区別を飛び越えてできている建築的な環境です。だからガラスはなければないほうがいいとも感じています。それから窓は、見ているだけで様々な読み取り方が出来ると思うので、理想的な窓があるというよりも、どのくらい多様な解釈ができるのか、その豊かさに興味があります。僕たちの研究室で世界中の窓を集めて様々な解釈をし、「窓のしりとり」をやったことがあります。それは窓の可能性を発見する上で、とても有効なリサーチでした。そのような観点で言うと、御殿山の窓の見込みの発見は、画期的だったと思っています。

Q：なぜ日本には欧米のように滞在するだけの場所がないのですか？

A：日本の文化は広場というより道の文化だと思います。だから公共空間がないというよりも、見えにくいのでしょうね。その意味でも、もっと道の作り方、駐車場の計画などは、地方でも考えなければならないと思っています。例えば、富士宮市の場合、浅間大社の目の前に大きな駐車場があります。それだと人々は浅間大社の前まで車で来て降りて見終わったらそこから帰るだけで、公共空間である道に人が滞在しにくい状況になっているわけです。なので、そういう計画に対しても建築家たちがどんどん助言していってもいいと思います。

Q：「そこにしかない形式」を作るための切り口で得意なものがあれば教えていただきたいです。

A：なにか明確なやり方があるわけではないのですが、その環境をよく観察することは基本ではないでしょうか。僕の場合、特に興味があるのが、どうやって隙間を作るかということです。七里ヶ浜も大きい敷地にどういう隙間を作るかを考えたとも言えますし、長屋門も庭という隙間を作ったようなものです。今思えば御殿山の窓も、内部と外部の間にある隙間のようなものだなと感じています。なので、一つ挙げるとすれば、隙間や空地をどうやって作るかということに尽きると思います。

13

14

千葉学　（ちば まなぶ）

建築家、1960年 東京都生まれ。東京大学工学部建築学科卒業、東京大学大学院工学系研究科建築学専攻修士課程修了。株式会社日本設計、ファクター エヌ アソシエイツ共同主宰、東京大学工学部キャンパス計画室助手、東京大学工学部建築学科安藤研究室助手などを経て現在東京大学大学院工学系研究科建築学専攻准教授。千葉学建築計画事務所設立。受賞はJIA新人賞、千葉県建築文化賞、日本建築学会作品選奨、青森県立美術館設計競技優秀賞、TPO ReCoMendation 最優秀賞、東京住宅建築賞、第21回吉岡賞、グッドデザイン賞、AACA賞優秀賞、日本建築学会賞など多数。

橋本 純

思考モデルとしての博物館と専門メディアの比較
——器と枠組みの関係として考える

UMUT OPENLAB Lecture 10 Sep.27, 2008

今日は、博物館で話をしろということなので、博物館と、私の仕事である建築系専門メディアの編集・制作に共通する部分を探りながら、お話をしてみたいと思います。

専門メディアの編集者の仕事

私は今、新建築社という建築専門の出版社で仕事をしています。私たちが編集・制作している『新建築』『住宅特集』『JA』といった雑誌は、同じ雑誌でも専門誌あるいは専門メディアと呼ばれるジャンルに属し、週刊誌や女性誌などの一般誌は異なる世界です。読者はほぼ建築関係者、つまり専門家です。したがって、一般誌ほどの広がりはありませんが、逆にその専門家たちからは一定の評価をいただける専門性の高い内容が求められています。

雑誌名が示すように、竣工直後の新しい建築が主たる取材対象で、そのためそれらの取材には多くの時間を割いています。逆に言えばその取材力を養うために、日頃からあちこちに出掛けていって建築を見ていることが大事であり、それが専門メディアの編集者の基礎体力をつくることになります。私たち専門メディアの編集者は、その専門分野に対しては、常に正確で公平な判断力をもって臨むべきで、そのためにはその下地となる十分な知識と経験を持たなくてはいけないと、私は考えています。

そうした、私たち専門メディアの仕事と、膨大な知的情報の器である博物館の役割やそれを支える学芸員の仕事には、どのような共通点が見出せるのか。その辺が今日の話の到達点になればよいなと思っています。

カタログと雑誌

さて、私がこの世界に入ったころの『新建築』は、しばしばカタログだと揶揄されていました。そう呼んだ人たちの真意を確認してはいませんが、ニュアンスとしては「雑誌なのにたくさん建築が並んでいるだけで批評性がない、だからこれは雑誌ではない」ということのようでした。つまりカタログと呼ぶことで私たちを批判をしたかったのだと思います。

では、そもそも、カタログとは何なのか。辞書を紐解くと、「ある枠組みにしたがい分類・記述した印刷物」と記されています。博物館や美術館で売られている書籍の多くが、そのカタログと呼ばれるものです。

そして実は、私の今の関心は、たとえ批判をされたとしても、そのカタログのほうにあります。

雑誌というメディアに対して、世の中が明快な批評性を求めるのもわかりますが、そもそも批評や批判が行われる場所とは、異なる主張に対して平等に開かれているべきです。言い換えれば、さまざまな見解が交わされるプラットフォームのような存在であるべきなのです。そうしたプラットフォーム型の構成を推し進めてゆけば、多様な主張が横並びになってきて、徐々に個々の批評が目立ちにくくなってくることでしょう。つまり、批評性のある誌面構成を求めていったとしても、公平性という条件を組み込んでいけば、それは異なった様相を呈することになる。ならば、まずそうした状況を受け止めてから雑誌の構成のあり方を考えていくべきではないか。私はそう考えています。そこで考えた雑誌の構成のあり方を、私は「枠組み」と呼んでいます。

雑誌を枠組みとして考える

現在私は、その「枠組み」ということを意識しながら仕事をしています。ここで言う枠組みとは、自分の関心事のみを扱うのではなく、むしろ問いかけたいことを浮き彫りにしてくれるようにコンテンツを巧みに配してゆくことで、本全体でメッセージを発信させる、という構成の考え方です。「鮮やかな枠組み」というものがあるとしたら、私はそれがうまくいっているものだろうと思います。極論すれば、自分の関心事を直接扱うことなく、その関心事の主題を問うことも可能な方法だと言ってもいいかもしれません。そういう枠組みをつくることを私は「問題提起的であること」と位置づけています。

一例を挙げましょう。『カーグラフィック』という、1960年代前半に創刊された有名な自動車雑誌があります。この雑誌を創刊し、初代編集長となった小林彰太郎さんは、その創刊号で、当時日本に3台しか輸入されていなかったというガルウィングのメルセデスベンツを特集しつつ、同時に、同誌の名物記事「長期テスト」の第一号としてトヨタカローラを取り上げています。その後カローラは世界の名車となりましたが、当時は新興国の大衆車です。小林さんは、世界最高レベルの車と国産の大衆車を同時に載せることにこだわったと、その後、述懐しています。ベンツ礼賛やカローラ批判に偏ることなく、その両者の間にこれからの日本の自動車文化が存在するであろうことを、その幅をあえて可視化することで問題提起として見せた。そこに編集者の思想が強く感じられて、感動したことがあります。これは、枠組みを提示することの意味、その枠組みを通して問題を明示することの大事さを示した好例だと、私は思っています。

多様性について

さて、雑誌の「雑」とは多様性を指しますが、専門メディアにおける多様性とは、今述べたような枠組みの幅のことだろうと考えています。

雑誌という多様なものを納め得る枠組みを、

問題提起的たり得るように編み上げること。このような概念が私の雑誌づくりの基本ですが、他に私が意識していることとして、読み方の多様性が生まれるようであること、というものがあります。さまざまな特徴を持ったたくさんのコンテンツが並ぶことで、読み手はそれらのコンテンツを自由につなぎ合わせて自分なりの見方をつくることが出来るはずです。また、他人とは辻褄が合っていなくとも、自分の中では小さく辻褄が合っている物語とでもいうべきものも、さまざまに生み出すことが出来るかもしれない。

では、なぜそういうことを考える必要があるのか。それは、そのほうが今日の日本の建築や都市について論じ合って行く上では有効だからです。そしてそれらは明日の新しい哲学の種かもしれないのです。

建築は実学ですから、建築の全時代的・全世界的な蓄積を、これからの建築界にどう役立てられるのか考えることは、もっとも大事なことです。だから私は、それにきちんと寄与できる仕事がしたい。そのためには、そうした読まれ方の多様性を含み込んだ太い川のような枠組みを想定することにも意味があると信じています。

量を見ることとその蓄積

さて、冒頭でも述べましたが、信頼性の高い枠組みをつくるためには、私たちの世界ではとにかくたくさんの建築を見て知っていることが肝要です。つまり、実物をよく知ることです。私はこの仕事を始めて20数年になりますが、最盛期で年間200件くらい、今でも年間100件近くは建築を見ています。それも、ただ見るだけではなく、できるだけその場でその設計者とその建築をめぐって議論を交わすことを続けてきています。この継続と蓄積が今の自分を築いているのだと思いますし、それこそが私の貴重な財産です。

ですから、私はこの「量を経験する」ということが、専門メディアの編集者には大切なことだと考えます。それも、あまり選り好みをせずに、いろいろなものを「雑食」することです。そしてそれらを読みこなしていくこと。この継続が、先ほど述べた基礎体力になってゆくのです。

なにせ、現役の編集者には、最先端の建築を雑誌に載せ続け、建築界に問い続けてゆく責任があります。そのためには、他の人が評価を加えていない未踏の世界を歩き回らなくてはならない。発見されるべき新しい建築はどこにあるかわからないし、どのような姿をしているかもわからない。そして、ある時突然現れてきたりするものです。数多くの建築を見続けていると、そうした建築の変化の兆しに、最初に触れる機会が確実に訪れます。その兆しを逃すことなく

01

02

つかまえて、誌面で伝えられるように組み立てることが、私たち専門メディアの編集者の仕事です。それゆえ、知識として知っているだけではなく、実物を見続けることで身体的な判断力を高めることが求められるのです。専門メディアの編集とは、そうした蓄積の上で行われているのです。

巨大な容器としての博物館

量の大切さについては、博物館も同じ立場にあると思います。博物館は、たくさんのものを入れるための器です。それこそ全世界を収蔵するために生まれた巨大な器という概念であり、無尽蔵に収蔵することが使命であったと言えます。しかし一方で、無尽蔵に収蔵できたとしても、その膨大な収蔵品を人間が把握するためには、何らかの整理の手法や手続きといったものが必要になってきます。つまり収蔵品は情報と同じようなものであって、受容の方法と連動している必要があるということです。そうした整理手法を前提とした秩序付けを経て、企画展などへと展開させることが可能になります。つまり博物館は人間の外部記憶媒体であることを求められていると言えます。

より正確な判断をしたり、より建設的な議論を交わすためには、その背後に膨大な整理された情報の収蔵庫が必要です。博物館は自らがその物量によって世界の表象たる存在となり、近代を牽引した。専門メディアの編集者にとってその専門分野における膨大な経験が大切である理由は、比喩的に言えば自らのうちに「博物館」を築くことが必要だからなのです。

器と枠組みが文化をつくってきた

一方で世界には、いくつかの強烈な枠組みが見られます。特にヨーロッパの博物館や美術館に行くと、彼らがどのような枠組みをつくって文化を牽引しようとしているかがよく見えてきて興味深いものがあります。

先日も、ルーブル美術館（図 **01**・**02**）を隅から隅までつぶさに見学してそれを感じました。一例として少しお話しいたします。ご存じの通りルーブルはとても大きな美術館であり、展示品・収蔵品の数は尋常ではありません。また、増築を重ねてできているため、美術館としての空間構成には明確なヒエラルキーがない。また、ごく一部の特別扱いを受けている美術作品は、フランス美術ではない。これらから、ルーブルにはフランス美術がその中心をなすような構造がない、つまりフランス美術という中心は不在であることが理解されます。あるいはフランス美術という時間軸に則った概念が不在であるとも言えるでしょう。まずそういう印象を私は持ちました。しかも、ルーブルの収蔵品は、ヨーロッパを主として世界中から集められていますが、古代エジプト、メソポタミア、ギリシャなどのものが圧倒的な名品であって、フランス美術はむしろレベルが低い部類だと言えます。私がそう感じるくらいですから、同意見の人も少なからずいることでしょう。それでもルーブルは美の殿堂と呼ばれ、パリは芸術の都と呼ばれる。

中心がなく、しかも自国の作品レベルが低いのにそう呼ばれるのはなぜか。その理由こそが、ルーブルの存在理由とでも言うべき概念、つまり枠組みの設定なのだと私は思いました。つまり自国にこだわらず古の優れた美術をひとまとまりのプラットフォームとし、その上に近代以降のフランス美術を接続すればよいという図式です。言い換えれば、ルーブルという否定しようのない「全知」とでも言うべき存在の上に、フランス美術が君臨するという枠組みです。

自分たちがたいした良品を生み出せていなくても、しっかりとした枠組みさえつくれれば自分たちがその中心に立てるのだという主張。そしてその枠組みを常に更新してゆくことで、彼らはその文化の中心に居続けようとする。ルーブルの成果はオルセーにあります。印象派と呼ばれる作家たちは、その多くがフランス人です。印象派の画家たちの登場をもってフランスは近代絵画の世界に君臨した、ということを、ふたつの美術館を使って主張しているわけです。

フランスは、ルーブルに見られるような器と枠組みがつくり出す価値をよく知っていると感じます。絵画だけでなく、実は料理にも同じような構造があります。エスコフィエがフランス料理の大事典を編纂したことで、はっきりとした枠組みが形成された。その後次々と外部を吸収して成長しながら、今もその中心に居続けています。

建築でも、たとえばポンピドーセンターは、なんと日本人建築家の図面や模型もコレクションし始めています。戦略的だと感じます。それに比べて日本はまだまだ動きが鈍い。

こうした西欧のやり方を見ていると、日本も枠組みの設定のしかたに対してもっと戦略的であったり提案的であったりしてよいと思います。現代建築だけでなく、車や家電などの産業技術や、漫画やアニメなどの今日的文化など、世界を勝ち抜いたコンテンツはありますから、それらを戦略的に位置づけていくことで得られるものは多いと思います。

器が大きくなくてはできない量の力をどう考え扱うか、それを下敷きにしてどのような枠組みが示せるか、博物館や博物学に問われてること、期待されていることは大きいと感じます。

自分の体験から

最後に、私自身の携わった具体的な仕事と、

03

そこで考えたことについてお話しします。

1)『現代建築の軌跡』(1995年)(図**03**)

この本は『新建築』の創刊号(1925年)から1995年12月号までに掲載された主だった建築や論考などを、年表と抄録でまとめ上げたもので、日本の現代建築の資料として、今日もっともまとまったもののひとつだと言えます。もちろん「『新建築』に載った記事だけで歴史が語れるのか」という批判はたくさん耳にしましたが、刊行後はこの本の利便性のほうが多く聞かれるようになりました。ひとつの商業雑誌が70年間追いかけてきた建築界の潮流がほぼ網羅されているわけですから、出来事の連なりとしては大きく外れているわけはない。なので建築家が日本の近現代建築史について知る資料としては十分な内容のものだと思います。他にやれたところがないのですから、結果としてこれが思考の枠組みとなった。力業でしたがやり遂げられてよかったと思っています。私自身も、現代建築史の勉強として『新建築』の創刊号から1995年までの全号を読破する機会を持つことができたのは幸運でした。

年表に記載した項目が約5,000項目、コメントを添えたものが600～700くらいはあったと思います。項目のピックアップは私が中心になってやりましたが、何か特別な思想に則って選んだわけではなく、毎年のコンテンツのうち扱いの大きいものや話題になっていたもの、1995年時点から見て面白いものなどを拾い上げてゆき、それらでまず年表を作成し、その中で特に面白そうなものについては、写真と解説、可能な限り図面も載せて、一年という単位を構成し、それを70年間分淡々と連ねてゆきました。出来てみると、別段、物語などつくらなくても、それ自体が物語を自動的に生成してくれるようなところがあり、それが私にはとても興味深いことでした。つまり、多様な出来事が太い川の流れのような状況を形成する中に、さまざまな筋が見えてくるという構成を発見した点で、これが私の仕事の原点のひとつにもなりました。

2)「建築Aの遺伝子」(1999年)

その後、『建築雑誌』の「日本の20世紀を規定した建築とは何か」という特集に寄稿依頼をいただいた時に私は「建築Aの遺伝子」という文章を書きました。そこでは、これだけメディアの発達した時代においては、特定の建築だけが誰かに決定的に影響を与えるということはなく、無意識に見ているものまで含めた人生のさまざまな体験の総体がその建築家の創造の源となっているはずなのだから、無数の影響関係を前提として考えるという視点こそ大切だろ

04

05

う、というようなことを書きましたが、その背景には、前述の『現代建築の軌跡』という大きな経験がありました。

3)『日本の建築空間』(2005年)(図**04**)

この本をつくるきっかけは、日本建築史の書物に対する疑問でした。京都・奈良の社寺を訪ねると、感動したり感心したりすることが多いのですが、その感動を追体験させてくれるような、建築の空間構成をビジュアルに紹介した本がなぜかなかった。あるのは伽藍配置や軒先の組み物の変遷を記した本が中心で、空間の紹介ではなかった。空間を論じることは印象論に寄りやすく学問化しにくいのでしょうが、現代の建築家にとって役立つものであるためには、空間をストレートに見せたほうがよい。そう考えてこの本を企画しました。言い換えれば、建築家にとって役に立つ日本建築の教科書をつくりたい、というところが出発点でした。

この本ではもうひとつ試みたことがあります。それは、古代から現代までをひとつながりで考える、ということです。日本の建築史研究は、近世までと近代以降が別分野とされ、つながりが乏しかった。革命的なことが起こったにせよ、時間はつながって流れているのだし、そもそも歴史はひとつながりで見ないとわからないものです。なのでこの本では連続性にもこだわった。

監修者にも、今述べたことを共有してもらえる方々に入ってもらいました。建築史家の方にとっては、しがらみもあるでしょうから、さぞかしご迷惑であっただろうと思いますが、引き受けて下さったことに感謝をしています。こうして、法隆寺から金沢21世紀美術館までを一気に並べた本ができました。

4)『JA』の経験

現在私は、『JA』の編集長も兼務しているので、それについても、少しだけお話をしたいと思います。

『JA』66号、《風景へ》(図**05**)は、私が初めて手掛けた『JA』です。2007年6月に刊行しましたが、その際『JA』というバイリンガルの季刊誌で何をやっていくべきかについて、いろいろな建築家と意見交換をしました。そのとき、多くの方々が関心を示されたことが「風景」でした。この号では、室内の景色と室外の景色が連続し一体化したような状態を「建築の風景」と呼ぶことにし、それが建築のつくられ方によって生み出されているものを選んでいきましたが、改めて考えてみると、風景とは、建築を単体で考えるのではなくその周辺領域を含めて考えよう、という意志の込められた言葉だということが実感されてきました。つまり、この言葉は、日本の現代建築を語る上でもとても重要なキーワードであったわけで、今でも大切にしています。

一方、この雑誌はバイリンガルゆえ海外でも販売されています。ということは、これまで述べてきた枠組みに、世界へ向けて日本の現代建築として主張すべきメッセージが表現されている必要がありました。風景という主題にはそれなりに自信がありましたが、この号に「Towards a New Architecture-scape ― 風景へ」という特集タイトルを付けたのは、この号が、ル・コルビュジエの名著『Towards a New Architecture』のタイトルを引きながら、それに挑戦するのだという意気込みを込めた枠組みであることの主張でした。つまり、ルーブルに見られたような建築世界の知に対して、ささやかながらも真っ向から主張をしたかった、ということです。

最後は、博物館とはだいぶ話が遠ざかってしまったかもしれません。

しかし、これまでお話ししてきたように、博物館と専門メディアが共に担うべき、日本文化の記録や発信に関わる部分には共通性も感じられ、共に責任が重いと言わざるを得ません。今後はお互いの成果を上手に参照し合いながら進んで行けたらよいですね。

橋本純（はしもと じゅん）

編集者、1960年東京生まれ。1985年早稲田大学大学院修了、株式会社新建築社入社、現在、同社取締役企画編集部長 兼『JA』編集長。

難波和彦

箱の家　エコハウスを目指して

UMUT OPENLAB Lecture 11　Sep.28, 2008

層 （建築学）	様相 （建築を見る視点）	プログラム （デザインの条件）	技術 （問題解決の手段）	サステイナブルデザインのテーマ （現代建築のプログラム）
第1層 （材料・構法・構造学）	物理的な モノである	材料・部品 構造・構法	生産・運搬 組立・解体	再利用とリサイクル 長寿命化・軽量化
第2層 （環境工学）	エネルギーの 制御装置である	環境 エネルギー	機械電気設備 気候制御	省エネルギー LCA・高性能化
第3層 （計画学）	社会的な 機能をもつ	用途・ビルディングタイプ コンバージョン	平面計画 組織化	家族・コミュニティ 生活様式・集住
第4層 （歴史意匠学）	記号としての 意味をもつ	形態・空間 歴史・文化	幾何学・コード操作 保存と再生	リノベーション 発見としてのデザイン

01

建築の４層構造

サステイナブル・デザインの基礎となる理論として、僕は「建築の４層構造」というものをまとめました。ローマ時代の建築家ウィトルウィウスは建築の三つの要素を定義しました。それが「強・用・美」です。これらを現代の言葉で言い換えるなら、強は構造、用は機能、美は形ということになります。僕はこれにエネルギーの要素を加えたものがサステイナブルな建築の条件であると考えます。これらが建築の４層構造を構成する要素です（図 **01**）。

第１層は、建築の物理的な側面であり、材料や構造、構法などが含まれます。

第２層は、建築のエネルギー的な側面であり、この層では建築をエネルギーの制御装置として捉えます。

第３層は、建築の機能的な側面です。ここでは建築を社会的な機能を持った存在として捉え、ビルディングタイプやプランニング、プログラムなどを考えます。

第４層は、建築の記号的な側面であり、形態、空間、様式などを含みます。

それぞれを独立で考えることができますし、それぞれに対して設計をするときに考えるべきことや解決するためのテクノロジーが存在します。サステイナブル・デザインについては、第１層で言えば再利用や長寿命化などが挙げられます。また第２層については省エネルギー、第３層については機能のフレキシビリティ、第４層についてはリノベーションや保存などが関係します。これらを統合することでサステイナブル・デザインとなるのです。普通は長寿命で省エネなものがエコだと言われていますが、本当はそれだけではなく、機能の問題や文化的な問題も一緒に考えなくてはならないのです。

建築の４層構造による「箱の家」の分析

僕が手がけてきた「箱の家」を、建築の４層構造に当てはめてみたいと思います。第１層については、構法を標準化することでコストを最適化することがあてはまります。第２層に関しては、自然をなるべく有効利用して省エネを目指すことが該当します。第３層に関しては、家族の構成や生活の変化にフレキシブルに対応することを考え、一室空間とすることが関係します。そしてそれらを一つの単純な「箱」に統合することが第４層にあたります。このような４層の考えで箱の家を分析することができます。

箱の家 001

最初につくった箱の家です（図 **02**，模型写真は **p.254**）。深い庇があってその奥に２層の吹き抜けがあります。そして手前にバルコニーがあっ

02

てスティールの丸柱が立っています。これはさびないようにガルバナイズされています。材料は素地のままでサステイナブルですし、それがそのまま表現となっています。また深い庇は夏の日射をコントロールします。

箱の家 001 は 9m 角の正方形平面をしていますが、これは正方形にすることで同じ面積でも最小限の外壁量で済むようにするためです。空間が外に対してオープンになっていますが、これは外から家の中が見えるということです。内部には間仕切り壁はありませんから、プライバシーはほとんど無いとも言えます。しかし僕の考えではプライバシーを壁に頼るというのはあまり近代的ではありません。家族同士であっても壁に頼らずにプライバシーを守ることができるのが、自立した人間の能力だと考えます。それは話し合いによって見えない壁をつくるということです。

在来木造シリーズ

箱の家では何種類かの構造を使っていますが、最初に展開したのは在来木造シリーズです。

これには大きく分けて 3 種類のシリーズがあって、1500 万円シリーズ、2000 万円シリーズ、2500 万円シリーズと分類されていました。これはサラリーマンが借りられるお金というのがある程度決まっていることが理由です。

僕が箱の家をシリーズでつくっているのは、本当は連続住宅や大きな構造体の中にさし込んでいく、スケルトンインフィルのようなかたちの方がサステイナブルだと考えているからで、そのバリエーションを考えるつもりで一戸一戸を設計しています。そういったことが箱の家のバックグラウンドにあるのです。

鉄骨造シリーズ

箱の家には鉄骨造のシリーズもあります。こちらは一つ一つが特殊解なのですが、コンテクストは今までの在来木造シリーズと同じです。

箱の家 003 では、北側斜線の関係で軒高をおさえた中に趣味のビリヤード台のおける一室空間を設計しました。屋根は鉄骨のラティスシェルによるヴォールト屋根となっています。鉄骨造の面白いところは複雑な構造を工場でつくり、現場で簡単に組み立てられることです。鉄骨も部材はすべて標準化されています。

箱の家 022 で第 1 期の箱の家は終了します。鉄骨造シリーズでは構法について色々考えて来ましたが、022 ではプランニングに在来木造シリーズのものを採用しています。全体のかたちも箱形の在来のものに似ています。

ここで箱の家は在来木造、鉄骨造ともに一度終わります。その理由としては、在来木造についてはこれ以上の発展の可能性を見いだせなかったこと、鉄骨造についてはヒートブリッジが多くエネルギーのロスが大きかったことがあります。

第２ステージ　―多様な展開

箱の家の第２ステージでは、今までとは異なる視点で様々なことを展開していきました。箱の家 023 では第３層のプランニングのところで、リビングにアトリエを取り込むことをしました。クライアントは画家であったことから、プログラムも変わっていきました。機能を変えると材料が変わります。すると照明のエネルギーシステムなども順次変わっていきます。リビングのボリュームが大きくなるため、全体のかたちも変化しました。プログラムに対して丁寧に応えることで、各部が組み直されていくのです。それでも基本的なコンセプトは変わりません。

箱の家 048 では日本で実現可能なエネルギー技術を全面的に投入しました。１階は RC 壁構造の外断熱構法で、２階は集成材の軸組構造です。２階の床下にはアクアレイヤーを採用し、深夜電力で温めます。コンクリートと水が蓄熱し、室内温度を快適に保ちます。そしてこうした技術により室内環境の制御が十分に可能であることがわかり、鉄骨造シリーズを再びつくるようになりました。また箱の家 067 や 087 では家族室の周りに一人一人のメンバーが個室を持つかたちになっています。家をつくるとき、家族と一緒にいたいというのが大きな夢としてあります。しかし日常生活で常に一緒にいるということはあり得ません。ですから一人一人が自立したコーナーを持つべきだというのがこの提案です。

アルミエコハウス

箱の家を 20 軒くらいつくった頃に伊東豊雄さんに声をかけていただいて、アルミの実験住宅をつくることになりました。アルミの広告塔としての役割がありましたから、可能な限り全てのものを、アルミを利用してつくりました。

この実験住宅では室内環境の測定や居住実験が実施されました。ヒートブリッジを絶対避けなくてはなりませんから断熱・気密を徹底しました。中庭をつくると外部空間が入り込むので難しいのですが、あえてそういうプランにしてハードルを上げ、それでも熱的な問題を解決できることを証明しようと試みました。ダブルスキンの屋根やルーバーで日射や通風を制御し、屋根の上にはソーラーバッテリーを設置しました。プランは家族のメンバーそれぞれのコーナーを設けた一室空間となっています。

実験が終わって６年後に解体実験を行い、もう一度その場で組み立て直しました。アルミという材料は製造に大量の電気を必要としま

03

04

す。そう言う意味ではエコかどうかは疑わしいのですが、一度製造されたものは加工が容易です。

箱の家083は日本で初めて確認申請を通した普及版アルミエコハウスです。実験住宅に比べて骨組みがシンプルになっています。また、アルミで一番問題なのは熱ではなく、実は音だということが実験住宅でわかりました。アルミは非常に軽いので遮音性能が低いのです。そこで断熱パネルには合板を使用しています。アルミ構造の最大の特長は、軽さと精度の高さにあります。DIYで組み立てることも可能です。そういうところがアルミの将来性に非常に関係があると考えています。そういった理由で僕が提案したものがアルミ・スケルトン・インフィルシステムです。

無印住宅

次に箱の家の商品化についてお話しします。会場に模型が展示されていますが、これは無印の住宅の第1号です（図**03・04**，模型写真は**p.259**）。皆さんご存知のように無印良品という企業は様々な製品を取り扱っています。僕たちが提供したのはシェルターと設備の部分で、そこに無印の製品を入れることで生活を編集するという提案です。このMUJI+INFILL木の家はその第1号です。インテリアは深澤直人さんが担当しています。このシリーズは今までに約100棟が立ち、現在50棟くらいが建設中です。箱の家が現在133番ですから、それを超えたことになります。

エコハウスを目指して

無印の仕事をしているときに僕はこれから何をすべきだろうかと考え、無印の住宅との違いを意識してつくったのが箱の家100です。よりシンプルにしていくことを考え、内装の化粧もやめて、素地だけの表現としました。するとプランは似ていてもまったく違うテイストの空間ができます。そのようなことを試みる中で「エコハウス」というものを目指すようになっていきました。箱の家100以降は、東京大学の前真之准教授と協働で箱の家の室内環境を測定しています。そしてそれをフィードバックして生かすようにしています。このようにしてエコハウスとしての機能を高めていこうと試みています。

それから機能的には、都市型の住宅として仕事場を住宅内に取り込むことを考えています。また、敷地のかたちや方位というのは重要な要素で、今まではそれに対し単純な長方形を採用してきましたが、方位に対してもう少しセンシティブに対応していきたいと考えています。

箱の家112は僕の自邸です。僕は常々住まいと仕事場は一緒にあるべきだと考えており、この建物では２階が住まいで１階が仕事場です。それからもう１つには街に対して開くという考えがあります。防犯などの理由で外部から閉じた住宅というのも多いのですが、逆に外から内部が見えた方が防犯にはいいのです。また構法としては、鉄骨造のベランダをつけながら、いかにヒートブリッジをなくすかを試みました。

箱の建築

箱の家と同じコンテクストで様々な公共建築もつくることができます。なおび幼稚園は中庭や家具で緩やかに仕切られた、基本的には一室空間の幼稚園です。柱や屋根にはできるだけ太い材を使わないようにしています。ヒートブリッジをいかになくすか、スリムで水平線を強調した庇をいかにつくるかなどを考えました。

浅草にある二天門消防支所も設計しました。これも箱形の消防署で、西日をいかにコントロールし、かつ中の雰囲気がわかるようなルーバーをつくるかを考えました。鳩がとまれないように縦ルーバーとなっています。それからカッシーナの工場です。工場はまさに様々なフレキシビリティを要求される箱です。長さが150m, 幅が50mの窓のない工場です。妻側だけがペアガラスで、かなり高性能な工場です。

これで僕の仕事の話は終わりですが、最後に難波研で取り組んでいるコンペの話をしたいと思います。ハンガリーのブダペストで、13省庁の集結する場所を計画するものです。このコンペでは４等を受賞しました。ものすごく単純なシステムですが、サイズと長さと動線を考慮しました。基本的にはこれも箱の家と同じコンテクストでできています。

それからホーチミンのコンペです。こちらも４等でした。この案では小さな箱が連なって広場のエッジをつくっています。6m角の箱がどんどん小さくなっていき、最後は煉瓦の大きさになります。そういったフラクタルなオーダーで全ての大きさが決まっています。ホーチミンは大変暑いですから、なるべく水辺と木陰をつくろうとしたのですがそれをランダムにやるのではなく、法則性を与えたわけです。

ということで、今日のレクチャを終わりたいと思います。

難波和彦　(なんば かずひこ)

1947年大阪生まれ。1969年東京大学建築学科卒業。1974年同大学院博士課程修了。1977年一級建築士事務所界工作舎設立。1996年一級建築士事務所株式会社難波和彦＋界工作舎代表取締役。東京大学建築学科、早稲田大学建築学科、東京工業大学建築学科講師。大阪市立大学建築学科教授。2003年9月より東京大学大学院工学系研究科建築学専攻教授。

宮本英昭

太陽系の博物学 —— 天体の形態と表面構造

UMUT OPENLAB Lecture 12　Oct.15, 2008

01

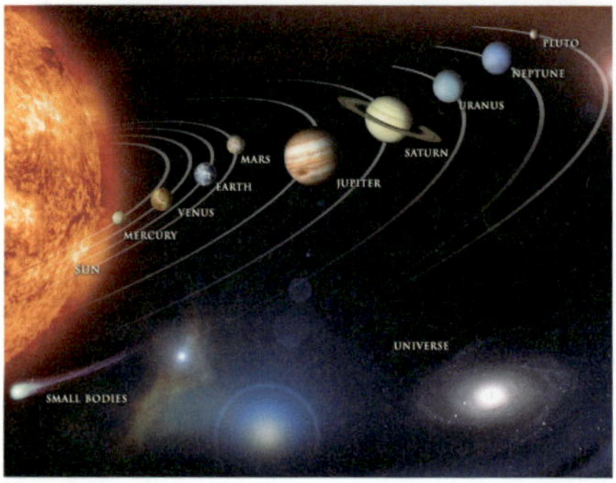

02

太陽系の博物学

建築展覧会でのレクチャということで、天体の形態と表面構造というテーマでお話しをしたいと思います。最初に見ていただいているのは、ハイペリオンという土星の衛星で、全体がスポンジのような構造をしています（図 01）。太陽系の天体にはまさに「博物学」的といえる多様性があり、形態も構造もさまざまです。今日はその辺を含めてご紹介していきます。

このような事実が明らかになった背景には、惑星探査の進歩があります。特にこの数年の進歩はめざましいものがあり、今後 10 年程度は今のペースで進むと考えられています。惑星探査によって太陽系の常識が変わりつつあります。例えば「海」は地球以外にもあること、気候変動は地球だけの現象ではないこと、火山活動がもっとも活発なのは地球ではないということなどです。

みなさんは太陽系の天体をいくつご存知でしょうか（図 02）。水・金・地・火・木・土星といったよく知られた惑星がありますが、小さなものも入れると、実は太陽系には 100 万個以上の天体があるといわれています。IAU（国際天文学連合）の定義によれば、太陽系の天体は、「惑星」、「準惑星」、「太陽系小天体」、「太陽以外の天体を回る天体」の 4 種類に分けられます。たとえば「太陽系小天体」には小惑星や彗星が含まれますが、これらを数えると膨大な数になってくるわけです。実際に小惑星については、博物学的な研究が進められ、色や大きさで分類されています。

天体の形態

建築学に興味をお持ちの方はモノの形に興味があると思いますので、ここで天体の形態の話をします。一般に天体は「丸い」というイメージがあると思います。天体には中心に向かう重力が働くので、球形は安定した形態です。地球のように大きな天体では、重力が大きいので全体が球形になる傾向が顕著です。しかしずっと小さな天体では重力が小さいので、単純な球形にまとまらないケースも多くなります。また、大きい天体であっても、天体衝突や熱応力によって変形することもあります。天体の形態は、天体の形成出自と進化過程を知る重要な手がかりとなるのです。

天体を知ると言いましたが、では私たちは自分が住む地球のことをどれだけ知っているのでしょうか。人間の有史はたかだか 2000 年ですが、地球の歴史は 45 億年に及びます。これを 1 年に換算すると、人類の歴史は 12 月 31 日の午後 2 時半から、歴史に残っているのは 12 月 31 日の午後 11 時 47 分以降ということになります。このようなタイムスケールになると、

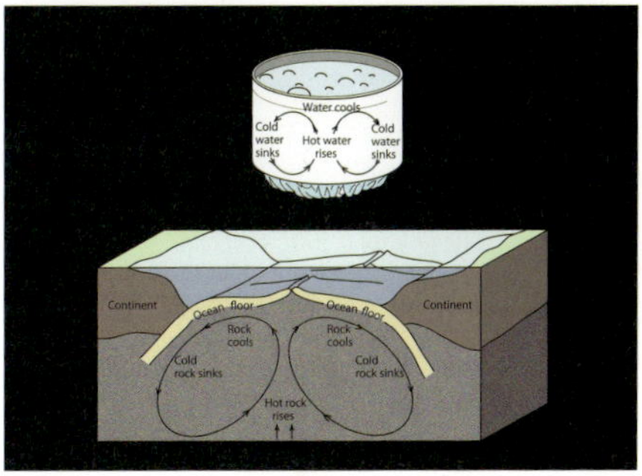

03

もはや人間が地球を経験的に理解するのは困難です。

このような状況において、地球を理解する方法は２つあります。一つは「帰納的方法」で、他の惑星や地球の特に固体部分に刻まれた歴史を調べていく方法です。もう一つは「演繹的方法」で、物理法則から推論的に思考する方法です。天体の形態を知ることは、まさに帰納的方法であり、当該天体だけでなく地球自体への知見も深めることにつながるのです。

地球の熱史

地球の表面では火山活動や地震などさまざまな現象が起きています。なぜ地表にこうした現象が生じているのかを理解するには、実は地球の熱の歴史(熱史)を考える必要があります。地球内部では原子核の崩壊によるエネルギーが大きく、常に莫大なエネルギーが放出されています。発生した熱は、マントルにおける「対流」と地殻付近での「熱伝導」という２つの仕組みによって地表に伝えられています。例えてみれば、私たちが住む日本は沸騰した鍋の上の薄皮の上にあるようなものです(図**03**)。なお、マントル対流の時間スケールは数十万年、数百万年ほどもあり、対流モードが激変して天変地異が起きるようなことはありません。逆に言えば、火山活動や地震のような熱損失に起因する現象は、今後も止むことなく続くことになるわけです。

別の視点から言うと、他の天体の過去の事例を知ることにより、地球で起きる現象をある程度想像することはできるでしょう。このような意味でも、惑星探査は地球を知る手がかりを提供しているのです。

太陽系の惑星

ここから、太陽系の惑星を見てみましょう。まずは木星です。木星にはいろいろな衛星がありますが、その中のエウロパという衛星を見てみると、その表面には複雑な地形が表れています。これは、表面に氷の膜があり、内部に温泉のように水が存在しているという見方が一般的になっています(図**04・05**)。

次に土星の衛星を見ていきましょう。土星の衛星は、地表面の形状が非常にバラエティに富んでおり、博物学的に興味深いものが多いです。

エンセラダスという衛星を見てみましょう。全体的に非常にのっぺりとした地形を持っており、新しい衛星だということが分かります。この天体の裏側から太陽を見るようにして写真を撮ったところ、エンセラダスの表面から水や氷が吹き出していることが分かりました。この仕組みは "Shear Heating"(摩擦による加熱)といい、摩擦によって加熱された蒸気が断層から吹き出すことによって、地球におけるイエローストー

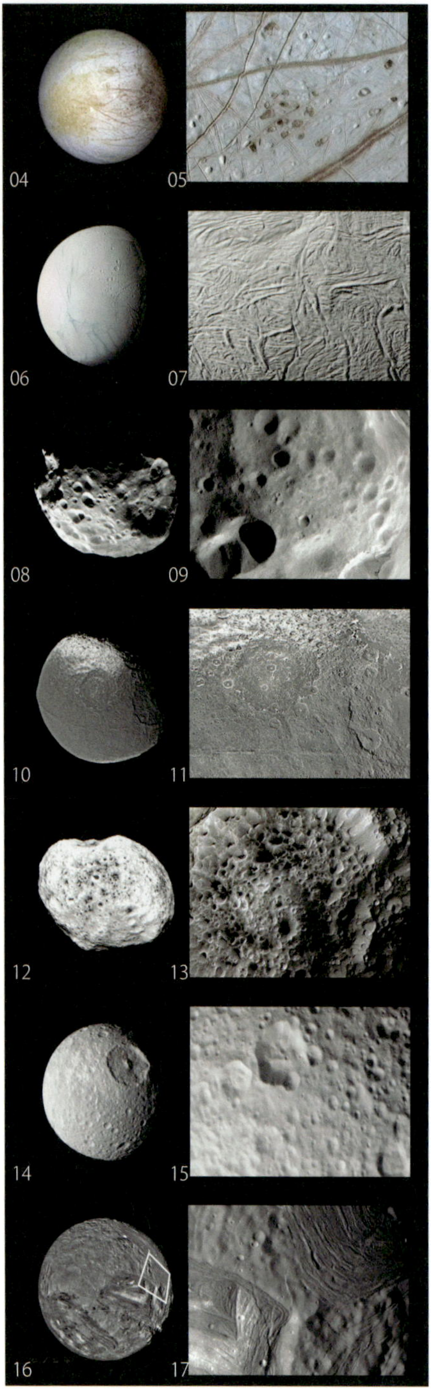

ンのような現象が起きているのではないかと考えられています（図 **06・07**）。

次はフィービーという衛星です。外部から見ると表面にはふわふわしたものが降り積もっているように見えます。しかしこの地形を解析してみると、氷が切り立った地形だと考えられています（図 **08・09**）。

その次はイアペタスという衛星です。これは非常に変わった衛星で、衛星の一部分が白っぽくなっており、これは他の惑星が衝突を起こした際などに出た塵などが降り積もっていると考えられています。それ以外は黒い物質で覆われ、表面は滑らかな地形になっています（図 **10・11**）。

冒頭でも紹介したハイペリオンという衛星です。このスポンジ状の地形は、反射率の高い物質でできた切り立った崖のような地形からなっているのではないかと考えられています（図 **12・13**）。

次に、私が一番好きな天体であるミマスという衛星を紹介します。この氷でできた衛星は、スターウォーズのデススターとそっくりです。この衛星にはハーシェルクレーターというクレーターがあり、その中央には中央丘という丘があります（図 **14・15**）。

パンドラという衛星は、クレーターはなく、非常にのっぺりとした形です。

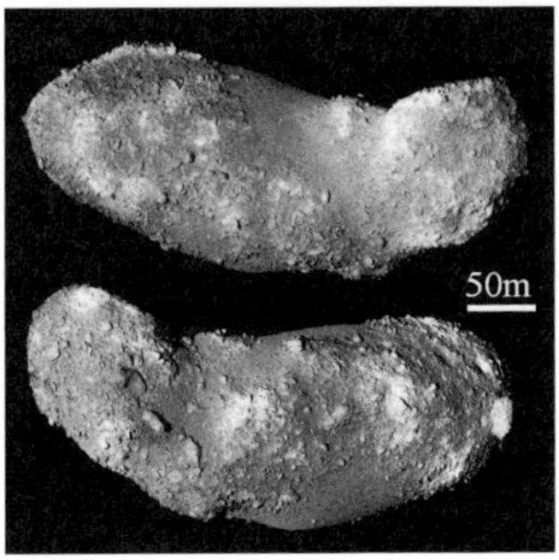

18

次は天王星の衛星であるミランダという衛星です。これは太陽系の中で唯一衝突による非常に複雑な形成過程をもつと言われている天体で、表面はグネグネとした構造地形を持つ部分と、クレーターを持つのっぺりとした部分にわかれています。このことから、もともとは2つの異なる衛星だったのが、何らかの都合でぶつかったものと考えられています。おそらく氷でできているため、それ程固くはなく、ぶつかった後に自身の重力で固まっていったと言われています（図16・17）。

小惑星「イトカワ」の研究

その他にも、彗星（コメット）の核の研究もなされています。特に最近になって盛んに研究が進み、例えば探査機を彗星の中に侵入させ、いくつかの写真を撮ることに成功しています。

こうした研究から、彗星は中に核を持っており、そこから物がはぎ取られながら彗星の「しっぽ」をつくっていることが確かめられました。おそらく氷など揮発性の物質で形成されている内部の物質が、太陽に近づくに連れて温度が上がり、蒸発してはぎ取られていく、という過程を繰り返し、地形が形成されたのでしょう。そのときのはぎとられた部分が太陽光で照らされて、彗星の「しっぽ」になっていると考えられます。

こうした小天体に関して、世界で最も有益なミッションの一つとして、日本が行った「はやぶさ」ミッションが挙げられると思います。はやぶさミッションは、20億km程離れた小惑星「イトカワ」に行き、この小惑星を探査するとともにサンプルを持ち帰ってくる、というものでした。イトカワは差し渡し500メートルしかなく、重力も地球の数万分の一で、それまで誰も目にしたことの無い小さな天体です。はやぶさミッションの際に、イトカワ表面の写真を沢山撮りました。この写真から、イトカワが小さな瓦礫のような岩石の集まりであることが分かったのです。従来、重力が小さな天体では、いろいろな衝突もあるだろうし表面にあるものも飛び散ってしまうので、岩石が天体の上に存在することは無いのではないかと考えられていました。つまり天体自体が固い岩石であり、表面には何も無いと考えられていたのです。ところがイトカワは小さな岩石が集まったものであったため、大きな驚きがありました（図18）。

ここから形状の話になります。私たちはイトカワの岩石の形に注目した研究をしました。1つ1つの岩石の輪郭をトレースし、その一番長い軸が向いている方向をプロットしました。

すると、ある角度を持つ岩石の数が集中的に多いことが分かりました。このような配列を持つということは、こうした岩石群全体がある方

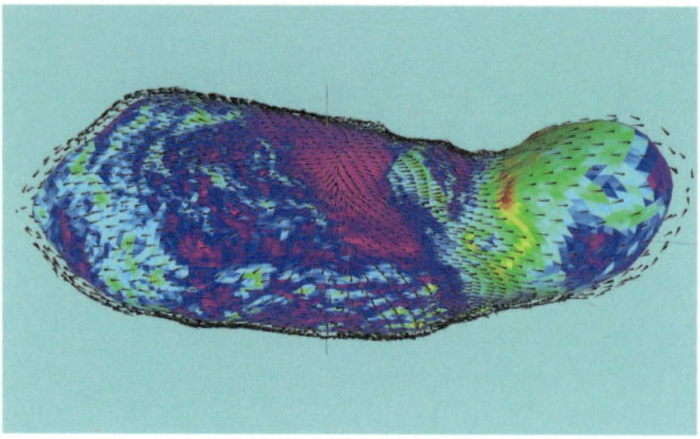

19

向に動いたことが考えられます。地球の土砂の動きにおいては、こうした配置は、配列と垂直の方向に物が動いた結果形成されると考えられています。そこで、イトカワにおいても同じように動いたのではないかと考えました。また、例えば大きな粒子の上に小さな粒子が乗っていたりしないことから、全体的に振動を受けていることも予想できました。さらに、数値的に計算した重力の向いている方向と地質学的証拠から求まった流動方向が一致したことで、イトカワにおいて重力的に物が動いたことが明らかになりました。こうした結果をふまえてイトカワ全体を見ると、小さな粒子ほど重力の小さい場所に奇麗に振り分けられていることが分かりました（図 **19**）。

そこから私たちが考えたシナリオは、イトカワはかつて何度も衝突などにより振動が起こり、紙相撲のような効果によって粒子の小さな岩石が重力の小さな場所にふるい分けられていったというものです。このような現象が天体規模で見られたのはイトカワが初めてでした。

イトカワは天体としてとても小さく、衝突などで容易に振動が起こるためにこのような対流が生じており、ここが今まで知られていた大きな天体とは異なる点であると考えられます。

これは将来、人類にとって重要な意味を持つかもしれません。今後人類が宇宙に住むことになった場合に、何らかの物資調達の手段が必要になります。例え地球の静止軌道上であっても、物資を持ってくるのはそう簡単なことではありません。ところが意外なことに、地球の表面から地球の静止軌道に物を持ってくるのにかかるエネルギーよりも、小惑星から持ってくるのに必要なエネルギーの方が、非常に小さくて済む場合があるのです。つまり、小惑星は人類にとって将来最も有望な鉱山になり得るのです。ここで物質が振り分けられるということが、重要な意味を持つことになります。まず、鉱石としてある物質を利用したいと考えたとき、酸化物の状態ではなく、元素として分離されれば資源的な価値が高まります。例えば地球上の鉱山では多くの場合、水を媒介として重力的に有用鉱物が分離して形成されています。それと同じことが、小さな小惑星の上では振動を媒介として起こっていることを、このイトカワが示唆しているのです。つまりうまく探せば、元素が分離されている小惑星を見つけることができるかも知れません。小惑星の中には、プラチナを多く含むものや 99％鉄でできたものもあります。そのような小惑星で、元素が濃縮している場所を探すことができたら、地球上で資源を探して宇宙に持っていくよりも、効率が良い場合が存在するかもしれません。今後、小惑星の研究は、宇宙資源という視点も含めて進んでいくことで

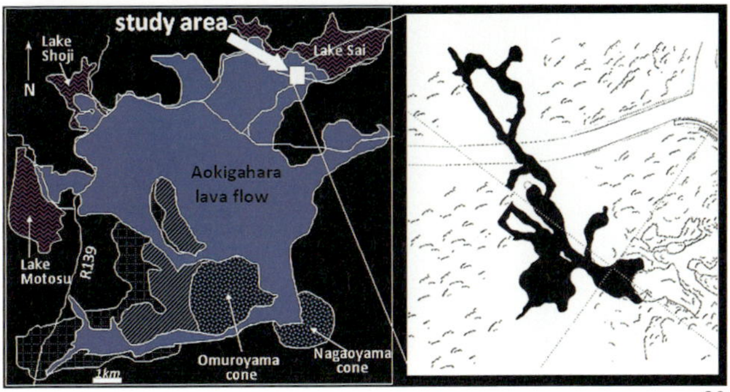

20

しょう。

人類は月を利用できるか

月は地球のすぐそばにある天体で、月を利用することは人類が宇宙に進出する上で重要なステップであると言えます。私たちは、月には地下に空洞があるのではないかと考えています。

というのも、地球でも月でも、溶岩が作った地形があるのですが、地球においては溶岩チューブと呼ばれる地下空洞が多数存在することが知られているからです。こうした地形は、例えばハワイやオーストラリア、富士山などで確認されています。私たちはそのような空洞を月で探すことができれば、人類が有効利用することができるのではないかと考えています。

月はアポロ計画以降、意外な程に使われてきませんでした。その理由は、冷戦が終了したということの他に、月が生活するには危険であったということでしょう。なぜ危険かというと、まず宇宙放射線が降り注いでいることが挙げられます。月は地球とは違い磁場を持たず、宇宙放射線をねじ曲げて地表面に届かないようにする仕組みがないため、月ではじかに宇宙放射線があたってしまいます。これでは、人体にも悪い影響がありますし、コンピュータなどの電子機器すら壊れてしまいます。

それから、月では小さな隕石が頻繁に降ってくるということです。地球には大気があるため、隕石が降ってきてもある程度は途中で燃え尽きてしまいますが、月の場合は大気が無いので表面にそのまま降ってきて非常に危険です。また温度変化も非常に大きく、機械がすぐに壊れてしまうと考えられます。

ところが、先ほどお話しした空洞の中は安全なのです。数十 m の厚さの天井があるので、宇宙放射線や隕石を防げますし、空洞の中では温度も一定に保たれます。そのまま人類のシェルターになると考えられます。

しかし、この空洞を探すのはなかなか大変です。崩落が見つかれば良いのですが、それだけで確実な証拠と言えないかもしれません、そこで私たちは電磁波を使って内部構造を探ることを考えています。プロトタイプの計測器を作り、富士山で実験したところ、崩落していない溶岩チューブが探査されました（図 **20**）。これは、世界で初めて崩落していない溶岩チューブを明瞭に発見する手法を開発したことになります。私たちは、これを用いて月面で空洞を探すミッションをできないかと検討しています。

その序章と言えるのは、2007 年に打ち上げられた月探査衛星「かぐや」で、これまでにも月の様々なデータを取得しています。3 次元カメラで月表面を撮り、あたかもクレーターの中を飛んでいるかのような映像を作ったり、今まで発見されていなかった月表面の地形を観察しています。

太陽系の探査は現在猛烈な勢いで行われており、その結果多種多様な天体の様相が明らかにされてきました。将来、天体の形状をうまく利用して資源利用や基地建設等をする時代が来るかも知れません。

質疑応答

Q：プラチナが多く含まれている小惑星は、どこにありますか？そのプラチナは我々が見ているプラチナと同じものですか？
A：小惑星の多くは火星と木星の間にあります。地球からの距離は、だいたい地球と太陽の距離の4倍くらいです。宇宙において距離というのはあまり大した問題ではありません。地球では、どこかへ行くのに常にエネルギーを使わなければいけませんが､宇宙には空気が無いので、一旦加速すればずっと進みます。小惑星のプラチナは、プラチナ属というものの混合物です。なぜプラチナだと分かるかというと、小惑星は隕石の巣であり、何らかの原因により地球に落ちてきた隕石を調べたところ、プラチナが沢山入っていたからです。ですから、プラチナがある程度濃縮した小惑星があると考えられます。太陽エネルギーを推進力に変換させる装置を使えば、離れた場所にある小惑星でも地球付近に持ってくることが可能になるかも知れません。

Q：多くの衛星は、もともと隕石の衝突などによって生まれたものですか？
A：そう考えられているものは少なく、地球と月くらいです。例えば木星にはいろいろな衛星がありますが、太陽系の形成の過程と並行して木星の衛星もつくられていきました。また、小惑星は木星や太陽の重力を感じて軌道を変えてしまうことがあります。そのように軌道を変えながらうろうろしている衛星もあります。

Q：地球物理学と惑星科学の範疇にはどのような違いがありますか？
A：これらは現在では通常、地球惑星科学と総称されます。この中で特に物理学的側面を議論する学問分野を、地球惑星物理学と呼ぶ場合があります。同様に、地球以外の太陽系内の天体のことを主に考える学問を惑星科学と呼ぶことがあります。

Q：惑星の形状は球体が基本になるのですか？鉱物のような形の惑星はありますか？また、スポンジ状の天体の構造を詳しく教えてください。
A：私たちが普通見ることができるのは、少なくとも数百 km の大きさを持つので、重力も十分にあるため球体に近くなると考えられています。しかしイトカワを見て驚いたのは、これが 500m しかない小さな惑星で、ピーナッツのような形をしていたからです。おそらく小さな惑星だと色々な形があり得ると考えられますが、まだ観測されていないものがほとんどです。

スポンジ状の天体は、内部構造もスポンジ状なのだろうと考えられています。どのように形成されたかはまだ分かっていませんが、おそらく土星の周りで氷が凝縮され、少しずつ氷が自己重力で集められ、雪が降り積もるような形でできたのではと考えています。

Q：宇宙的なスケールで見たとき、地球環境問題はどのように扱われていますか？
A：非常に重要な問題です。地球の環境が安定していないのは、人間のせいかどうかは分かりません。環境変動は太陽系の天体ではおそらく普遍的に起こっているものです。例えば火星や金星の表面でも、気候変動が起こっています。金星では 5 億年ほど前に、表面の温度が非常に上昇し、地表を構成している岩石がドロドロに溶けてしまうという現象が起こっています。そういう目で見ると、現在地球で起こっている気候変動は天然のものなのか、人間が原因かどうかは実はよく分かりません。そういった意味でも、地球の環境問題を考える上で惑星の研究をすることは大きな意味を持っていると思っています。

Q：地球のために他の惑星から資源を持ってくることによりもたらされる影響は、どのように予測されていますか？
A：質量の観点から言うと、現在地球にも隕石が落ちてきたりもしますし全く影響は無いですが、環境への影響は慎重に考える必要がありそうです。また逆に地球から他の天体に行く方が問題かもしれません。例えばバクテリアなど、高温・低温でも生きられる生物が地球から他の惑星に探査機などを介して移り、その惑星を汚染することも考えられます。

宮本英昭 （みやもと ひであき）

1970年千葉県生まれ。東京大学総合研究博物館准教授。固体惑星科学、特に惑星地質学が専門。NASAやJAXAなどによる惑星探査機のデータ解析や、探査データを基礎とした数値解析を通じて、私たちがなぜ地球という天体に存在しているのか、という疑問を解き明かそうとしている。1995年東京大学理学部卒業、1999年東京大学大学院工学系研究科助手、2002年アリゾナ大学月惑星研究所客員研究員を経て2006年より現職。米国惑星科学研究所連携研究員も兼任。著作に『惑星地質学』（共編著・東京大学出版会）、『鉄学』（共著・岩波書店）など。

岸田省吾

時間の中の「かたち」・時間の中の「デザイン」

UMUT OPENLAB Lecture 13　Nov.07, 2008

01

02

03

04

05

今日は、私がこれまで建築の設計を行ってきた中で感じていたことをお話ししたいと思います。私はここ15年ほど、建て詰まりがひどく過密状態であった東大本郷キャンパスの再生計画に参加してきましたが、その再生計画も多くが完成し、ようやく一つの節目を迎えようとしています。2007年に大学創設130周年を祝った本郷キャンパスには、東京大学の様々な歴史や記憶が幾重にも染み込んでおり、このような場所で計画に関わることができたのは貴重な経験でした。これからお話するテーマも、否応なく建築や環境のデザインにおける時間の役割に関することになります。

建築における時間

はじめに建築やそのデザインにおける時間とはどういうものなのか、いくつかの分かりやすい例を見ながら考えたいと思います。これはマンハッタンのダウンタウンの遠景写真です（図01）。ここには今はない一対の超高層ビルが写っています。都市には無数の建物が立ち並び、人々の無数の記憶や思いがしみこんでいます。他は変わらないのにある建物だけが突然消滅するとどうなるか。ワールドトレードセンターのように確固として存在していたものが突然消えてしまったとしても、その場所にまつわる多くの記憶、そこから生まれる意味や連想などは依然として渦巻いています。「かつて存在したものの記憶や連想」は、私たちが生きる環境の中で無視しえないほど大きなものです。

建築は鉄やコンクリートといった物によって構築され、硬く、動かないものですが、それがうつろう自然と絡み合う中で、豊かな意味を生み出します。パンテオン（図02）の内部は天窓から光が差し込んできて、時間と共に内部の様相を劇的に変えていきます。堅固な建築の中に変化してゆく様相を見る時、自然のゆっくり流れる時間が美しく視覚化されたと言えるでしょう。

茶室（図03）の空間はパンテオンよりずっと小さいのですが、外に広がる世界を感じるための仕掛けがあります。構築物としての建築だけでなく、建築が世界と感応しながら生み出すものを楽しめるといえるでしょう。これも大きな意味で建築における時間的な経験と言えます。

ヘルツォーク設計の製菓工場の外壁では、コンクリートの表面に雨水の筋が残るという仕掛けを施しています。普通、雨水は樋で集めて壁を汚さないようにしますが、天候の変化を逆手にとってデザインにしたわけです。同じ建築家が設計したバーゼルのシグナルボックス（図04）では、電磁波シールド用の捩った銅板リボンで建物を覆っています。見る角度によって表情が大きく変わり、また時間が経つにつれて錆びて色も変わってきます。天候や腐食など自然現象

06

07

08

09

10

に感応する建築です。

カルロ・スカルパの建物は、歩き回ることで次第に変化する風景を楽しむ空間的な仕掛けと言えます。ブリオン家霊廟（図05）では、エントランスや霊廟、草地や池などが連続的に配置され、歩むにつれて転換する風景に思いがけない驚きをもたらします。完成当時はきれいだったコンクリートも、今となっては染みや汚れがつき、植物が繁茂し、自然の力の中で変容しています。

変わるもの、変わらないもの

こうした変化や時間にかかわる経験は、周囲の安定した環境や確固として存在する建築の存在感など、変化しない、安定したものがそこにあるということが前提になります。変化する様相は変化しないものがあって初めて現れ、それらが共存して初めて得られるということです。

いくつかの例を続けましょう。ミース・ファン・デルローエの設計したイリノイ工科大学内のクラウンホール（図06）は、最小限の要素で構成された巨大な一室空間です。ここでは使い方によって空間の仕切りは変わりますが、空間全体の見え方はあまり変わりません。変化の要因に対する関与を最小限にしながら、変わる様相よりも変わらない様相にデザインを集中し、それを醍醐味としたのです。

ルシアン・クロールによる設計の学生寮（図07）では、ストラクチャー/インフィルという、変化を積極的にデザインにする方法が提案されています。柱、床などの基本的な構造は建築家が設計し、窓や間仕切りなど二次的な要素は住人が選択できるのです。変化への欲求を巧みに生かしたデザインと言えるでしょう。

アテネのパルテノン神殿のように、どんなに堅固な素材を使おうとも、建物はやがて風化し、壊され、崩れていきます。多くの人はこの廃墟になった建物を見て、変わることのない価値を見出します。イギリスのロールスロイスのデザイン（図08）を見ると、数千年の時を越え価値を保つデザインが存在することがわかります。技術の進歩を楽しむと同時に、不変の価値を共有しているのです。

ギザのピラミッド（図09）の表面はもともと平滑な石で仕上げられていましたが、風化し、あるいは剥ぎ取られたりして、今はほとんどが失われてしまいました。しかし古代ギリシャ神殿と同様に、荒れ果てた今の状態からも、われわれは、古代エジプト人が望んだであろう永遠性を見出すことができます。

ピラミッドを用いた現代の見事なデザインが、ルーブルのガラスピラミッド（図10）です。ルーブルがエジプトのコレクションを多く所蔵し、エジプトと深い関係にあることを見事な形

11

12

13

14

15

16

にしたデザインです。ピラミッドの形式とガラスやステンレス鋼材を用いた現代技術とを融合させ、周囲のバロック建築と鮮やかなコントラストを作り高め合っています。

アルド・ロッシ設計の記念碑では、単純な幾何学形を生の形で用いています。単純な形はわかりやすく、時代にかかわらず人々が様々な意味を読み取ってゆけると考え、還元的で単純な要素を使うことで逆に環境は豊かになるというわけです。私たちは時間と共に変わる要素と変わらない要素の両方を享受しながら生きているのです。

見ること、動くこと

建築や都市を経験するときに二つの様相があります。一つは、ある場所で空間がもたらす感覚、連想や記憶などによって広がる意識を経験すること、もうひとつは、動き回ることによって変化する場を記憶しつつ空間を理解してゆくことです。単純化するなら、見ることと動くことと言えるかもしれません。

フランスのブールジュ大聖堂では、戸口に立って見ると、色彩あふれる装飾や光で満たされた荘厳な空間が現れます。そこから内陣に向かって歩みだすと、柱やステンドガラス、リブヴォールトなど周囲の物が動きに合わせリズミカルに変化してゆきます。実際は、二つの様相は渾然一体となり、時間の中で生成する経験のダイナミックな性格を作っているのです。

レム・コールハース設計のベルリンのオランダ大使館（図11）では、エントランスから建物の中をめぐる一連の通路を上ってゆくと最上階までいけます。通路を上がる途中、様々な風景や空間の様相が現れ、訪れる人を楽しませてくれます。

ル・コルビュジエは、初期から身体性を設計に活かしていました。開けた草原の中に建つサヴォア邸（図12，模型写真は p.228,229）では、敷地を通って建物の入り口にいたるプロセスや、暗いピロティーからスロープで次第に明るく開けた屋上まで上がるプロセスなど、動くにつれ場が展開し楽しむことができます。

コルビュジエが、こうした「建築的プロムナード」を構想する上で影響を受けたものにハドリアヌス帝のヴィラ（図13）があります。そこでは皇帝の思い出に残る様々な場所や建築が再現され、歩き回ることによって空間がドラマティックに展開してゆきます。コルビュジエはこのヴィラの経験を通し、「プロムナード」の意義をはっきりと自覚したのではないでしょうか。

日本の桂離宮（図14）も、ハドリアヌス帝のヴィラと同様、様々な場所と景色が組み合わされ配置されています。書院は雁行型の配置をしており、角をめぐるたびに異なった庭の風景が

17

18

19

20

21

広がります。空間をめぐっていくことによって体感できる様相がここにあります。観月に興じ、舟にのって道行きを楽しむ仕掛けもあります。八条宮家の人々は、建築と庭、自然の表情を楽しむ方法をよく理解し、創意を重ね、それを展開したのです。

千利休の残した茶室待庵は、桂で見たような経験を凝縮した極限と言えるでしょう。座敷から角を曲がって躙口にいたる、ほんの数メートルの路地（図 15）を進んで行く中で、心が次第に高揚してゆくと言われています。内部は客の身体を包み込むように柱梁が土で塗り固められ、一方、暗い室内に開けられた小さい明かり障子を通し、外の世界の気配が感じられるように意匠が凝らされているのです。

対照的な例として、北京の紫禁城があげられるでしょう（図 16）。北京ではあらゆるもののスケールが大きく、紫禁城のような宮殿では、一本の軸を巡って同じような建物が何度となく現れます。いくら進んでも風景が全く変わらないような錯覚すら覚えます。10 億を超える人口や様々な民族を統合するためには、国家の中心を占める建築には強烈な形式が求められるのです。これは昔も今も変わりません。中国の人々にとって建築とは、変わらない、永続する様相こそが重要なのです。

東京大学本郷キャンパスとその再生

空から見る東京大学本郷キャンパスは、稠密な市街地の中に浮かぶ別世界のようです（図 17）。このキャンパスは広々として余裕があるように見えますが、何度か大きな危機を経験しています。一つは大正 12 年の関東大震災で、もう一つは昭和 30 ～ 40 年代の高度成長期です。それまで比較的余裕があった本郷キャンパスも一気に過密状態に陥りました。

海外の歴史あるキャンパスを見ると、大学で最も大切な場所とは、立派な講堂でも図書館でもなく、建物が建っていない空地－オープンスペースではないかということです。例えばパリ大学ソルボンヌ校（図 18）では、最も古いソルボンヌチャペルですら 5 世紀ほど前の建物であるのに対し、中央の中庭はソルボンヌ大学 800 年の歴史の中でほとんど位置も大きさも変わっていません。大学の中心に位置し、あらゆる出来事をみつめてきた場所と言えます。

ケンブリッジ大学の多くのカレッジでは、クワドラングルと呼ばれる四角形の中庭（図 19）が今なお学園生活の中心であり、数世紀にわたってその形が維持されてきました。アメリカでも、イギリスの大学以上に外部空間が重視されています。シアトルのワシントン大学では、広大な広場をなすオールドクワッド（図 20）が、周囲の古い建物以上に多くの人々の記憶に残る

22

23

場所となっています。

ケンブリッジやソルボンヌに共通しているのは、建物の作られた時代はバラバラでも、オープンスペースは長い間にわたって受け継がれ、様々な時代の痕跡や記憶が刻まれているということです。

明治時代、創設期の東京大学では、イギリス人建築家のジョサイア・コンドルなどが設計したゴシックスタイルの建築が建ち並んでいました。そのほとんどが関東大震災によって失われましたが、道路や広場といったオープンスペースは今日まで変わることなく受け継がれてきたのです。

震災後、後に総長となった内田祥三が全体構想をまとめ、建築の形式や階数などがそろった統一的なキャンパスが完成します（図 21）。内田は並木道と広場を組み合わせ、オープンスペースのネットワークをつくりました。ことにキャンパスを南北 1 キロにわたって貫く欅並木の道を構想したことは、驚くべき慧眼と言えるでしょう。巨大なキャンパスを統合する背骨となっているからです。後に見るように、この緑道を整備しなおし、いくつかの広場で植栽やベンチを整え、人が憩い楽しめる緑のオープンスペースをつくりました。キャンパスに重ねられた時間を身近に感じ取られるようになればと思います。

オープンスペースのネットワーク

こうしたことを思いながら、本郷キャンパスでは、建物が建つたびにオープンスペースのネットワークが成長するようにできないか考えました。巨大なキャンパスの広場や道を一挙に整備することはむずかしので、新しく作る建物の中にオープンスペースを内包させ、時間をかけ成長し、育ってゆくキャンパスです。ここ 15 年、キャンパスでは大小様々、実に多くの建物が建設され、日夜、膨大な数の研究者や学生が活動を繰り広げています。とかくバラバラになりがちな巨大大学では、「ひとつの大学の中で学び、働いている」という意識が共有されることが、きわめて重要です。オープンスペースのネットワークは多くの記憶を刻みながら育つことによって、そうした一体感を実感させる空間的な装置となります。

いくつか例を見ていただきます。浅野キャンパスにある武田先端知ビルは最先端研究のための研究室－レンタルラボを集約した建物ですが（図 22）、住宅街に面した部分は黒いルーバーで覆い表情を和らげる一方、最上階の国際会議場では工学部キャンパスが見えるよう片面を全面ガラスとし、メインキャンパスとの一体感をもてるようにしました。学内側では屋外の広場を垂直に立ち上げ室内化した「立体広場」を提案しています。建て込んだ浅野キャンパスで考え

24

25

た苦肉の策でしたが、様々な分野の人が雑居するビルだからこそ、日常的な出会いを通し情報をやり取りする「広場」が必要と考えました。研究室はフレキシビリティを徹底し、建物の長寿命化を図りました。

工学部新二号館は、私が参加した計画の中で最も困難なものでした（図 23，模型写真は p.264,265）。本郷キャンパスの再生計画の目的は、歴史的環境の継承と最先端の教育研究施設の実現を両立させることです。震災前に建てられた二号館旧館を保存しつつ、構内最大の校舎として求められた膨大な床面積を実現することは容易ではありませんでした。もはや要求された増築を旧館上部に浮かべるしかないと考えたのも、そうした状況があったからです。低層部は透明感のあるデザインとし歴史的環境の連続性を断ち切らないように配慮しました。旧館の光庭を転用したフォラムは、建物内のオープンスペース・ネットワークとして初めて本格的に実現できたものです。建物が完成して考えるに、キャンパスに残る歴史的な環境と建築を生かすには、建物の上空を利用するこうした建築形式が結構、使えるのではないかということです。

改修は、既存建物をより快適に使うためにも行いました。地下にある中央食堂（図 24）は音が響く騒々しい場所でしたが、吸音を徹底し落ち着いて話もできるような場所になりました。

塀やサインボードも、キャンパスの環境をつくる大切な要素です。古いものを利用しつつ、新たにデザインし直しています。言問通り沿いの塀は赤とベージュのグラデーションのタイルで仕上げました。本郷通り側の明治の赤レンガ塀と、東側の震災後につくられたベージュ色の塀をつなげようとしたのです。キャンパスに刻まれた様々な時代の痕跡に応答し、考えたデザインです。

オープンスペースの計画で最も重要なことは、キャンパスの「グリーンスパイン」―緑地軸を整備することです。キャンパスを南北に貫くこの緑道があれば、おそらくキャンパスがその一体感を失うことはないでしょう。大学創設 130 周年を迎えた 2007 年、緑地軸の舗装を整え、ベンチ等を置きました。以前から欅並木はライトアップされていて、夜の景観も意識した整備が進められています。これらに合わせ、工学部一号館前の広場（図 25）では、潅木を整理して芝生を植えました。天気の良い日には寝転んだり、談笑したりする人で一杯です。

本郷キャンパス外でもいくつかの建物が完成しました。一つは私が携わった改修計画で最も古い建物、旧医学部本館（図 26）の改修です。小石川植物園に移築されていたものを、総合研究博物館小石川分館として再生しました。改修では、擬洋風建築の特徴である和小屋を内部か

26

27

ら見えるようにしました。「現状を前提にしてどうデザインしていくか」、今後の建築・都市の姿を考える上でも重要な課題であると思います。

新キャンパスに建つ柏図書館（図 27）では、原広司先生の「町と大学を区切らない」というマスタープランの考えを受け継いでいます。一枚の巨大な屋根で図書館全体を覆い、壁はガラス張りとして透明感のある建物にしました。2階にあるメインの閲覧室にはバルコニーテラスを設け、1階には商店街に見立てたメディア・プロムナードを通し、賑わいある風景をつくろうとしています。

最後に、本郷の新学生センターと山中湖内藤セミナーハウスに触れておきます。御殿下の百周年記念館（図 28）は芦原義信先生が戦前の運動施設を改修・増築し近代的なジムに変えたものです。新学生センターはその一部を改築するもので、芦原先生が外部空間のデザインを重視したことにならい、モールを保全し、多くのテラスを作るとともに、戦前の建物を極力残し、古い表情が新しい表情へと自然につながってゆくように考えました。時間の対比ではなく連続的な変化を生み出すようなデザインです。

山中湖内藤セミナーハウス（図 29）は、富士山を望む豊かな自然環境の中で密度高いコミュニケーションの場を提供しようとする建物です。建物は林の中に三つの棟がつなげられたように展開し、その山小屋のような内部には、風と緑の光を感じながら議論できるような窓辺の席を随所に用意しました。本郷とはまた違ったゆったりとした、充実した時間を経験していただけるのではないかと思います。

キャンパスという環境は、様々な過去のいろいろな人たちの営為が膨大に重なって作り上げられています。ここでは未来に対するいろいろな思いも描かれています。大学の建築をデザインするには、建物とオープンスペースが一体となりつくる環境、それも時空に開かれた環境を考えはじめて可能になります。建築のデザインは機能、構造など様々な条件を総合し、一つのかたちとしてまとめてゆくことですが、大学の計画に携わってみて、そうした理解では限られたことしか分からないと思うようになりました。本当に大事なことは自分の眼と身体の感覚を通し、はじめて見えてくる、そんな実感をもちえたことが収穫であったと思います。

質疑応答

Q：互いに知らない人が多く集まる東京という場所で設計するに当たり、特に意識されたことはありますか。

28

29

A：確かに東京、あるいは東大のキャンパスもそうですが、多くの人が集まる場所です。そしてケンブリッジであろうが東京の真ん中であろうが、知らない人と出会うということには、共通する課題があるように思います。キャンパスを計画するときも、状況の違いを超えた出会いの場所として「変わらない課題」を見つけてゆくことが重要だと思います。

Q：ケンブリッジ大学やパリ大学とは異なる東京という場所で計画するに当たって、キャンパスと周囲の関係をどのようにお考えですか。
A：三大学で決定的に違うのが、東大というのは国家の大学として生まれ、パリ大学やケンブリッジは都市の中で自然発生的に生まれた知的な共同体を母体とするという点です。発生の違いはその周辺の町との関係にも影響しています。本郷キャンパスは一種の国家機関の顔として作られ、周辺の町とは断絶し、空間のスケール感も雰囲気もかけ離れているのに対し、ケンブリッジやパリ大学は都市の空間的な組織にとけ込んでいます。

岸田省吾　（きしだ しょうご）

建築家、1951 年生まれ。東京大学大学院博士課程修了、岡田新一設計事務所、磯崎新アトリエ、東京大学助教授等を経て、現在東京大学大学院教授、博士（工学）。著作は、『建築の「かたち」と「デザイン」』（鹿島出版会）、『バルセロナ―地中海都市の存在証明』（丸善）、『大学の空間』（鹿島出版会）、『東京大学本郷キャンパス案内』（共著，東京大学出版会）など。建築作品は、阿音の家、東京大学武田先端知ビル、同総合研究博物館小石川分館、同工学部新２号館、同山中湖内藤セミナーハウスなど。

脇田玲
スマートマテリアルから建築へ

UMUT OPENLAB Lecture 14　Jan.15, 2009

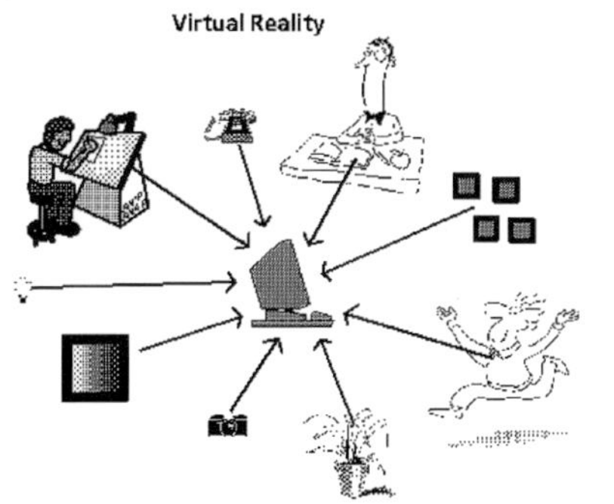

01

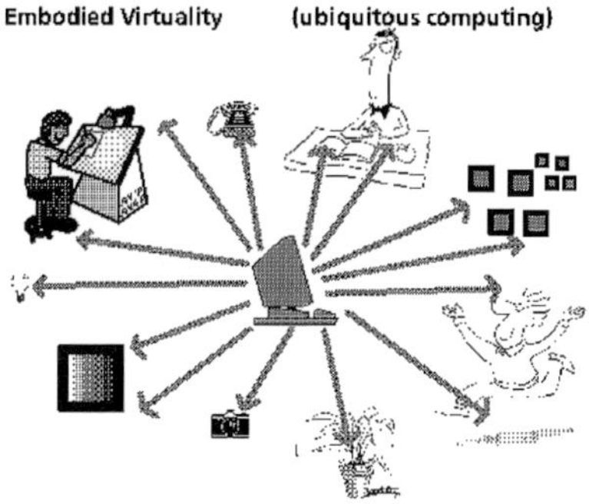

02

建築という言葉を、建築物やその周辺にまつわるものというよりは、もう少し広い意味で、すなわちコンピュータアーキテクチャやシステムアーキテクチャを含めた、人工物の仕組みという意味でお話ししようと思います。

まず私の研究の背景として、コンピュータに関わる２つの時代背景をお話します。一つは「ユビキタスコンピューティング」です。これは既に社会に普及しており、今後ますます発展して行く流れです。そしてもう一つ、「パーソナルファブリケーション」という流れが21世紀に普及していくと考えられています。この２つの流れが人工物にどのような影響を与えるのか、ということを私は研究テーマとして扱っているのですが、今日はその中でも素材に着目した研究についてお話したいと思います。

ユビキタスコンピューティング　― 遍在するコンピュータと透明なインターフェイス

ユビキタスコンピューティング（Ubiquitous Computing）とは、私たちの生活空間にコンピュータを無数に遍在させるという考え方です［1］。かつて、全てをコンピュータの中でやってしまおうという、いわゆるバーチャルリアリティ（Virtual Reality）の考え方が大きな注目を集めていました。一方でユビキタスコンピューティングの概念を提唱したマーク・ワイザーが考えたのはその逆で、コンピュータの中でやっていたことを実空間にフィードバックしようという考え方です。これをワイザーはエンボディードバーチャリティ（Embodied Virtuality）と呼びました。コンピュータの存在を、日常生活の中で意識しなくなるようなレベルにまで小型化し、遍在させ、それによって私たちの日常生活を豊かにしていこうというビジョンです（図**01・02**：バーチャルリアリティとユビキタスコンピューティング，マーク・ワイザーのウェブサイトより，http://www.ubiq.com/hypertext/weiser/VRvsUbi.gif）。

ワイザーは、ユビキタスコンピューティングの考え方について「良く出来たハンマーは、大工の手の中におさまり、（存在を感じさせないように）消えてしまい、関心事に集中できるようになる。コンピュータもこのように消えてしまうようになってほしい」［2］という言葉を残しています。例えば、私たちは「書く」という作業に集中しているときは、文章そのものに没入しており、道具であるペンに意識が向くことはほとんどありません。それほどまでにコンピュータを日常生活に溶け込ませる、そのような透明なインターフェイスを作りたいというのが彼の理想でした。この技術に基づくプロダクトの例としては、株価の上昇を知らせてくれる照明や、雨が降りそうなときに柄が青くなって知らせてくれる傘などがあります［3］。行動の文脈（コン

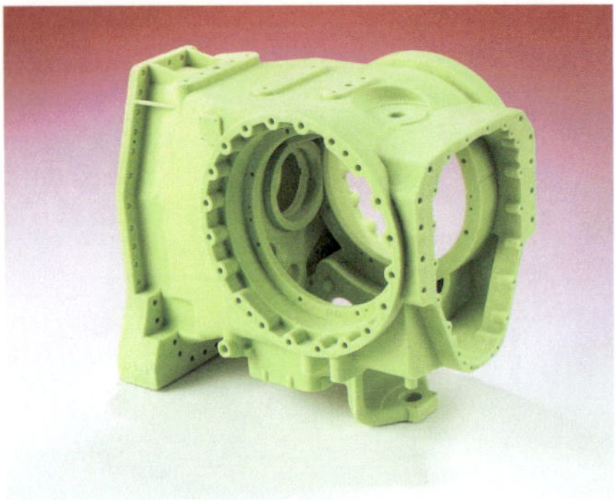

03

テクスト）を意識して作られたプロダクトは実際に商品化されています。既に私たちは、ユビキタスコンピューティングの世界で生活をしているのです。

パーソナルファブリケーション ― 個人化するものづくり

本題に入る前にもう一つの時代背景についてお話ししたいと思います。21 世紀には、ほとんど全てのものを個人で作る時代が来るだろうと考えられています。これをパーソナルファブリケーション（Personal Fabrication, ものづくりの個人化）と言います [4]。その背景にあるのは、様々なものをプリントアウトする出力機器の大幅な進歩です。通常のプリンタが２次元情報を紙に印刷するのと同じように、３D プリンタは３次元情報を立体形状として出力することができます（図 **03**：3D プリントアウトの例 ,http://www.zcorp.com/Products/3D-Printers/ZPrinter-310-Plus/spage.aspx）。他にも衣服を出力する装置、電子回路を出力する装置など、様々なものをプリントアウトする装置が既に存在しています。これらの装置は巨大で高価なものなのですが、すぐに小型化し安価になり一般家庭に普及する事でしょう。

パーソナルファブリケーションを提唱する MIT ビット・アンド・アトムズセンターのニール・ガーシェンフェルドは次のような興味深い推察をしています。かつて、コンピュータは小部屋ほどもあり非常に高価で限られた人しか使う事ができない装置でした。それが現在では、パーソナルコンピューターとして１人１台のレベルにまで普及しています。同じ事が出力装置にも起き、ものづくりもパーソナルで行う時代が来るであろうというのです。産業革命以降、ものづくりのプロセスは大きく変化し、つくる側と使う側が分類されました。パーソナルファブリケーションが進んで行けば、個人が必要なときに必要なものを自宅でつくるという、つくると使うの同居が復活する可能性があります。

プロダクトの仕組みを自分で作る技術も大きく進歩しています。Arduino[5]（図 **04・05**）や Gainer[6] といった安価に入手できるキットは、簡単なプログラミングと初歩的な電子回路の知識のみで電子工作ができます。これらのキットは Flash や Max/MSP といったデジタルコンテンツの作成環境と接続できるため、デザイナーやアーティストにとっても身近な技術と言えます。このハードルの低さが大きなメリットとなり、世界中で急速にユーザが増加しています。

柔らかな素材へ

さて、こうした時代背景を前提として、私の研究についてお話ししたいと思います。ユビキタスコンピューティングは新しい環境、パーソ

04

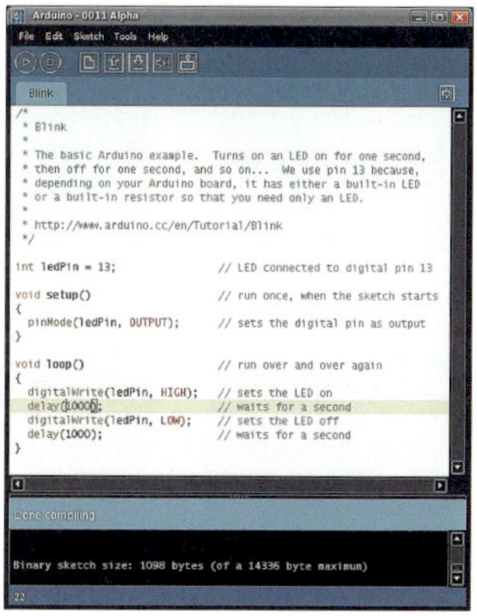

05

ナルファブリケーションは新しい道具である訳ですが、これらに見合った新しい素材も必要だと考えられます。未来の生活を想像してみてください。ユビキタスコンピューティングによりあらゆるものに小型化したセンサーやアクチュエータが組み込まれ、これらが相互にネットワーキングしている生活環境があるとします。スマート化したオブジェクトとインタラクションするとき、それらが現在と同じように光や音や振動によって情報を出力しているとしたら、私たちは快適な生活を送れるでしょうか？　環境に溶け込んだインターフェイスをデザインするためには、私たちがストレスを感じることなく情報を引き出せる素材が必要なのではないでしょうか。

現在普及している情報伝達方式はPush型と呼ばれるもので、一方的に情報をユーザに伝達しようとするものです。スマート化した環境においては、こちらが必要な時にのみ情報を引き出すことができるPull型、もしくは環境に穏やかに溶け込んだAmbient型の情報提示方式がふさわしいと考えられています。私はこの視点に立ち、発光ダイオードやバイブレータといった固い素材ではなく、身体に親和性のある柔らかい素材によって情報を伝達する手法を研究テーマにしています。

柔らかい素材がもたらすユビキタスコンピューティングの可能性を示すために、いくつかの実例を紹介しましょう。Fabcellは、コンピュータからの信号で色を変えることができる布です（図**06**）。光るのではなく、布そのものの色が変わる非発光性素材です。コンピュータにおけるピクセル (pixel) にちなんで、布のピクセル (fabric pixel) の短縮系としてこの名前がつけられました。例えば、誰かの誕生日が近付くに従って徐々に色が変わる壁、子供の塾が終わると色が変わって知らせてくれるインテリア、コンピュータの壁紙を変えるのと同じようにカスタマイズ可能な部屋の壁紙、インターネットから柄をダウンロードする衣服やインテリアなどがアプリケーションとして想定されます。最大の特徴は、他人が見るとただの模様ですが、模様の意味を知っている人だけがその情報を解釈し意味を引き出せるところです。ユビキタス環境と連携することでFabcellはメディア性を帯びます。このような技術と素材が、遍在したコンピュータと透明なインターフェイスというユビキタスコンピューティングの考え方に繋がるのではないかと考えています。

Living Textileは形状を動的に制御できる布です（図**07**）。バイオメタルと呼ばれる繊維状の形状記憶合金が編み込まれており、曲面形状をプログラムによって変化させることができます。変形するアニメーションはあたかも生物で

06

あるかのようなウネウネとした動きをするため、このようなネーミングをしました。人工物に見られる生物的な要素のことをアニマシーというのですが、Living Textile を素材とすることで、様々なプロダクトにアニマシーを付加することが期待できます。それは人工物と自然物の間を埋めるアプローチでもあり、人工物に魅力や愛着を付加させるアニマシーインタラクションのマテリアルでもあるのです。想定されるアプリーケーションとしては、動きを通した情報伝達メディア、変形する衣服やインテリア、布型のロボットなどが考えられます。

これらの素材は、一般的にはスマートマテリアル (Smart Material, 知的素材) と呼ばれています。ここでのスマートとは、「知能が埋め込まれた」「インテリジェントな」という意味です。つまり人間によって制御可能な素材、人間によって息を吹き込まれた素材ということです。この素材を使うことで人工物の意味付けが変わり、コミュニケーションメディアとして生まれ変わる可能性がある訳です。またユビキタスコンピューティングやパーソナルファブリケーションといった技術と組み合わせることで、その効果を人間と親和性の高い柔らかなものに変換する役割も担っています。

人工物の表皮

私たちは毎日のように人工物に触れています。テレビ、冷蔵庫、PC、自動車、・・・これらは全て硬い素材でできています。もしそれらを柔らかい素材で作ることができれば、これまでにない人工物の可能性が生まれてきます。現在の人工物は基本的に甲殻類を模倣したモノコック型の構造をしていると思います。仕組みやロジックは内部にまとめられ、それを取り囲む形で硬質なシェルが被される。私たち人類はそのような作法におけるものづくりの知を醸成してきたと考えられます。一方で、脊椎動物のように柔らかい外部組織とスケルトンから構成される人工物があっても良いのではないでしょうか。そこには機能の柔軟性が生まれると共に、新しいインタラクションが生まれます。

既に実現されている脊椎動物型の人工物の例として、BMW の Gina[7] という車を紹介したいと思います。この車はテキスタイルの外皮を持っており、空力を最適化するために速度によって自身の形状を変化させたり、瞼の開閉のようにヘッドライトをオープンしたりします。つまり、環境を感知し自身の形状を変えるという仕組みを柔らかい表皮の下に内蔵しているわけです。素材によって内部構造に新しい可能性が生まれた良い例でしょう。このように、素材と新しいアーキテクチャには密接な関係が存在

07

しています。

スマートマテリアルから建築へ

最後にスマートマテリアルの建築への展開についてお話ししたいと思います。建築は新しい素材や構造を実験的かつ積極的に取り込んできた人工物と言えます。皆さんには、ユビキタスコンピューティング環境とスマートマテリアルにより建築がどのように変わっていくのかを丁寧に考えて頂きたいと思っています。過去の建築を振り返ってみるとそこには必ず一本の線があり、その延長線上には未来があります。バウハウスで素材と建築の教育を実践したモホリ・ナギは『材料から建築へ』において、動的な素材が空間設計に与える可能性に言及しています[8]。この思考の延長線上として、スマートマテリアルの利用も多いに想定されます。建築の未来を考えるときに、今日お話ししたような技術があるということを知って頂いた上でこの会場にある一つ一つの建築模型を見ていくと、それぞれの中に新しい建築像が見えてくるのではないでしょうか。

質疑応答

Q：スマートマテリアルを建築で展開することに関心があります。たとえば、住宅においてどのような使い方が考えられるでしょうか。

A：私は建築については素人なので適切な答えになるか分かりませんが、個人的な考えをお話したいと思います。住宅にスマートマテリアルを展開する際には、合わせてユビキタスコンピューティング環境も住宅にインストールされることになるでしょう。どの部屋に住人がおり、どのようなアクティビティをしているのか。住宅側がそのようなコンテクストを把握していて最適なサービスを提供できるようになると思います。そのサービスのインターフェイスとしてスマートマテリアルは働いてくれると思います。例えば、住人が座っているソファや面している壁紙を通して穏やかに情報を出力するような仕組みが考えられます。遠隔地に赴任している家族の雰囲気がそれとなく感じられるような演出、部屋の動的な模様替え、などは今日紹介したFabcellを利用すれば可能だと思います。同じく紹介したLiving Textileが大型化すれば、壁や天井を動的に変形させることで音響や空調をカスタマイズできる間取りも実現できるでしょう。

Q：スマートマテリアルが環境に入ってきたときに、個人との応答を超えた社会的レベルではどのような変化が起こりうるでしょうか。

A：これは難しい質問ですね。先ほどの質問と同じように、スマートマテリアル単体というよりはそれを使ったメディアのレベルで考えると、いつか適用できる問題はあると思います。

大規模な集合住宅に住んでいると周辺住人とのコミュニティが希薄になりがちですが、それは多様化したライフスタイルと集合住宅という空間の性質によりコミュニケーションが少なくなるからだと思います。スマートマテリアルを使ったコミュニケーションメディアは空間を壊す事なく環境に遍在させることができるので、近隣住民間の意思疎通を図る試みに使えるかもしれません。失われつつある近所付き合いや町内会の繋がりのようなものを復活させるメディアですかね。

あとは逆のスタンスとして、景観の美化ということも考えられます。日本はヨーロッパと比較すると個別の建築物を自由に作ってしまっていて、それが景観全体としての統一感や調和を壊している街が少なくないと思います。Fabcellのような色彩を制御可能な建材があれば、ある程度まとまった地区の景観を色彩面からリデザインすることができるかもしれません。

[1] マーク・ワイザー、21世紀のコンピュータ、日経サイエンス(1991年11月号)

[2] 坂村健、ユビキタス・コンピュータ革命、角川書店

[3] Ambient Devices, http://www.ambientdevices.com/

[4] ニール・ガーシェンフェルド、ものづくり革命、ソフトバンククリエイティブ

[5] Arduino, http://www.arduino.cc/

[6] Gainer, http://www.gainer.cc/

[7] BMW Gina, http://www.bmw-web.tv/GINA

[8] L. モホリ・ナギ、材料から建築へ、中央公論美術出版

脇田玲　(わきた あきら)

慶應義塾大学大学院政策・メディア研究科博士課程修了。博士(政策・メディア)。1999年よりラティス・テクノロジー株式会社にて3次元CADカーネルの研究開発に従事。2004年より慶應義塾大学環境情報学部に専任講師として着任し、スマートテキスタイル、ヒューマンインターフェイスの研究に従事。2007年より同 准教授。主な受賞歴として、日経アーキテクチャデジタルデザインコンペ 最優秀賞、文化庁メディア芸術祭審査委員推薦作品、通産省MMCAマルチメディアグランプリ 情報デザイン賞、アジアデジタルアートアワード 優秀賞、Web3D RoundUP Technology Awardなどがある。

伊藤香織

都市の公共空間と創造性

UMUT OPENLAB Lecture 15 Feb.03, 2009

東京ピクニッククラブ

私は、都市の研究・教育をしています。並行して、「東京ピクニッククラブ」というアートユニットを共同主宰しています。今日は、東京ピクニッククラブのプロジェクトを紹介しながら、それを通して都市の公共空間と創造性についてお話ししたいと思います。

東京ピクニッククラブは、2002年に結成されました。都市生活者の基本的権利としての「ピクニック・ライト（ピクニック権）」を主張して公共空間の開放を求めつつ、いろいろな分野のクリエイターがコラボレーションして、現代のピクニックのあり方を提案しています。メンバーには、私のように建築や都市に携わる者だけでなく、グラフィックデザイナー、イラストレータ、フードコーディネータ、ランドスケープデザイナー、照明デザイナー、プランナー、編集者、キュレーター、ビールの専門家などがいます。

東京ピクニッククラブの活動は、大きく5つくらいに分けられます。「東京のピクニカビリティ調査」、「ピクニックセットの蒐集」、「ピクニックの歴史研究」、「ピクニックグッズの提案」、そして「ピクニックによるまちづくり」です。これらは互いに関係していますが、それぞれの活動について簡単にご説明します。

東京のピクニカビリティ調査

私たちがピクニカビリティ（picnicability）と呼んでいるのは、その場所がどのくらいピクニックに適しているか、という度合いのことです。ちなみに、ピクニカビリティという言葉を人について使う場合は、ピクニック能力の高さというような意味になります。

さて、ピクニカビリティという指標で測ってみると、東京の公共空間の質が見えてきます。2003年に私たちはまとまったフィールドワークをしました。簡単に言うと、東京のいろいろな場所でピクニックをしてみて、評価するのです。評価項目は、眺望、居心地、交通の便、穴場度、管理といったものです。たとえば新宿御苑は、広くてきれいな芝生広場の向こうに新宿のビルが見えて眺望や居心地は抜群なのですが、午後4時半に閉園してしまいます。これでは、働いている人は使えません。公園だけでなくいろいろな公共空間の可能性を知るために、公開空地やビルの屋上でもピクニックしました。公開空地では、途中で注意されて続けられなかったところもありました。一般利用に供されているべき場所なのに、です。このピクニック・フィールドワークの結果は『10+1』という雑誌に発表しました。

01

02

03

ピクニックセットの蒐集

アンティークのピクニックセットを蒐集していて、現在、120 点ほど所有しています。ほとんどすべてが 1900 年代から 1960 年代にイギリスで製作されたものです（図 **01**）。何年か前にイギリスのコレクターからコレクションを譲り受けて 60 点ほど一気に増えたのですが、彼曰く、これで私たちのコレクションが数のうえでは世界一だろう、とのことでした。日本の花見重などとも通じるところがありますが、この時代の丁寧に作られたピクニックセットは、機能的で美しく、とても魅力的です。私たちもオリジナルのピクニックセットをプロダクトとして作ることに何度か挑戦してきています。未だに実現していませんが、現代的で美しいセットをそのうちに作りたいと思います。

ピクニックの歴史研究

最初にピクニックに興味をもったのはまだ東京ピクニッククラブを結成する前で、パートナーで建築家の太田浩史と二人でピクニックについて調べ始めました。意外にもピクニックの専門家はおらず、調べるのは思ったほど簡単ではなかったのですが、古い文献を探していくうちにイギリスのピクニックが 1802 年に始まったということがわかりました。この年、ロンドンで「ピクニッククラブ」が結成されたのです。2002 年に太田と私とワコールアートセンターの松田朋春さんとで東京ピクニッククラブを結成したのは、ロンドンのピクニッククラブから 200 年を記念してのことです。1802 年のピクニッククラブは、屋内で寸劇を楽しむような集まりで、現在私たちが考えるピクニックとは随分と違っていました。男女が同等に集まって楽しんでいたことから、破廉恥な危険分子と見なされていたようです。ピクニックという言葉はフランスからイギリスに入ったのですが、同時に自由と平等の概念もついてきました。そもそもフランス語のピクニックという言葉には、皆が同等に寄与するという意味も含まれていました。おそらく 18 世紀のフランスではカフェなどで政治や文学談義をする非公式の集まりもピクニックと呼ばれていたと私たちは考えています。ロンドンのピクニッククラブは、フランスかぶれの若者たちだったのでしょう。歴史に垣間見られるピクニックという概念の奥深さはとても示唆的です。

ピクニックグッズの提案

私たちはクリエイターの集まりなので、ピクニックを楽しむためにいろいろなグッズをデザインして提案をしています。フードコーディネータが中心になって、オリジナルの紅茶（図 **02**）やケーキやビールなどをつくって、空間や

04

05

風景と食との関係をデザインしたり、デザイナーが中心になって、バッグやバッヂ（図 03）や旗をつくって、ピクニックを彩りながら自分たちの意見を表明したりします。

もう少し都市的なスケールに関わる提案としては、公園の売店ネットワークのシステムと売店そのものをデザインしました。システム自体はまだ実現していませんが、ピクニキオスク（図 04）と呼んでいる売店のひとつは実際に制作され、いろいろなプロジェクトで活躍しています。2004 年には、森美術館の展覧会に革張りの移動式芝生ユニット「ポータブルローン」を出展しました。これは、東京の“使える”緑地が非常に限られているという現状や、状況を打開するために自分たちで工夫する姿勢も必要じゃないか、ということのある種の表現です。

2005 年には韓国の安養（アニャン）市で行われた国際パブリックアートフェスティバルに招待され、使われていない芝生を飛行機型に切り抜き、人のいる場所に移動させてピクニックフィールドにする「グラス・オン・ヴァケーション」（図 05・06）という作品を作りました。この頃から次の「ピクニックによるまちづくり」の活動へのアイディアが芽生えてきていました。

ピクニックによるまちづくり

そうした活動を続けているうちに、2006 年頃からまちづくり的なプロジェクトに関わるようになりました。森美術館の展覧会のために制作した「ポータブルローン」が実際に神田のまちに出て、小さな公園をピクニックフィールドにしたり（図 07）、地区のお祭りでは車両通行止めにした道路にポータブルローンを置いて地元の老舗の食を楽しんでもらったりしました。

千葉県の柏の葉地区では、2007 年からゴールデンウィークにピクニックによるまちづくりイベントを展開しています。柏の葉は、つくばエクスプレスの開通によって開発が始まったエリアで、計画人口 2 万 6 千人で整備が進められています。新しいまちが生まれるこの場所で、周辺住人やこれから住む人たちに、開発中から少しずつこの場所に親しんでもらおうということで始めました。2007 年、まだ更地だった開発予定地に芝生の種を蒔いてピクニックフィールドとして開放し、ピクニック・エクスポというイベントを開催しました（図 08）。多くの人が訪れて、思い思いにピクニックを楽しみました。何もない場所でも、ピクニックをしましょうと呼びかけるだけで、多くの人が工夫して公共空間を楽しむ術を持っているのだと実感しました。

東京ピクニッククラブの活動姿勢

これらが、東京ピクニッククラブの活動の概要です。東京ピクニッククラブの活動の姿勢は、

06

07

次のように要約できるかと思います。

1. 特定の場所やまちに依存しない。…特定の地域に固執せず、面白い場所があればどこでもピクニックを展開します。

2. 考え方を提示して、参加者に任せる。…ピクニック自体は誰でもできるものです。ピクニックのイベントを企画するときも、すべてお膳立てするのではなく、楽しむコツやきっかけだけを示して、あとは参加者が自ら創造していくことが重要だと考えています。

3. 食べ物に対する姿勢に手を抜かない。…食は、豊かな空間や時間を演出する有用な道具になり得ます。特に日本人はそれが得意なはずです。

創造都市

こうした東京ピクニッククラブの活動を客観的に眺めたときに、どのような文脈にあるのかを考えてみたいと思います。

世界的に重厚長大な産業から脱却していかに新しい都市の産業をかたちづくるかが20世紀後半から模索されています。その中で、2000年代に入った頃から「創造都市」の概念が注目されるようになりました。最近では世界中で多くの「創造都市」を標榜する都市が出てきています。日本でも、創造都市政策を掲げる都市は増えています。日本で創造都市論をリードする佐々木雅幸先生は、都市経営の観点から、創造都市とは「人間の創造活動の自由な発揮に基づいて、文化と産業における創造性に富み、同時に、脱大量生産の革新的で柔軟な都市システムを備えた都市」だとしています。それでは、都市市民はどのようにこの創造性を享受するのでしょうか。その可能性の明確な現れのひとつが、公共空間での体験なのではないかと思います。そうしたなかで、都市とアートとの関係も変容しつつあります。

公共空間における創造性の享受

創造都市の戦略がどのように公共空間に表れ享受されているのかをヨーロッパの事例で見ていきたいと思います。

フランスのリヨンでは、毎年12月8日に「フェット・デ・リュミエール (Fête des Lumières)」という光のフェスティバルが行われています。この日は伝統的に、キャンドルを持ってまちを歩き、各家庭では窓辺にキャンドルの灯をともす光の祭りが行われていました。この祭りを創造的に発展させたライトアップと光のアートの国際的フェスティバルが、フェット・デ・リュミエールです。まちのあちこちに光のアート作品が置かれ、それは広場だったり川辺だったり地下鉄の中だったりするのですが、人々はそれらを楽しみながら夜じゅうまちを巡るのです (図09)。アート作品は参加型のものが多く、単に鑑賞す

08

09

るものというよりは公共空間への参加やまちの再発見を促していると言えます。夜が長くて憂鬱になりがちなヨーロッパの冬を逆手にとったかたちです。また、美しい街並みのライトアップにも工夫が凝らされています。リヨンはこのライトアップ技術をまちの産業のひとつにしていて、ノウハウを世界の都市に輸出しています。

もうひとつの例として、フランスのナントを拠点に世界中で活躍する「ロワイヤル・ドゥ・リュクス (Royal De Luxe)」を紹介しましょう。彼らは、まちを舞台に巨大操り人形を使って物語を展開する作品を 1994 年頃からつくっています。特に有名な「サルタンの象」という作品は、身長 8 メートルの少女と高さ 11 メートルの象が 4 日間にわたって紡ぎ出す物語で、アントワープ、ロンドン、チリのサンティアゴ、レイキャビクなど世界のあちこちの都市で行われました。人々は少女と象を追ってぞろぞろとまち中を歩きまわります。まるで生きているように動く巨大な操り人形によって都市の風景が異化され、見慣れた広場や街路で非日常を体験するのです。ロワイヤル・ドゥ・リュクスの作品には人々を巻き込む圧倒的な力があります。

ニューカッスル / ゲイツヘッド

リヨンやナントは日本でも創造都市としての評判をある程度確立していると思いますが、ここで、新しく勢いのある創造都市、イギリスのニューカッスル / ゲイツヘッドを紹介します。

イングランドの最北部、タイン川を挟んで向かい合う人口 26 万人のニューカッスル・アポン・タインと人口 19 万人のゲイツヘッドという二つの都市です。両都市は、かつて造船業と炭鉱業で栄え、特に造船は 20 世紀半ばには世界一を誇りました。しかし、その後、多くのイギリスのまちと同じように造船業は落ち込み鉱山も閉山して、まちは急速に衰退します。失業率は一時 17% にまで達し、苦しい時代が続きました。

しかし、両都市は、1990 年代後半から鮮烈な都市再生の道をたどります。そのきっかけとなったのが、彫刻家アントニー・ゴームリーによる巨大彫刻「エンジェル・オブ・ザ・ノース (The Angel of the North)」です。まちが誇った造船技術による高さ 20 メートル幅 54 メートルの彫刻は、1998 年に完成し、ゲイツヘッドの閉山した鉱山の上に立てられました。この年、エンジェルを見るために 10 万人の旅行者がまちを訪れたことで、アートが都市を変えうるという認識が強まり、ゲイツヘッドとニューカッスルが手を組んで文化による都市再生を歩むようになります。特に両都市の間にあるタイン川沿いが文化エリアとして整備されていきました。2000 年には両都市をつなぐ美しい歩行者橋「ゲイ

10

11

ツヘッド・ミレニアム・ブリッジ」、2002年には打ち捨てられていた製粉工場をリノベーションした「バルティック現代芸術センター」、2004年にはノーマン・フォスターによる「セージ・ゲイツヘッド音楽ホール」が次々とつくられました。

こうした文化による都市再生を推進する「ニューカッスルゲイツヘッド・イニシアティヴ」という組織が2000年に設立されました。彼らが目指していた欧州文化首都への挑戦は落選に終わりましたが、結果的にはそれ以上の成果を上げています。北の落ちぶれたまちだったニューカッスル / ゲイツヘッドは、イギリス国内の観光地の中で4位の人気を獲得するようになり、文化・観光産業の雇用数も飛躍的に増えました。また、このまちではアートが自分の人生にとって重要であると思う市民の割合がイギリス平均を大きく上回っているという調査結果も出ています。ミレニアム・ブリッジは、RIBA(王立英国建築家協会)の最優秀賞などを受賞しています。建築的評価、経済効果、市民意識のすべてが満足される再生だったのです。

ピクノポリス・ニューカッスル / ゲイツヘッド

2008年、ニューカッスルゲイツヘッド・イニシアティヴは、「Look East」と銘打ってアジアのアートを年間テーマに掲げました。東京ピクニッククラブもアジアのアーティストの一組として招待され、2008年8月に「ピクノポリス」という10日間のプロジェクトを行いました。

ピクノポリスは、まちを10日間だけ「ピクニックのまち」にするプロジェクトで、2つの主要な作品から成ります。ひとつは全長26メートルの飛行機型の芝生フィールド「マザープレーン」で、タイン川沿いの文化エリア、ミレニアム・ブリッジのたもとに置かれました(図10)。すぐ横にあるバルティック現代芸術センターのカフェでピクニックフードを提供したこともあり、晴れた日には多くの人たちがこのうえでピクニックを楽しみました。ミレニアム・ブリッジが船を通すために回転するのを眺める絶好のスポットにもなりました(図11)。

もうひとつは、「ベビープレーン」と呼ばれる2メートルほどのエア・マットで、100機のベビープレーンが毎日違う場所に現れては1日限りのピクニックフィールドを作り出します。ベビープレーンが現れるのは、まちのアイデンティティを体現するような風景をもつ10ヵ所です。たとえば、1日目はゲイツヘッドのエンジェル・オブ・ザ・ノースの足下(図12)、2日目はまちのプライドを象徴するサッカーチーム、ニューカッスル・ユナイテッドのホームスタジアムのすぐ隣の公園(図13)、5日目は川沿いの造船ドックを臨む牧場、といった

12

13

案配です。最終日には、ベビープレーンたちはマザープレーンのいるミレニアム・ブリッジのたもとに現れました。ベビープレーンには、「クラウド・カメラ」と呼ばれる雲形のバルーンがついてきます。バルーンからはカメラが吊り下げられていて、リモートコントロールでピクニックの様子を上から撮れるようにしました。子どもも大人も、上空からの記念写真に大喜びでした。

毎日2ヵ所で並行して展開するピクニックの他に、たくさんの付随プログラムが行われました。バルティック現代芸術センターによるピクニックボックスをつくる子どものためのワークショップ、児童文学センターによるピクニックでの絵本の読み聞かせ、日本の茶道のお点前体験や地域の伝統的なパンのレシピ提案ワークショップ（図14）、大学や行政とともに行った公共空間に関するシンポジウムなど、ニューカッスルゲイツヘッド・イニシアティヴとともにピクニックを糸口にして様々な参加のかたちを作りました。

ピクニックコンテスト

最終日に開催したのが、最大のイベント、ピクニックコンテストです。多くの参加者が集まり、私たちはその一組ずつにインタビューをし、特に「料理」「道具・ファッション」「社交」の3つの観点に焦点を置いて総合評価を行いました。皆がそれぞれに自分に合った楽しみ方をしているのが印象的でした。

そのなかでも特に高評価だった5組は次の通りです。5位は、地産のチーズをテーマにしたグループ。食から地域を見直すコンセプトです。同率3位の一組は、飼い犬の誕生祝いをしていた夫婦。人間用のパーティフードと見まごうばかりにデコレーションされた犬用ピクニックフードを持ってきていました。もう一組は、ニューカッスル大学で教鞭を執るスペイン人、フランス人、そして友人のドイツ人のインターナショナルな建築家グループ。ヨーロッパのあちこちで買いそろえた食器の彩りもスペインオムレツの美味しそうなきつね色も美しい食卓でした。2位は、会場で最も目立っていたコスプレのグループ（図15）。パンダ、パイロット、キャビンアテンダント、ゴールディロックス（三匹の熊の童話に出てくる主人公の少女）に扮した彼らは、元職場の同僚とのこと。マザープレーンに乗るためにパイロットとキャビンアテンダントの衣装を揃えたという意気込みや、パーティフードや衣装で賑やかに場を演出して楽しむ様子には、感激しました。1位の熟年カップルが用意したイギリスの伝統的ティーケーキ、日本の寿司、デンマークのオープンサンドは、驚くほど美しくて美味しいものでした（図16）。そして、唯一彼らだけが、アンティークのピクニッ

14

15

クセットを持参しました。ピクニックセットというイギリスのデザイン資産は、残念なことに本国でもほとんど忘れられてしまっているのです。この写真（図 17）は、コンテストの 1 位と 2 位のグループが帰りがけに手を振り合っているシーンです。熟年カップルとコスプレの若者。普段ならまったく接点のなさそうなこの二組が、ピクニックを通じて空間と時間を共有している様子には、公共空間の美しい側面が表れているように感じています。

ピクノポリスを振り返って

ピクノポリスのコンセプトをまとめてみましょう。

1.「公共空間のセレブレーション」…都市を共有していることの喜びをかたちにする。公共空間の出来事に市民を巻き込み、都市を使いこなす創造性を引き出す。

2.「風景の再発見」…まちの資産である風景をアートによって創造的に転換し、市民のシビックプライドにつなげる。

3.「地域価値のマッチングを行う」…アートの介在によって、地域のコミュニティ、行政、産業、文化組織などのコミュニケーションを促進する。

4.「異人としてふるまう」…旅のテーマを内包し、地域を発見する。

私たちは、公共空間は都市の創造性が発揮される場だと考えています。だからこそ、ピクニックは、都市を内側から変えていく手段になり得るのです。

質疑応答

Q：東京の人は、特に公共空間をうまく使えていないと思いますが、理由はどこにあるでしょうか。

A：たしかに、公共空間を楽しむという意識がそれほど強くないのかもしれません。東京は人口密度が高く、知らない者同士の距離が近い公共空間はストレスを与える空間でもあります。たとえば電車の中で携帯を見たり、音楽を聴いたりして交流を遮断するのは、高密な公共の場でストレスを和らげるために身につけた知恵なのだと思います。一方で、色々な人と会って話をしたり、意外な出会いがあったりするのが都市の良いところです。ホームパーティーを開くのも容易ではない東京の住環境では、都市の公共空間を活用する可能性を考えるべきです。現状では、そうした機能を意識してつくられている公共空間が多いとは言えませんが、本来、都市が社交にふさわしい公共空間を提供することで狭小な住空間を補完することが必要なのです。ピクニックの本質的な意味は社交です。ピ

16

17

クニックはソフトではありますが、私たちの活動に共感してピクニックをする人が増えれば、公園の風景、使い方が変わるでしょう。そうすることで、ハード自体も少しずつ変わっていくのではないかと考えています。

Q：ピクニックの空間において、重要な要素はなんでしょうか。

A：木陰のような拠り所があり、風景に「抜け」があることがシンプルな空間のスペックだと思います。そこでの集まり方は、皆でラグを囲んで輪を形成するのが基本形ですが、輪が幾つかに分かれてもいいのです。話題の中心がいくつかあったり、寝ている人や本を読んでいる人がいたりするような、緩く時間と空間を共有するのがピクニックの良さだと思います。もちろんこれが絶対的な価値なのではなく、それぞれの人が自分なりの心地よく楽しめる空間を見出していくことこそが大事なのだと思います。

Q：都市を本質的に変えるデザインを考えるべきだと思っています。しかし、現在世の中で行われているデザインの多くは、明確な思想がなく表面的で一過性のデザインだと思います。その点について、ピクニックの考え方はいかがですか？

A：私たちのデザインは明確な意思を持っています。いきなり都市のフィジカルな形態を変えることは難しいですが、こうしたプロジェクトは、一時的ではあるものの今までにない要素の導入によって都市の風景や使い方を変え、インパクトのあるかたちで都市の可能性を喚起することができます。小さなエア・マットや10日間だけの芝生広場は一過性のデザインだと感じる人もいるかもしれませんが、私たちはそう考えていません。私たちは、都市生活者の認識と行動の変化を通して、最終的には都市自体を本質的に変えていく、そんなプロセスをデザインしたいのです。

伊藤香織（いとう かおり）

東京生まれ。東京大学大学院修了、博士（工学）。東京大学空間情報科学研究センター助手を経て、東京理科大学講師。2008年より同准教授。専門は、都市デザイン／都市空間解析。著書に『シビックプライド：都市のコミュニケーションをデザインする』（共同監修，宣伝会議，2008)、『空間情報科学のパイオニア』（共著、統計情報研究開発センター、2004）など。映像作品に『PopulouSCAPE』（共同制作、2005）など。また、2002年よりアートユニット東京ピクニッククラブを共同主宰し、公共空間をめぐる提案を行う。主な作品に「ピクニキオスク」(2005)、「ピクノポリス」(2008)など。

建築の模型 2

ミュージアム以外の建築の模型

「建築の模型 2」は、同「1」で取り上げたミュージアム以外の建築の模型である。54 点のうち 34 点が住宅建築（集合住宅含む）であり、住宅以外では公共建築、オフィス、歴史的建築などをあつかっている。各種の建築類型が万遍なく制作されている段階ではなく、コレクションの増加は今後の課題である。模型は建築規模に応じて、1/50、1/100、1/300 の 3 種類の縮尺で制作された。

とりあげた建築の大半は近代以降の建築である。近代建築の特徴を、機能・構成・素材という言葉に集約してみる。それは、近代社会の都市化・機械化・工業化という変革に連動して、建築自体にもたらされた変化の要因である。これらの諸相を象徴的に組み入れた建築は、ル・コルビュジエによるサヴォア邸 (p.228,229) であろう。コルビュジエが提起した「新しい建築の 5 原則」（ピロティ、屋上テラス、自由な平面、水平連続窓、自由なファサード）が盛り込まれ、まさに近代建築の規範となった。サヴォア邸にしばしば比肩されるのは、後期ルネッサンスを代表するアンドレア・パラーディオのヴィラ・アルメリコ・カプラ（ラ・ロトンダ）(p.214,215) である。パラーディオは自身が崇敬するローマ建築の諸要素を秩序立てて再構成した。それは主に平面計画における徹底的な対称性として導入され、4 方向にロッジアをもつ正方形プランが示された。コーリン・ロウが指摘するように、サヴォア邸とラ・ロトンダは、外観の印象は大きく異なるものの、どちらも田園風景に自立する理想世界を体現し、「数学」によって秩序が統合されている。幾何学と象徴において、ラ・ロトンダがより求心的・直接的であるのに対し、サヴォア邸はより分散的・間接的である。この性格の相違は、モデルの手法における「スタイル」（様式）と「タイプ」（類型）の違いにも重ねられる。コルビュジエの 5 原則は「自由な」運用を許容するものである。近代建築は、その機能・構成・素材の多様性によって、普遍的で類推的な「タイプ」としての原型性を希求したともいえるだろう。住宅建築は、小規模な空間にアイディアや思想を凝縮させた作品が多く、このような原型性をもつものが少なくない。ファーンズワース邸、前川國男自邸 (p.232)、イームズ邸 (p.233)、増沢洵自邸 (p.234,235)、スカイハウス (p.242)、軽井沢の山荘 (p.245)、住吉の長屋 (p.249)、中野本町の家 (p.250,251)、箱の家 (p.254) などが例としてあげられる。

21 世紀の建築がいかなるモデルとして示されるかは明らかではない。機能・構成・素材等のファクターとともに、活動主体である「人間」が関与する比重が高まっている。今までの「建築類型」（ビルディング・タイプ）に対して、より小さなスケールで、より人間活動に直結した「空間類型」（スペース・タイプ）と呼ぶべきものが想定できるかもしれない。梅林の家 (p.260)、T House(p.262)、森山邸 (p.263) といった最近の作品には、そのような新たなタイプの展開が感じられる。

四合院住居　北京　1/300
前ページ：アヤ・ソフィア　イスタンブール　6 世紀　1/300

ユニティ教会　オークパーク　フランク・ロイド・ライト　1905-1908　1/100
後ページ：ヴィラ・アルメリコ・カプラ　ヴィチェンツァ　アンドレア・パラーディオ他　1566-1585　1/100

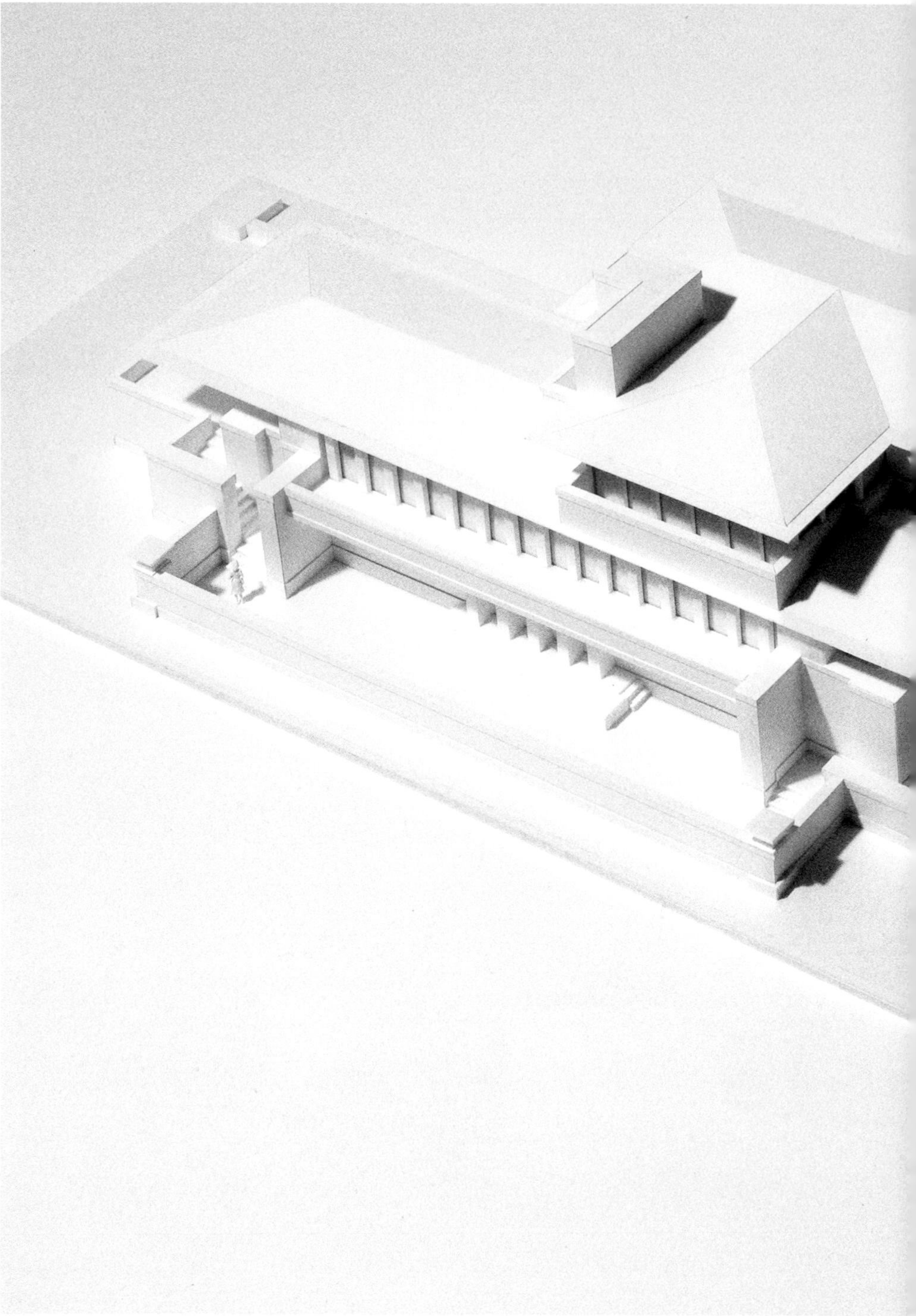

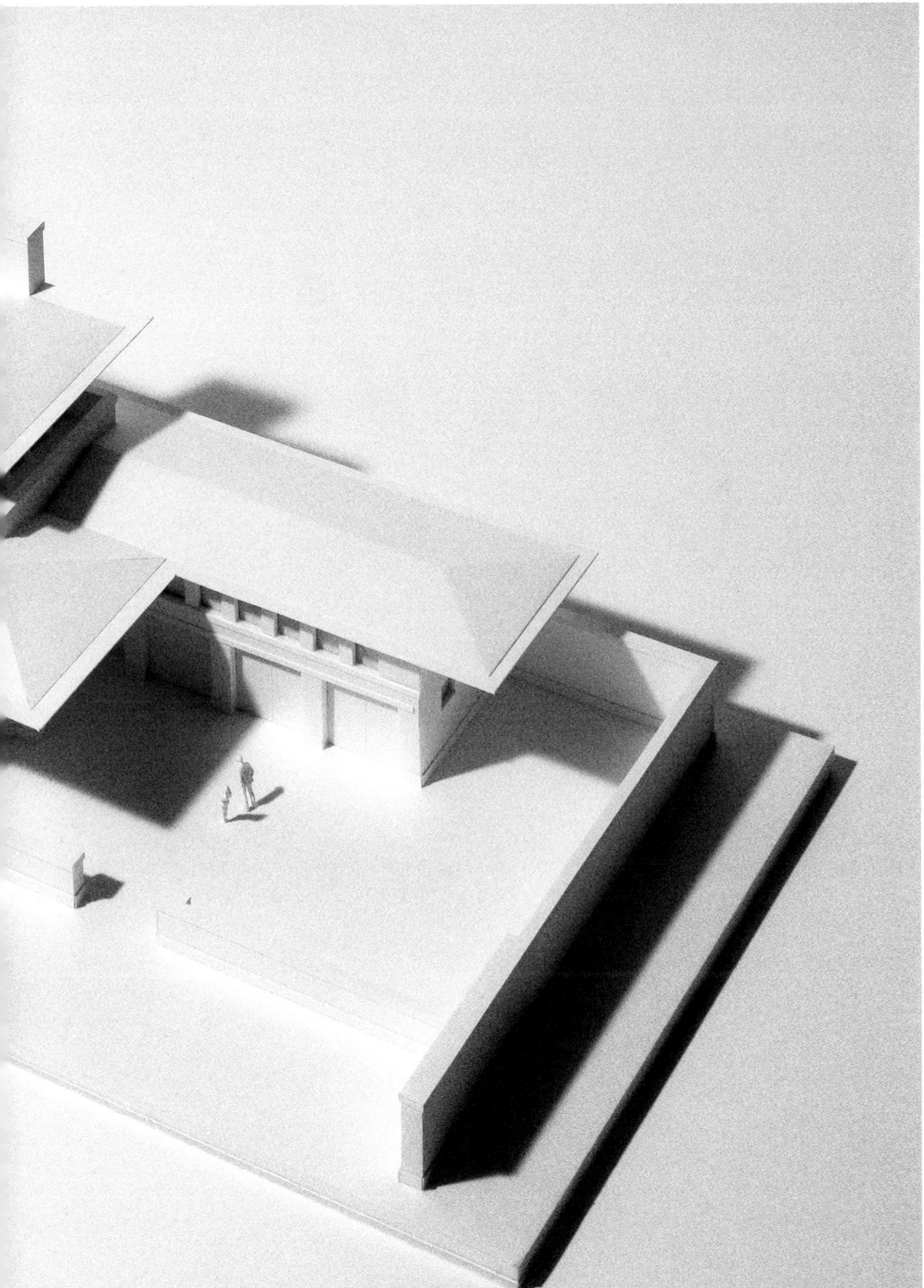

カサ・ミラ　バルセロナ　アントニオ・ガウディ　1905-1907　1/300
前ページ：ロビー邸　シカゴ　フランク・ロイド・ライト　1908　1/100

シンドラー＝チェイス邸　ロサンゼルス　ルドルフ・シンドラー　1921-1922　1/100
後ページ：　東京帝国大学法科大学講義室（八角講堂）　東京　不明　1914　1/100

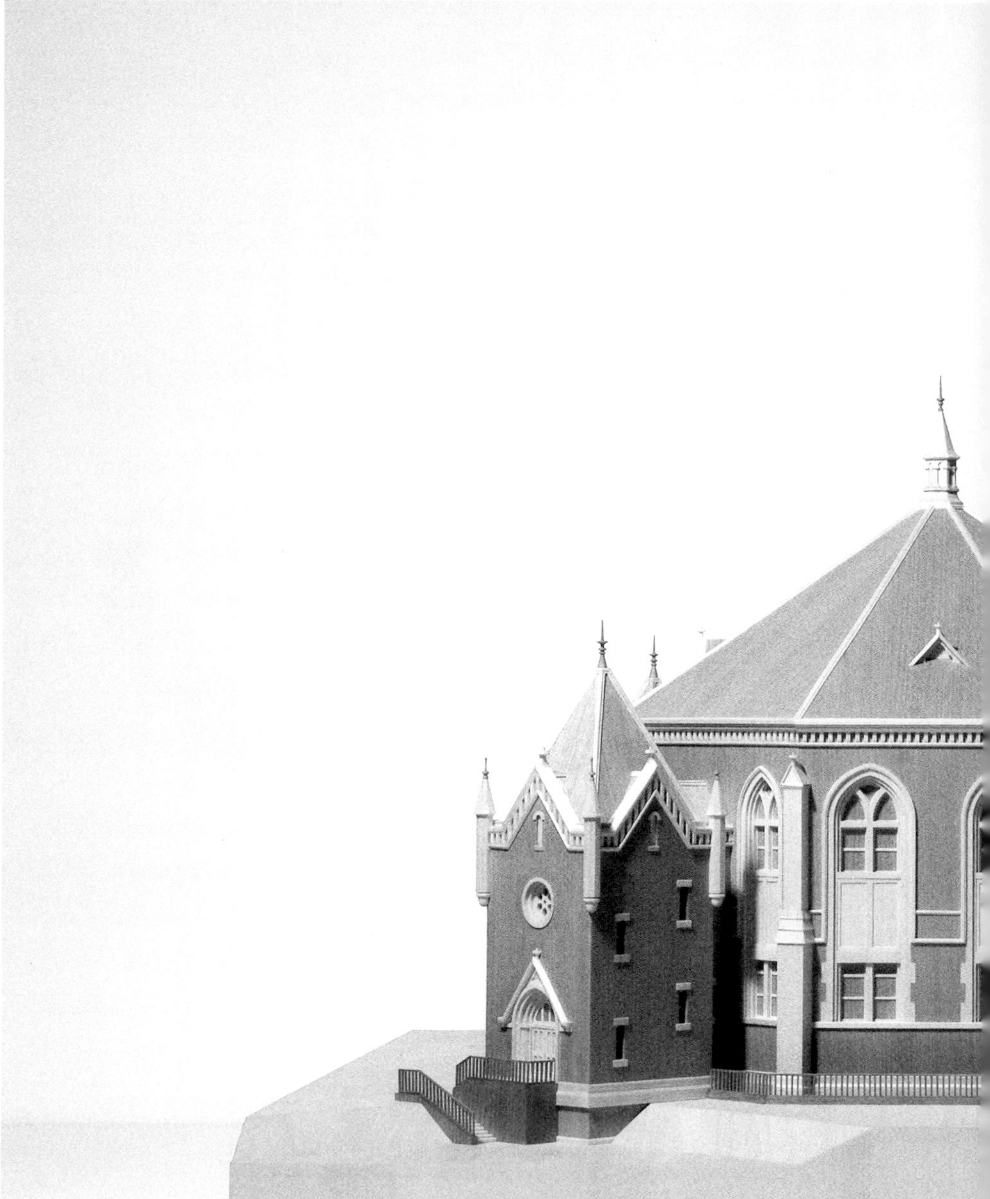

シュレーダー邸　ユトレヒト　ヘリット・リートフェルト　1924　1/50

ストックホルム市立図書館　ストックホルム　グンナー・アスプルンド　1918-1927　1/300

ストーンボロー邸　ウィーン　ルードヴィヒ・ヴィトゲンシュタイン　1928

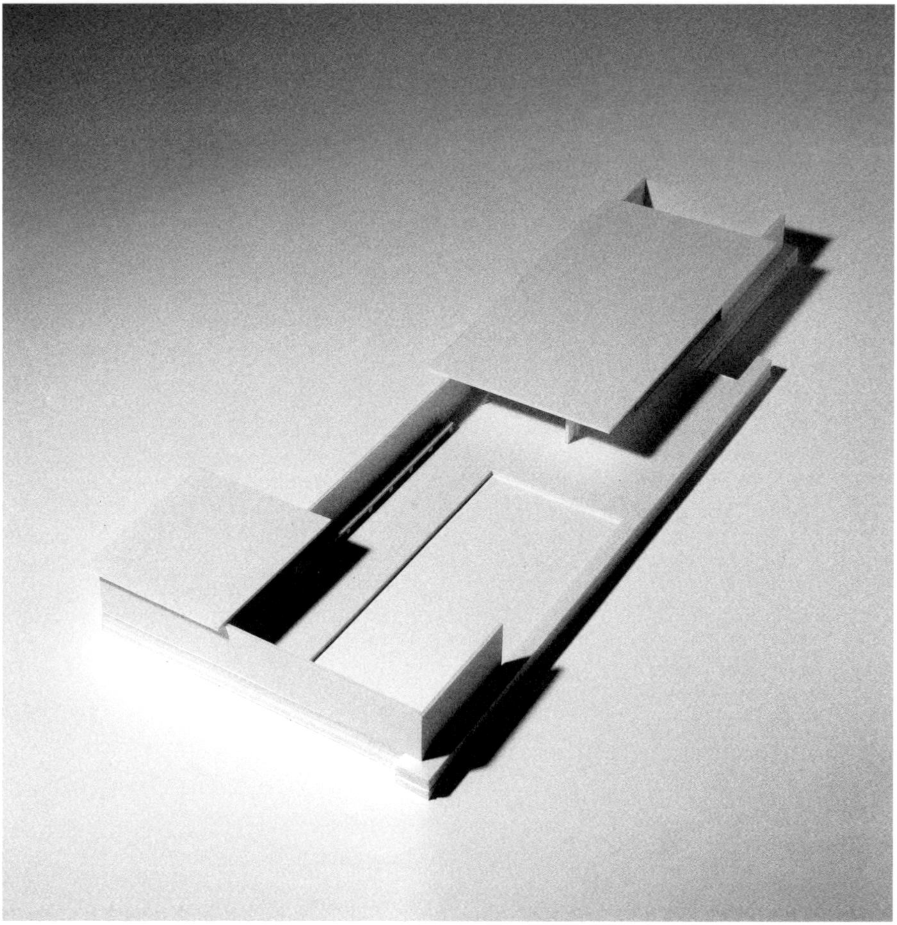

バルセロナ・パビリオン　バルセロナ　ミース・ファン・デル・ローエ　1928-1929　1/100

メルニコフ自邸　　モスクワ　　コンスタンティン・メルニコフ　　1929　　1/50

マイレア邸　フィンランド　アルヴァー・アアルト　1938　1/100
後ページ：サヴォア邸　ポワッシー　ル・コルビュジエ　1928-1929　1/100

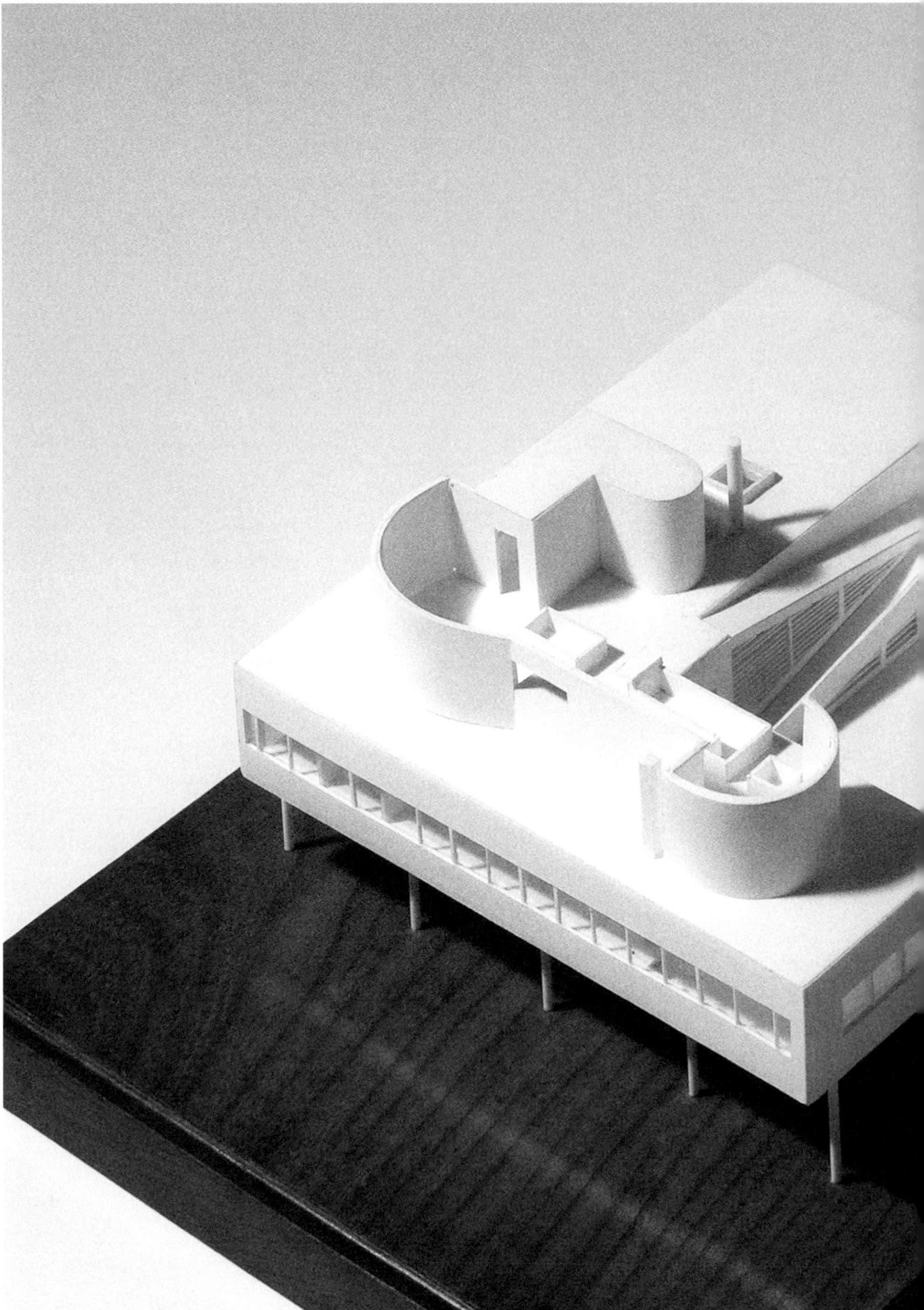

前川國男自邸　東京　前川國男　1942　1/50
前ページ：　カサ・デル・ファッショ　コモ　ジュゼッペ・テラーニ　1932-1936　1/300

イームズ邸　ロサンゼルス　チャールズ&レイ・イームズ　1945-1946　1/100
後ページ：　増沢洵自邸　東京　増沢洵　1952　1/50

斉藤助教授の家　東京　清家清　1953　1/50

久我山の家　東京　篠原一男　1954　1/30
後ページ：　丹下健三自邸　東京　丹下健三　1953　1/50

広島平和記念資料館　広島　丹下健三　1955　1/300

谷川さんの家　東京　篠原一男　1958　1/30

スカイハウス　東京　菊竹清訓　1958　1/50

マイラム邸　フロリダ州　ポール・ルドルフ　1959-1961　1/100

から傘の家　東京　篠原一男　1961　1/30

軽井沢の山荘　長野　吉村順三　1962　1/50

東京カテドラル聖マリア大聖堂　東京　丹下健三　1964　1/300

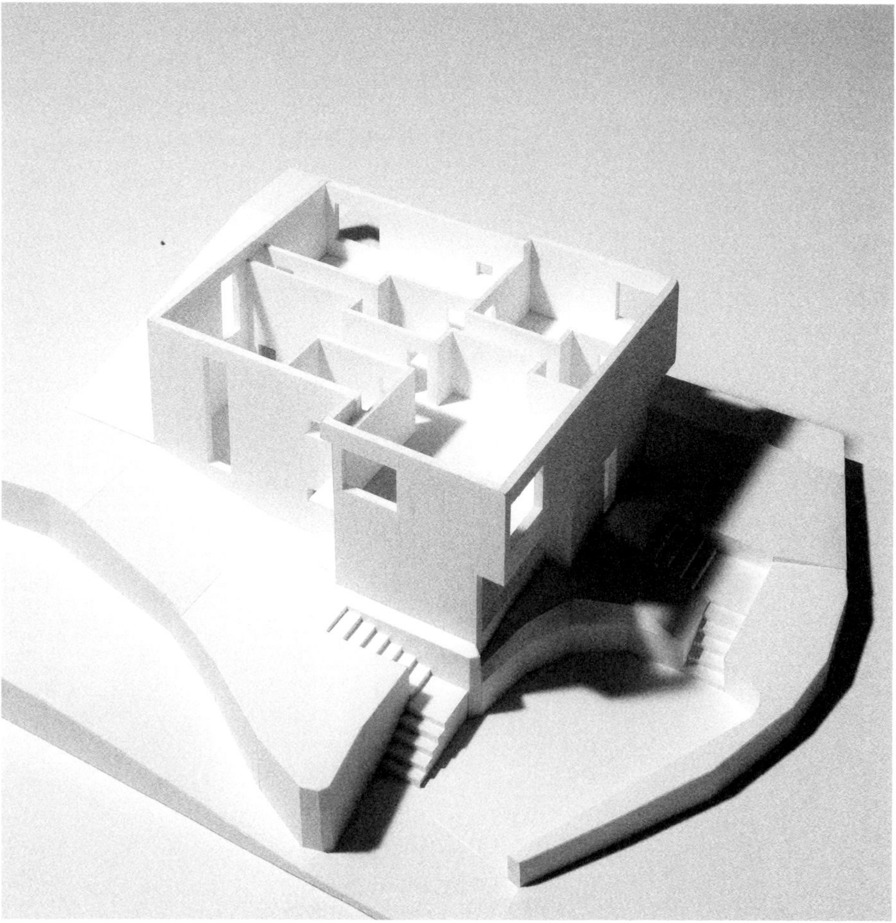

同相の谷　東京　篠原一男　1971　1/50

リーヴァ・サン・ヴィターレの住宅　ティッチーノ州（スイス）　マリオ・ボッタ　1972-1973　1/100

住吉の長屋　大阪　安藤忠雄　1979　1/50

後ページ：　中野本町の家　東京　伊東豊雄　1976　1/50

るるるる阿房　東京　齋藤裕　1980　1/50

高圧線下の住宅　東京　篠原一男　1981　1/30

箱の家 -1　東京　難波和彦＋界工作舎　1995　1/50

せんだいメディアテーク　仙台　伊東豊雄　1997-2000　1/300

ロンドン市役所　ロンドン　ノーマン・フォスター　2002　1/300

川奈OA邸　静岡　大野秀敏＋アプル総合計画事務所　2002　1/50

勝浦の別荘　千葉　千葉学　2003　1/50

木の家　東京　難波和彦＋界工作舎　2003　1/20

梅林の家　東京　妹島和世　2004　1/50

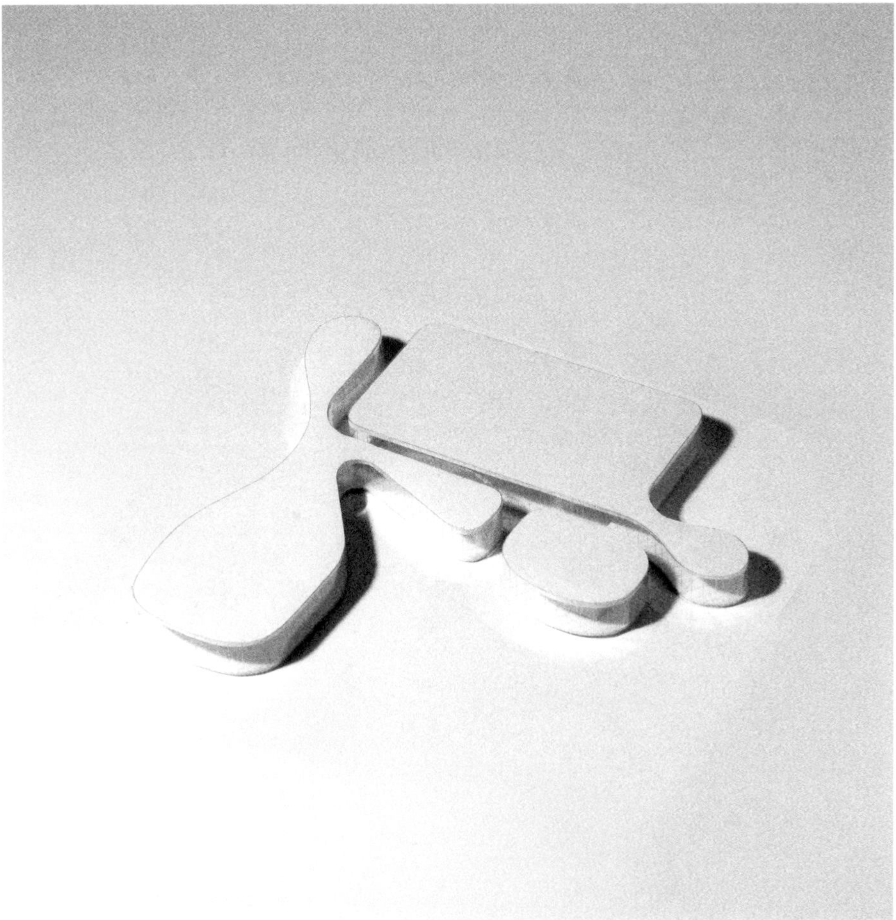

鬼石多目的ホール　群馬　妹島和世　2005　1/300

T house　群馬　藤本壮介　2005　1/50

森山邸　東京　西沢立衛　2006　1/100
後ページ：　東京大学工学部２号館　東京　岸田省吾　2005　1/300

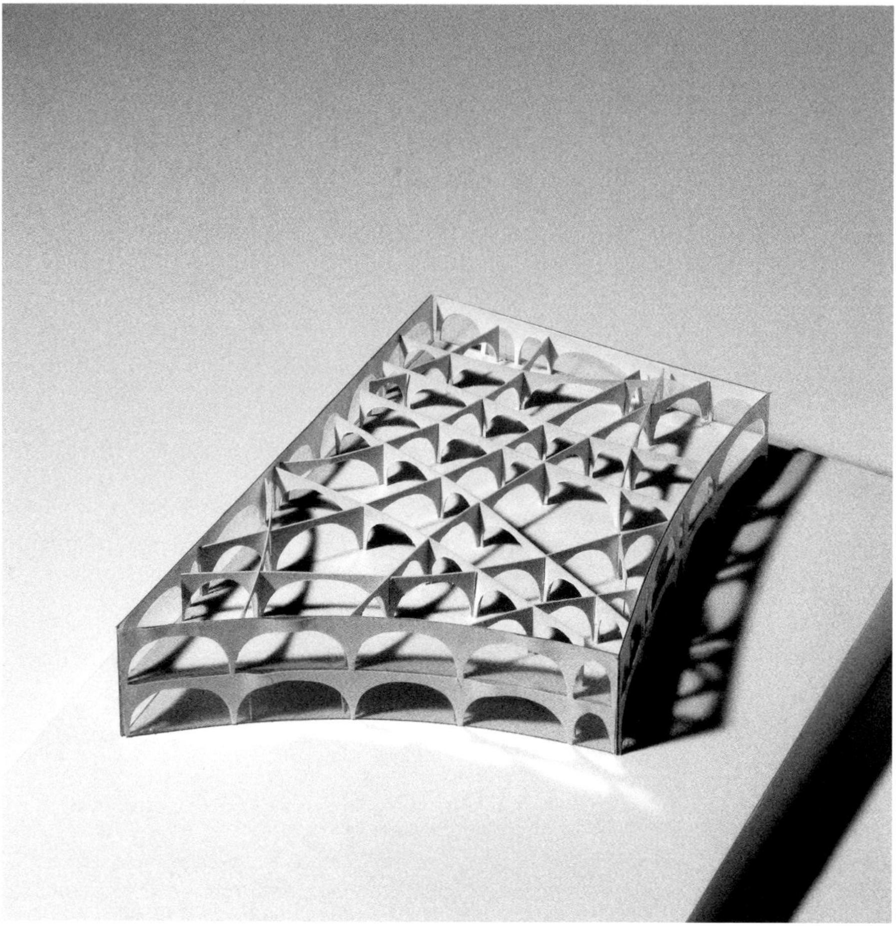

多摩美術大学図書館（八王子キャンパス）　東京　伊東豊雄　2007　1/300
前ページ：　ふじようちえん　東京　手塚貴晴・手塚由比　2007　1/100

神奈川工科大学 KAIT 工房　神奈川　石上純也　2008　1/100
後ページ：　中国中央電視台　北京　レム・コールハース　2008　1/300

マレーヴィッチに捧ぐ　西野嘉章　1991

MONOMUSEUN　セルジオ・カラトローニ　2008　1/300

Exhibition Storage Architecture　洪恒夫　2008　1/50

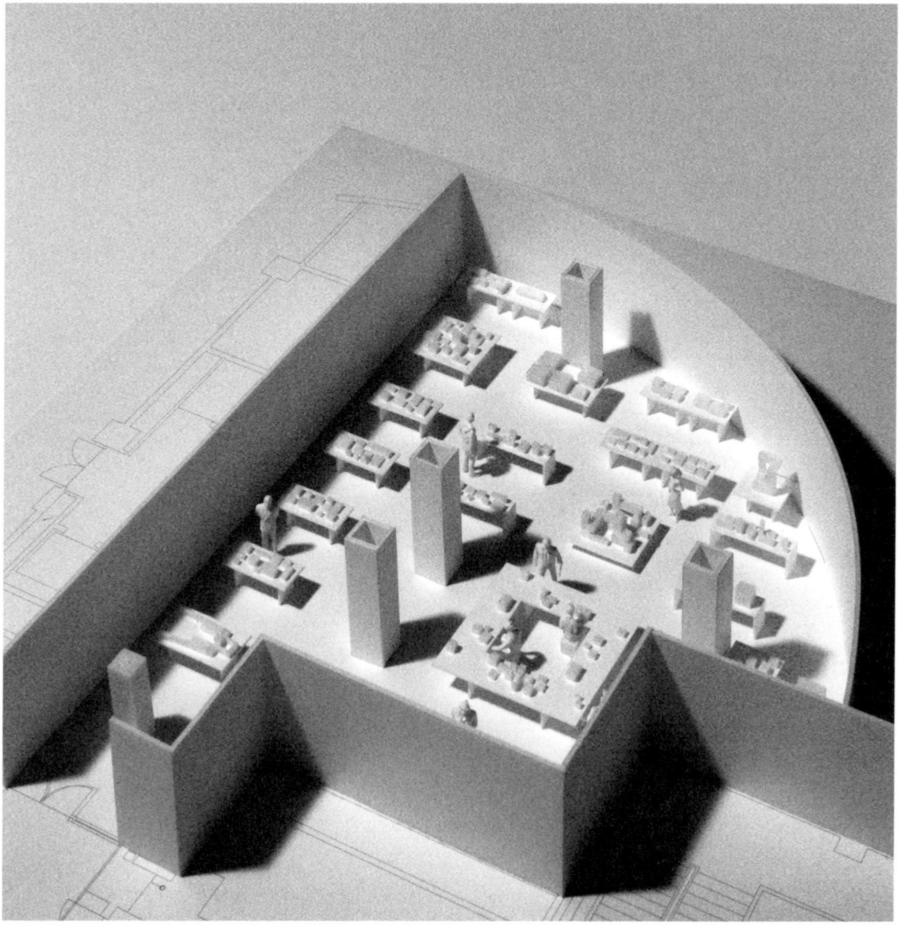

UMUT オープンラボ展会場　松本文夫　2008　1/50

オープンラボ——創造再生の現場

松本文夫

本書で紹介されている『UMUT オープンラボ——建築模型の博物都市』展は、2008 年 7 月 26 日から 2009 年 2 月 13 日まで、東京大学総合研究博物館で公開された展示である。本稿では、展示の準備から運営までの経過をふりかえるとともに、本展で試行された「オープンラボ」の可能性と課題を考察する。

ゼロからの出発

展示準備は建築模型がゼロの状態からスタートした。正確にいえば、総合研究博物館には建築模型コレクションが存在する。本館小石川分館に展示されている東京大学逸失建築の復元模型はジョヴァンニ・サッキによる傑出した木工作品群である。建築模型の展覧会としては、このような既存作品を収集して一堂に展示するという方法が考えられる。しかし、結果的に私たちは、展示物を自分たちの手で作る方向に進むことになった。本展の計画が具体化する前に、教養学部前期課程の学生 2 人が、ル・コルビュジエのサヴォア邸の模型を制作した。簡明な外観と複雑な内部構成をもつモダニズム建築の名作を前に、学生たちは図面資料から空間を読み込み、1:100 の模型を組み立てていった。模型制作を通して建築への理解を深めるというこのプロセスが、展示の企画構想の原型を形成した。すなわち、建築探求と模型制作の現場をそのまま展示に持ち込むという考え方である。こうして、2007 年末から展示準備が開始された。

建築模型の制作

制作する建築模型の候補については、素案リストを作成した上で学生の提案を入れながら決めていった。展示された建築模型は大きく 3 つのカテゴリに分けられる。第一に近現代のミュージアム建築の模型である。アルテスムゼウムのような原型的ミュージアムから現代の個性的ミュージアムまでを縮尺 1/300 で制作した。第二に、ミュージアム以外の各種建築の模型である。住宅建築をはじめ公共建築やオフィスなどを縮尺 1/50、1/100、1/300 で制作した。第三に、提案型の建築の模型である。学生や教員のオリジナル作品やワークショップの作品など既存建築とは異なるタイプの模型が制作された。

模型の素材は、主にスタイロフォームとスチレンボードである。スタイロフォームから熱線カッターでブロックを切りだしてジェッソで白色塗装したもの。もう一つは、スチレンボードを組み立てたものである。どちらも設計実務や教育現場でよくつかわれる手法である。建築雑誌や作品集から資料を収集し、図面を読解しながら組み立ててゆく。制作を重ねるごとに学生たちの技量は向上し、複雑な曲面をスタイロフォームで切り出すことも可能になった。

建築模型の大半は東京大学の学生が中心となって制作を進めた。全学体験ゼミナール「建築デザイン実習」という授業の履修者有志らによって建築展学生実行委員会が組織された。メンバーの多くは建築学科と都市工学科の学生であり、教養学部前期課程の学生も加わった。さらに慶應義塾大学や桑沢デザイン研究所の学生 / 卒業生も加わり、参加者は他校に広がった。建築模型制作の専門家である横塚和則氏と阿部貴日呼氏には制作アドバイスと一部の模型制作をお願いし、大松俊紀氏には桑沢デザイン研究所の授業で制作した篠原一男の住宅模型 7 点（1:30）を提供していただいた。総勢 30 を越える人々の参加となった。

展示計画の特徴

多数の建築模型を制作・展示することで、建築の個別の存在と向き合いつつ、全体を俯瞰的に一覧することが可能になる。タイトルの「建築模型の博物都市」とは、建築模型の模型でつくられた仮想都市を意図したものである。模型という形式に縮約された多数の建築が、現実と異なる隣接関係のもとに共存して博物学的な集積をつくる。模型素材はすべて白色に統一し、縮尺もできる限り同一にした。キャンパス内に廃棄されていた木製机を再生して古色の展示台とし、完成した白い模型を徐々に並べていった。

この展示には 3 つの特徴がある。第一の特徴は「動態展示」である。建築模型は始めから全てが揃っていたわけではなく、展示期間中も学生が模型制作を継続した。展示物の制作過程を公開し、展示物が徐々に増えていくというスタイルである。第二は「オープンラボ」である。これは文字通り大学の教育研究活動をそのまま公開することを意味している。展示室にはロ型に囲われた 4 m角のデスクが設置され、そこは制作現場としての公開研究室となった。第三は、「コレクション形成」である。本展は既存のコレクションを公開したものではなく、逆に展示を契機にしてコレクションが形成された。すなわちモノを「つくる」ことを前提として成立した展示である。

「創造再生の現場」。これは私が考えてきたミュージアムのイメージである。「収集保存」の拠点としてのミュージアムにおいて、「創造再生」の機能を強化すること。徐々に蓄積されるインプットに対して、新たなアウトプットの形式を創造することは、ミュージアムの基本的な使命である。本館ではこれまでに、さまざまな次世代ミュージアム概念が提案されてきた。「モバイルミュージアム」は空間的な分散流動を主眼とした遊動型博物館、「ミドルヤード」は機能的な相互貫入による融合型博物館である。本展における「オープンラボ」は時間的な継続変化を特徴とする動態型博物館である。ミュージアムは過去に立脚しつつ、未来を見据えた現在進行形の活動機関である。

展示経過のまとめ

約 7 カ月弱の展示期間の経過について、モノ・ヒト・コト・情報という 4 つの視点から以下に概要をまとめてみたい。

モノ：　本展の学生実行委員会が 2007 年 12 月に組織され、展示準備室の一隅で建築模型の制作が始まった。模型の数は徐々に増えてオープニング時に 90 点となり、展示期間中も模型制作を継続したことによって、最終的には 133 点（制作途中を入れれば 140 点）に達した。この中にはワークショップで制作された作品、学生の課題作品、外部専門家への委託作品も含まれている。内容の多様性を孕みながら、展示物の総数が約 1.5 倍に増えたことになる。

ヒト：　会期中はのべ約 300 名の学生が自主的に展示に参画し、とくに特別展の期間中（夏期）は毎日 3 ～ 4 人の学生が常駐した。展示室には制作デスクが配置され、無線

LAN 環境も備えられた。そこは模型制作の作業場所であるだけでなく、来館者との交流、学生達の学習・創作・情報交換の拠点となった。筆者も研究室を展示室に「移動」し、現場に身をおきながら博物館の研究業務をこなすことが多かった。来館者・学生・教員が同じ空間に共存していたことになる。

コト：　模型制作と並行して、展示室ではさまざまなイベントが開催された。各分野の研究者によるレクチャ (15 回)、私や学生によるスライド・セミナ (25 回)、ギャラリーツアー (30 回)、小学生・中高生・大人向けのワークショップ (3 回)、学生の作品発表会 (2 回)、プロによる模型制作デモンストレーション (4 回) などである。これらのイベントは、展示の基本テーマである「建築」をフォローアップしつつ、ときに多様な分野からの刺激的なイマジネーションを重ね合わせる役割を果たした。本書には 15 回のレクチャの内容が収録されている。

情報：　学生の発案により、ブログ OPENLABlog が設置された。制作作業の状況やイベントの感想などが学生によって書き込まれ、展示活動のログとして日々更新された。オープンラボの展示は生成型コンテンツとして徐々に変化するものであり、ブログによる日常的な情報発信と親和性が高い。ブログのほかに、通常のホームページも制作され、「カレンダ」によるイベントの一覧告知、模型リストの一覧表示、レクチャの記録掲出が行われた。

以上 4 点をまとめれば、本展の特徴はモノ・ヒト・コト・情報の継続的な生成関与にあったといえる。すなわち、コンテンツの現場制作、スタッフの自主参画、イベントの常時実践、ウェブによる情報発信である。その多くの場面で学生実行委員が中心的な役割を担っており、大学博物館ならではの展示試行であったといえる。

オープンラボの可能性と課題

本展におけるオープンラボとは、「大学における教育研究の成果を博物資源として制作し、その生成過程を公開しながら進行する動態創成型の展示」のことである。もともとオープンラボという言葉は、展示の内容を示しておらず、むしろ形式を意味している。本展では建築模型の制作を行ったが、別のテーマでも展示として成立するのか。すなわち、オープンラボが「内容」に関わらず実行可能な「形式」であるかが問われている。

オープンラボの可能性の中心は、展示実践に「時間」の概念を組み込むことにある。静的空間として展示を完結させるのではなく、「時空間連続体」として展示を変容させること。そのためには時間変化の受け皿となる空間的 / 情報的な基盤が必要になる。このような基盤をプラットフォームと呼ぶことにすれば、オープンラボの成立要件は、まさにプラットフォームの構築に求められる。

本展でいえば、展示室の中心に設けられた制作デスクと均等配置された展示机は基本的な空間基盤を形成する。展示物の制作順序や配置場所は最初から決まっているわけではなく、全体の進行とともに随時調整される。さらには、スタッフ間の情報交換に使ったグループウェアや共用カレンダ、および日々更新されるウェブサイトやブログも重要な情報基盤である。このようなプラットフォームを備えることによって、オープンラボはさまざまなケースで実行可能になる。具体的には、現在進行形の事象や活動を取り扱う展示、モノづくりや作品制作を公開する展示、資料の収集過程を組み込んだ展示などにおいてオープンラボの形式は選択肢のひとつになるだろう。

博物館における通常の企画展示、いわば「ディスプレイとしての展示」は、展示の花形である。保存資源の中から最適な成果を抽出して学術的 / 視覚的なスペクタクルを形成する。それに対して、オープンラボのような「プラットフォームとしての展示」は、機能区分的な意味での展示という意識を消滅させ、展示の特権性を弱体化させるかもしれない。言葉をかえれば、それは展示と保存の融合、展示と研究の融合、展示と教育の融合、さらには展示と博物館活動全体の融合につながっていく。

当然ながら、オープンラボには一般的な課題も存在する。プラットフォームの設定の仕方にもよるが、1）展示の全体像の未完、2）展示空間のカオス化、3）展示物の相互連関の不明、といった状況が発生しうる。これらは展示の日常化現象であり、オープンラボに潜在する傾向のひとつといえる。全体としての未完成状況を受容しつつ、理論的な調整や構造的な介入を要所で行うことが考えられる。さらに、展示としてのオープンラボの輪郭を明確にする手法としては次の２つが考えられる。

第一に、展示に何らかの「限定」を持ち込むことである。引き算的なルールの設定といってもよい。その限定によって、展示意図が明確に浮上する。本展でいえば、建築模型を全て「白」で統一したことはこれに相当する。現実の建築はさまざまな色彩やテクスチャを有するが、それを白一色で表現することによって、形態的な多様性がみえてくる。第二に、展示の「配列」を優先することである。オープンラボで発生するモノの全体像が事前に予測できないとしても、その配列規則を打ち立てておくことは重要である。時空間連続体としての明確な空間形式を備えていれば、モノの多様性は制御された発現に向かう。本展における展示机の規則的配置は、そのような空間形式を意識したものである。

オープンラボの本質的課題とは、それがよって立つ研究活動や創作活動の課題にほかならない。逆の視点から見れば、他者に情報開示する展示過程を通して諸活動を再編すること、いわば「オープンラボによる生成」が期待されてもよいはずである。その生成過程において、人間の介在をどのように企画するかが焦点になる。モノ主体の展示から人間主体の展示へのシフトがひとつの検討課題になるだろう。

最後に、UMUT オープンラボ展は、学生なしでは成立しなかった展示である。学生の皆さんが何らかの参加意義を感じてくれたなら、筆者の最大の喜びである。

建築の模型 3
提案型建築の模型

「建築の模型３」では、編者が担当している大学の授業の課題作品やワークショップの作品など、提案型建築の模型 90 点を紹介する。これらのうち、約 1/3 が会場に展示された。

模型番号 01-60 は、東京大学教養学部前期課程の全学体験ゼミナール「建築デザイン実習」の課題作品である。この授業は科類に関わらず履修可能であり、建築の専門知識を前提としていない。授業の目標は「アイディアをカタチにする」ことであり、3 日間の集中式日程で、建築のアイディアを立案し 1/50 の模型を制作するまでを実習する。課題テーマは「次世代建築」で、容積 300 立方メートル以内という条件だけがつく。この授業の履修者を中心として、『UMUT オープンラボ――建築模型の博物都市』展の学生実行委員会が組織された。61-63 は慶應義塾大学 SFC の「デザイン言語ワークショップ（建築・都市）」の 2008 年度の課題作品である。グループ制作の課題テーマは「最小限都市」であった。64-82 は東京大学文学部・大学院人文社会系研究科の「博物館工学ゼミナール（西野嘉章教授）」の建築班の課題作品である。課題テーマは「ミュージアム建築」に関わるものであり、「X に特化したミュージアム」（64-69）、「東京スペースコレクション」（70, 71）、「未完成ミュージアム」（72-75）「ミュージアム都市」（76,82）、「最小限ミュージアム」（77-81）などが実施された。83-90 は、展示期間中に開催された模型ワークショップの作品である。課題テーマと内容は「建築デザイン実習」と同じ「次世代建築」である。小学生から大人までの参加者が 1 日がかりで企画構想から模型制作までを行い、学生が実技指導などのサポートについた。83-85 は小学生、86 は高校生、87-90 は成人参加者の作品である。

これらの模型の大半は、その時点で建築の専門教育を受けていない参加者によって制作された。「アイディアをカタチにする」のは誰にでもできることであり、実際に自由闊達な提案が行われている。教育現場では、専門知識の習得を介した問題解決（solution）が志向されることが多いが、同時に、より根本的な価値創造（creation）の楽しさと難しさを体験すべきことを再認識させてくれた。

01 佐藤隆志
02 石田遼
03 吉川桃子
04 イ・ジンハ
05 山口泰平
06 小崎美希
07 南朝香
08 芝尾茉莉子
09 伊藤優
10 前川彩音
11 李美奈
12 住友恵理
13 深澤由梨
14 末吉孝充
15 坂井禎介
16 高山慧
17 田村晃久
18 芹川真緒

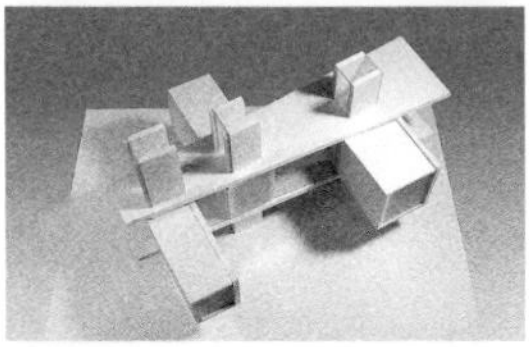
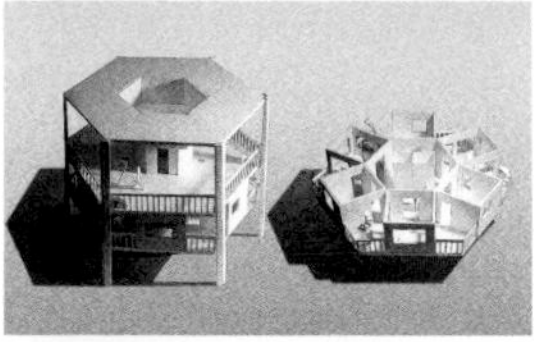

19 能見大河
20 西野祐介
21 柿本将志
22 吉村和也
23 三上拓
24 牧田悠依
25 坂本龍一
26 長田かをり
27 中川裕貴
28 井上陽子
29 鈴木亜希
30 青山久美子
31 藤嶋陽子
32 岩井彩子
33 石原隆裕
34 日野早織
35 篠本快
36 生駒大祐

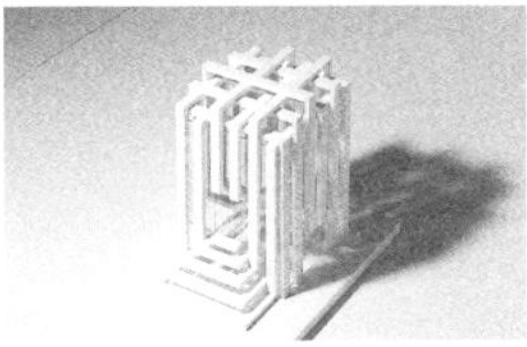

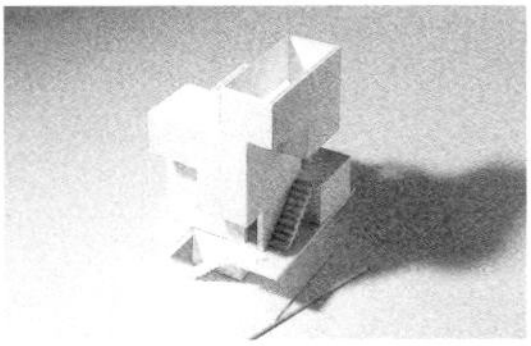

37 鈴木岳彦
38 国枝歓
39 伊藤雄太
40 秋山貴都
41 大森彩香
42 楢崎雄太
43 山崎茉莉亜
44 飯野慶
45 浦西幸子
46 栗生えりな
47 井上信吾
48 梯百合子
49 吉里光晴
50 秋笛清石
51 一万田知宏
52 田崎亮平
53 佐藤研吾
54 藤森真綱

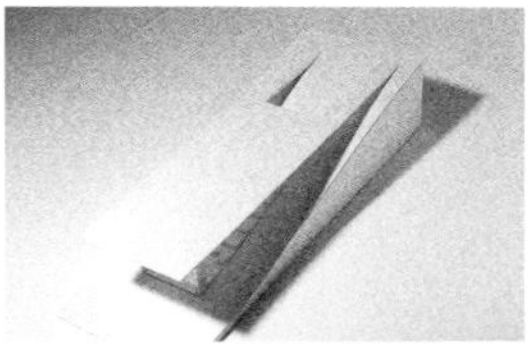

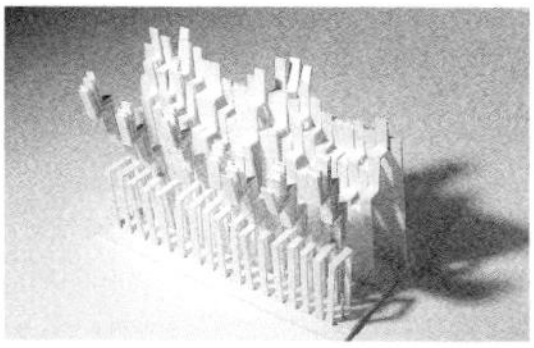

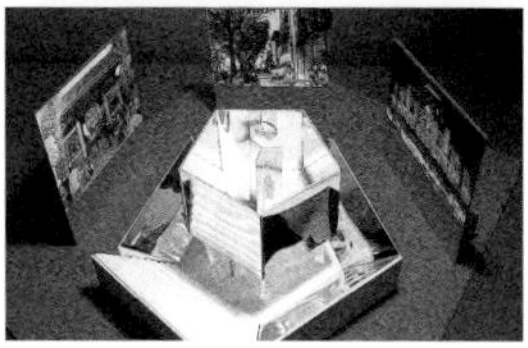

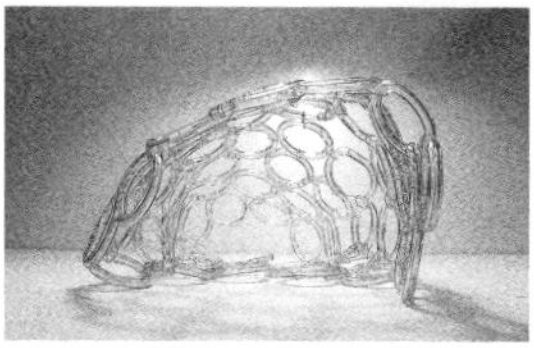

55 吉江真太郎
56 和田友布子
57 森下祥子
58 山岡馨
59 中島慶吾
60 高橋大斗
61 正木和美 谷垣内晶彦 佐藤大基 尾形瞬
62 野見山雄太 清水信宏 中田謙太郎
63 狩谷俊見 大岡亮輔 木村めぐみ
64 大久保遼
65 大隈亮
66 奥田大介
67 玄宇民
68 田中旭
69 野口翠
70 田中旭 野口翠 三宅麻未 森拓馬
71 大久保遼 大隈亮 奥田大介 玄宇民
72 伏木田稚子

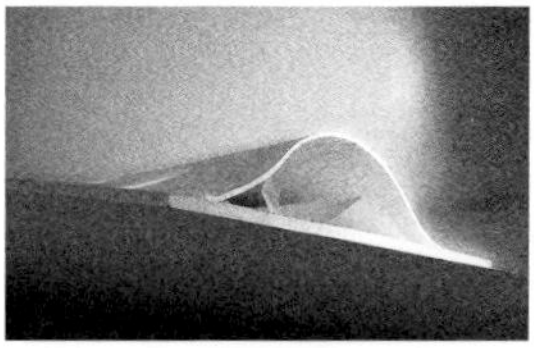

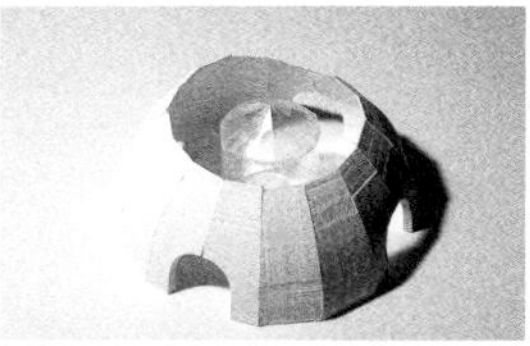

73 富田真理子
74 野口史暁
75 今井悠也
76 今井悠也 富田真理子 野口史暁 伏木田稚子
77 麻生彩子
78 江川守彦
79 佐藤あおい
80 星野立子
81 村木優子
82 麻生 江川 佐藤 星野 村木
83 ワークショップ作品
84 ワークショップ作品
85 ワークショップ作品
86 ワークショップ作品
87 ワークショップ作品
88 ワークショップ作品
89 ワークショップ作品
90 ワークショップ作品

建築模型リスト

掲載ページ、建物名称、所在地、設計者、建築年、模型縮尺、模型制作者の順に示す。

22,23　アルテス・ムゼウム　ベルリン　カール・フリードリッヒ・シンケル　1824-1828　1/300　鈴木岳彦
24　ルイジアナ近代美術館　ハムルベック（デンマーク）　ヨーエン・ボー+ヴィルヘルム・ヴォリャート　1958-1991　1/300　坂井禎介、後藤匠
25　国立西洋美術館　東京　ル・コルビュジエ　1959　1/300　鈴木岳彦、住友恵理
26,27　グッゲンハイム美術館　ニューヨーク　フランク・ロイド・ライト　1943-1959　1/300　鈴木岳彦、住友恵理
28　オルボーの美術館　オルボー（デンマーク）　アルヴァー・アアルト　1958-1973　1/300　唐沢博英
29　神奈川県立近代美術館　神奈川　坂倉準三　1950-1951　1/300　兼子貴憲、牧田悠依
30,31　ニュー・ナショナル・ギャラリー　ベルリン　ミース・ファン・デル・ローエ　1962-1968　1/300　鈴木岳彦
32　キンベル美術館　フォートワース　ルイス・カーン　1966-1972　1/300　河合美緒、李美奈
33　イェール大学イギリス美術研究センター　ニューヘヴン　ルイス・カーン　1969-1974　1/300　汪哲
34　群馬県立近代美術館　群馬　磯崎新　1971-1974　1/300　阿部貴日呼（テコ）
35　岩崎美術館　鹿児島　槇文彦　1979　1/300　滝上愛
36,37　ロサンゼルス現代美術館　ロサンゼルス　磯崎新　1981-1986　1/300　横塚和則（アールイコール）
38　土門拳記念館　山形　谷口吉生　1981-1983　1/300　住友恵理
39　八代市立博物館　未来の森ミュージアム　熊本　伊東豊雄　1988-1991　1/300　横塚和則（アールイコール）
40　ゲーツ・ギャラリー　ミュンヘン　ジャック・ヘルツォーク&ピエール・ド・ムーロン　1989-1992　1/300　毛井意子
41　クンストハル　ロッテルダム　レム・コールハース　1992　1/300　伊藤雄太
42　近つ飛鳥博物館　大阪　安藤忠雄　1994　1/300　阿部貴日呼（テコ）
43　カルティエ財団現代美術館　パリ　ジャン・ヌーヴェル　1991-1994　1/300　坂井禎介
44　豊田市美術館　愛知　谷口吉生　1991-1995　1/300　高島未季
45　植田正治写真美術館　鳥取　高松伸　1995　1/300　前川綾音
46　ラ・コルーニャ人間科学館　ラ・コルーニャ　磯崎新　1995　1/300　横塚和則（アールイコール）
47　バイエラー・ファンデーション　バーゼル　レンツォ・ピアノ　1997　1/300　河合美緒
48,49　グッゲンハイム美術館　ビルバオ　フランク・ゲーリー　1991-1997　1/300　横塚和則（アールイコール）
50　ヘルシンキ現代美術館　ヘルシンキ　スティーヴン・ホール　1992-1997　1/300　住友恵理
51　ブレゲンツ美術館　ブレゲンツ　ピーター・ズントー　1989-1997　1/300　鈴木岳彦
52,53　ユダヤ博物館　ベルリン　ダニエル・リベスキンド　1989-1998　1/300　鈴木岳彦、住友恵理
54　潟博物館　新潟　青木淳　1997　1/300　住友恵理
55　飯田町小笠原資料館　長野　妹島和世+西沢立衛　1995-1999　1/300　坂井禎介
56　東京国立博物館法隆寺宝物館　東京　谷口吉生　1999　1/300　前川綾音
57　馬頭町広重美術館　栃木　隈研吾　1998-2000　1/300　住友恵理
58　サーペンタイン・ギャラリー・パビリオン 2002　ロンドン　伊東豊雄+セシル・バルモンド　2002　1/100　伊藤雄太
59　富弘美術館　群馬　ヨコミゾマコト　2005　1/300　坂井禎介
60,61　金沢 21 世紀美術館　金沢　妹島和世+西沢立衛　2004　1/300　鈴木崇之、前川綾音
62　国立新美術館　東京　黒川紀章　2007　1/300　坂井禎介
63　21-21 DESIGN SITE　東京　安藤忠雄　2007　1/300　鈴木岳彦
64,65　横須賀美術館　神奈川　山本理顕　2007　1/300　住友恵理

210,211　アヤ・ソフィア　イスタンブール　6 世紀　1/300　横塚和則（アールイコール）
212　四合院住居　北京　不明　1/300　藤井望佐
213　ユニティ教会　オークパーク　フランク・ロイド・ライト　1905-1908　1/100　毛井章子、藤井望佐
214,215　ヴィラ・アルメリコ・カプラ　ヴィチェンツァ　アンドレア・パラーディオ他　1566-1585　1/100　住友恵理
216,217　ロビー邸　シカゴ　フランク・ロイド・ライト　1908　1/100　阿部貴日呼（テコ）
218　カサ・ミラ　バルセロナ　アントニオ・ガウディ　1905-1907　1/300　阿部貴日呼（テコ）
219　シンドラー＝チェイス邸　ロサンゼルス　ルドルフ・シンドラー　1921-1922　1/100　深澤由梨
220,221　東京帝国大学法科大学講義室（八角講堂）　東京　不明　1914　1/100　横塚和則（アールイコール）
222　シュレーダー邸　ユトレヒト　ヘリット・リートフェルト　1924　1/50　大岡亮輔
223　ストックホルム市立図書館　ストックホルム　グンナー・アスプルンド　1918-1927　1/300　藤井望佐

224　ストーンボロー邸　ウィーン　ルードヴィヒ・ヴィトゲンシュタイン　1928　藤井望佐
225　バルセロナ・パビリオン　バルセロナ　ミース・ファン・デル・ローエ　1928-1929　1/100　伊藤雄太、高柳誠也
226　メルニコフ自邸　モスクワ　コンスタンティン・メルニコフ　1929　1/50　中島慶吾
227　マイレア邸　フィンランド　アルヴァー・アアルト　1938　1/100　稲垣祐
228,229　サヴォア邸　ポワッシー　ル・コルビュジエ　1928-1929　1/100　住友恵理、前川綾音
230,2231　カサ・デル・ファッショ　コモ　ジュゼッペ・テラーニ　1932-1936　1/300　毛井意子
232　前川國男自邸　東京　前川國男　1942　1/50　滝上愛
233　イームズ邸　ロサンゼルス　チャールズ&レイ・イームズ　1945-1946　1/100　伊藤雄太
234,235　増沢洵自邸　東京　増沢洵　1952　1/50　阿部貴日呼（テコ）
236　斉藤助教授の家　東京　清家清　1953　1/50　稲垣祐
237　久我山の家　東京　篠原一男　1954　1/30　山腰千明
238,239　丹下健三自邸　東京　丹下健三　1953　1/50　毛井意子
240　広島平和記念資料館　広島　丹下健三　1955　1/300　稲垣祐
241　谷川さんの家　東京　篠原一男　1958　1/30　田中貴己
242　スカイハウス　東京　菊竹清訓　1958　1/50　秋山貴都
243　マイラム邸　フロリダ州　ポール・ルドルフ　1959-1961　1/100　坂井禎介
244　から傘の家　東京　篠原一男　1961　1/30　丸山聡美
245　軽井沢の山荘　長野　吉村順三　1962　1/50　栗生えりな
246　東京カテドラル聖マリア大聖堂　東京　丹下健三　1964　1/300　住友恵理
247　同相の谷　東京　篠原一男　1971　1/50　三上美都
248　リーヴァ・サン・ヴィターレの住宅　ティッチーノ州（スイス）　マリオ・ボッタ　1972-1973　1/100　清水信宏
249　住吉の長屋　大阪　安藤忠雄　1979　1/50　坂井禎介
250,251　中野本町の家　東京　伊東豊雄　1976　1/50　鈴木岳彦
252　るるる阿房　東京　齋藤裕　1980　1/50　大岡亮輔
253　高圧線下の住宅　東京　篠原一男　1981　1/30　大谷洋介
254　箱の家 -1　東京　難波和彦＋界工作舎　1995　1/50　鈴木岳彦
255　せんだいメディアテーク　仙台　伊東豊雄　1997-2000　1/300　坂井禎介、稲垣祐
256　ロンドン市役所　ロンドン　ノーマン・フォスター　2002　1/300　鈴木崇之
257　川奈 OA 邸　静岡　大野秀敏＋アプル総合計画事務所　2002　1/50　坂井禎介
258　勝浦の別荘　千葉　千葉学　2003　1/50　秋山貴都
259　木の家　東京　難波和彦＋界工作舎　2003　1/20
260　梅林の家　東京　妹島和世　2004　1/50　坂井禎介
261　鬼石多目的ホール　群馬　妹島和世　2005　1/300　坂井禎介、佐藤研吾
262　T house　群馬　藤本壮介　2005　1/50　鈴木岳彦
263　森山邸　東京　西沢立衛　2006　1/100　坂井禎介、稲垣祐
264,265　東京大学工学部 2 号館　東京　岸田省吾　2005　1/300　住友恵理
266,267　ふじようちえん　東京　手塚貴晴・手塚由比　2007　1/100　坂井禎介、住友恵理、古地有希
268　多摩美術大学図書館（八王子キャンパス）　東京　伊東豊雄　2007　1/300　坂井禎介、牧田悠依
269　神奈川工科大学 KAIT 工房　神奈川　石上純也　2008　1/100　坂井禎介
270,271　中国中央電視台　北京　レム・コールハース　2008　1/300　鈴木岳彦、住友恵理
272　マレーヴィッチに捧ぐ　西野嘉章　1991　西野嘉章
273　MONOMUSEUM　セルジオ・カラトローニ　2008　1/300　セルジオ・カラトローニ
274　Exhibition Storage Architecture　洪恒夫　2008　1/50　洪恒夫
275　UMUT オープンラボ展会場　松本文夫　2008　1/50　松本文夫

本書には掲載されていないが、以下の建築模型も展示された（制作途上含む）。
ルーヴル美術館（ルーヴル宮）　パリ　ピエール・レスコー、イオ・ミン・ペイ他　16 世紀 -　1/300　坂井禎介
桂離宮　京都（八条宮智仁親王、智忠親王）　1615-　1/100　住友恵理
白の家　東京　篠原一男　1966　1/30　松下悠見
直方体の森　川崎　篠原一男　1971　1/30　宮田明日香
ハウス・イン・ヨコハマ　横浜　篠原一男　1984　1/30　米山夢衣

展示実行組織

特別展示『UMUT オープンラボ——建築模型の博物都市』展
（所属・職位、学部・学年などは 2008 年 8 月時点）

■スーパーバイザ

西野　嘉章	東京大学総合研究博物館　教授

■展示企画構成

松本　文夫	東京大学総合研究博物館　特任准教授

■アドバイザ

東京大学

洪　恒夫	総合研究博物館　特任教授
セルジオ・カラトローニ	総合研究博物館　客員教授
関岡　裕之	総合研究博物館　特任准教授
難波　和彦	大学院工学系研究科　教授
大野　秀敏	新領域創成科学研究科　教授
岸田　省吾	大学院工学系研究科　教授
西出　和彦	大学院工学系研究科　教授
千葉　学	大学院工学系研究科　准教授

慶應義塾大学

脇田　玲	環境情報学部　准教授

桑沢デザイン研究所

大松　俊紀	スペースデザイン・コース　専任講師
藤原　俊樹	スペースデザイン・コース　専任講師

■模型アドバイザ、制作協力

横塚　和則	アールイコール　代表
阿部　貴日呼	テコ　代表

■学生実行委員会

東京大学

秋山　貴都	工学部建築学科 3 年
伊藤　雄太	工学部建築学科 3 年
稲垣　拓	工学部建築学科 3 年
汪　　哲	工学部建築学科 3 年
河合　美緒	工学部建築学科 3 年
毛井　意子	工学部都市工学科 3 年
古地　有希	工学部建築学科 3 年
坂井　禎介	工学部建築学科 3 年
鈴木　崇之	工学部都市工学科 3 年
鈴木　岳彦	工学部建築学科 3 年
住友　恵理	工学部建築学科 3 年（学生実行委員長）
藤井　望佐	工学部都市工学科 3 年
前川　綾音	工学部都市工学科 3 年
牧田　悠依	工学部建築学科 3 年
一万田　知宏	教養学部理科 1 類 2 年
井上　真吾	教養学部理科 1 類 2 年

栗生　えりな　　教養学部文科３類２年
佐藤　研吾　　教養学部理科１類２年
吉里　光晴　　教養学部理科１類２年
中島　慶吾　　教養学部理科１類１年
松本　純一　　教養学部理科１類１年
山岡　馨　　教養学部理科１類１年

■制作協力

東京大学

市川　尭之　　工学部建築学科３年
唐沢　博英　　工学部建築学科３年
後藤　匠　　工学部建築学科３年
高橋　忠輝　　工学部建築学科３年
高柳　誠也　　工学部建築学科３年
深澤　由梨　　工学部建築学科３年
山口　泰平　　工学部建築学科３年
李　美奈　　工学部建築学科３年
兼子　貴憲　　システム創成学科３年
麻生　彩子　　文学部歴史文化学科３年
江川　守彦　　文学部歴史文化学科３年
佐藤　あおい　　文学部歴史文化学科３年
星野　立子　　人文社会系研究科文化資源学１年
村木　優子　　文学部行動文化学科３年

慶應義塾大学

上村　沙織　　環境情報学部３年
狩谷　俊見　　環境情報学部３年
清水　信宏　　総合政策学部３年
大岡　亮輔　　環境情報学部２年
木村　めぐみ　　総合政策学部２年

桑沢デザイン研究所

高島　未季　　スペースデザイン専攻卒業
滝上　愛　　スペースデザイン専攻卒業
三上　美都　　スペースデザイン専攻卒業
大谷　洋介　　スペースデザイン専攻３年
田中　貴己　　スペースデザイン専攻３年
松下　悠見　　スペースデザイン専攻３年
丸山　聡美　　スペースデザイン専攻３年
宮田　明日香　　スペースデザイン専攻３年
山腰　千明　　スペースデザイン専攻３年
米山　夢衣　　スペースデザイン専攻３年

東京理科大学

高橋　大輔　　建築学科２年

■協力

株式会社光栄堂
レモン

■会場構成、ウェブサイト制作

松本　文夫

■レクチャ記録

01 松本　文夫　02 坂井　禎介　03 松本　文夫　04 住友　恵理　05 河合　美緒
06 坂井　禎介　07 吉里　光晴　08 鈴木　崇之　09 牧田　悠依　10 稲垣　拓
11 秋山　貴都　12 住友　恵理　13 稲垣　拓　14 栗生　えりな　15 坂井　禎介

■報道記録

日本経済新聞　2008 年 8 月 2 日「東大総合研究博物館、創造再生に挑む」
読売新聞　2008 年 10 月 23 日「模型で考える姿勢に安心感」（高野清見）
東京大学新聞　2008 年 10 月 7 日「東大最前線—建築模型の公開制作、外部発信がやる気生む」（前田健太）
毎日新聞　2009 年 1 月 15 日「建築模型展－実物以上に個性的な「銀河」」（伊坂道子）
朝日新聞　2009 年 1 月 7 日「白一色の建築模型展」（大西若人）
日経アーキテクチュア 2008 年 9 月 22 日「イベント巡礼 vol.31—その場でつくって毎日更新」（モサキ）
DREAM　2008 年 9 月号「博物館の活用」（山本寿美子）
建築ジャーナル　2008 年 10 月号「建築模型と制作・創造・教育の「動態展示」」
Tansei.net　2009 年 3 月「会期中、進化し続ける展覧会」

担当・提供・出典リスト

『MODELS——建築模型の博物都市』

■写真撮影
松本　文夫
※特記および講師提供の写真を除く

■レイアウト
住友　恵理
鈴木　岳彦
松本　文夫

■模型 / 資料提供
難波和彦（東京大学大学院工学系研究科）：木の家（模型）
大松俊紀（桑沢デザイン研究所）：久我山の家、谷川さんの家、から傘の家、白の家、直方体の森、高圧線下の住宅、ハウス・イン・ヨコハマ（模型）
東京大学法学部・大学院法学政治学研究科：東京帝国大学法科大学講義室（八角講堂）（模型）
田賀井篤平（東京大学総合研究博物館）：同相の谷（資料）

■図版クレジット
「思考の模型」本文中の図版で特記なきものは講師提供による。
大野秀敏
　図 01：大野秀敏撮影
　図 02：大島耕平・東京大学大野研究室、JA63・新建築社、2004
　図 03：林順信『東京・市電と街並み』、小学館、1983、p29
　図 04：大野秀敏他、鹿島出版会、2008
　図 05：東京大学大野研究室、JA63・新建築社、2006
　図 06：松本文夫撮影
　図 07：小杉栄次郎・東京大学大野研究室、JA63・新建築社、2006
　図 08：大野秀敏＋アプル総合計画事務所、アプル総合計画事務所撮影、1992
　図 09-12：大野秀敏＋アプルデザインワークショップ、北嶋俊治撮影、2002
　図 13：大野秀敏＋アプルデザインワークショップ、北嶋俊治撮影、1993
　図 14・15：大野秀敏＋アプルデザインワークショップ、北嶋俊治撮影、2005
　図 16：大野秀敏＋アプルデザインワークショップ、2005
　図 17：東京大学大野研究室、JA63・新建築社、2006
　図 18：大野秀敏＋アプルデザインワークショップ、北嶋俊治撮影、2008
千葉学
　カバー：千葉学建築計画事務所撮影
　図 03 ～ 05：ナカサアンドパートナーズ撮影
　図 06 ～ 14：西川公朗撮影
宮本英昭
　図 01：NASA/JPL/Space Science Institute
　図 02：NASA/JPL-Caltech
　図 04-17：NASA/JPL/Space Science Institute
　図 18：ISAS
　図 19：会津大学、神戸大学、ISAS
会場写真
　P208：インテリア誌「DREAM」No.461、2008

執筆者リスト（執筆順）

林　良博	東京大学教授、動物資源科学・人と動物の関係学
西野　嘉章	東京大学教授、博物館工学・美術史学
松本　文夫	東京大学特任准教授、建築家
セルジオ・カラトローニ	元東京大学客員教授、建築家
手塚　貴晴	東京都市大学教授、建築家
大野　秀敏	東京大学教授、建築家・都市デザイン
洪　恒夫	東京大学特任教授、展示デザイン
遠藤　秀紀	東京大学教授、比較形態学・遺体科学
ヨコミゾ　マコト	東京藝術大学准教授、建築家
佐々木　猛智	東京大学准教授、動物分類学・解剖学・古生物学
大松　俊紀	桑沢デザイン研究所専任講師、建築家
千葉　学	東京大学准教授、建築家
橋本　純	新建築社取締役、編集者
難波　和彦	東京大学教授、建築家
宮本　英昭	東京大学准教授、固体惑星科学
岸田　省吾	東京大学教授、建築家
脇田　玲	慶應義塾大学准教授、インタラクションデザイン
伊藤　香織	東京理科大学准教授、都市デザイン・都市空間解析

あとがき

本書は『UMUT オープンラボ——建築模型の博物都市』展の記録書籍として、建築模型の写真とレクチャの記録をメインにして、若干の論考を加えてまとめたものである。展示図録であれば、公開と同時に刊行するのが常であるが、本書では後追いの刊行になったため、展示期間中に生まれた多くのコンテンツを収めることができた。ただし、書籍を自前で制作するという方針もあって、最終的な取りまとめに展示終了後 1 年以上もかかってしまった。本書の制作ではさまざまな関係者のご協力をいただいた。以下に記して感謝したい。建築模型の制作・展示と本書の刊行を快く許可してくださった建築家の先生方、各分野の貴重なお話しをいただいたレクチャ講師の先生方、模型や図面資料をご提供くださった先生方、模型制作の協力とアドバイスをいただいたプロモデラーの横塚和則氏と阿部貴日呼氏をはじめ多くの方々にお世話になった。深く感謝を申し上げたい。総合研究博物館の林良博館長には実験展示という大枠を、西野嘉章教授には模型展示という基本的な方向性を示していただいた。他の先生方にも展示設営で貴重なアドバイスをいただいた。東京大学出版会の小松美加さんには、不慣れな編集作業中に的確なフォローをいただいた。あらためて感謝を申し上げたい。模型制作に参画してくれた東京大学、慶應義塾大学、桑沢デザイン研究所、東京理科大学の学生の皆さん、そして、展示準備から展示運営の段階まで継続的に参画してくれた東京大学の学生実行委員の皆さんに深く感謝を申し上げたい。皆さんの自発的な取り組みがなければ、そもそも展示も本書も実現しなかった。

編者

松本文夫（まつもと・ふみお） 東京大学総合研究博物館特任准教授

MODELS ―― 建築模型の博物都市

2010年3月31日 初 版

[検印廃止]

編 者 松本文夫

発行所 財団法人 東京大学出版会

代 表 者 長谷川寿一

113-8654 東京都文京区本郷 7-3-1 東大構内

電話 03-3811-8814 FAX 03-3812-6958

振替 00160-6-59964

印刷所 株式会社精興社

製本所 矢嶋製本株式会社

ISBN 978-4-13-063809-8 Printed in Japan